浙江干部学习培训教材

推进“六个浙江”建设

浙江干部培训教材编审指导委员会◎编

浙江人民出版社

序

习近平总书记深刻指出，“我们党依靠学习创造了历史，更要依靠学习走向未来”。浙江是中国革命红船起航地、改革开放先行地、习近平新时代中国特色社会主义思想重要萌发地。这些年来，我们持之以恒深入学习和践行习近平同志在浙江工作期间凝练提出的一系列重大思想、重大要求，坚定不移沿着“八八战略”指引的路子走下去，干在实处、走在前列、勇立潮头，奋力谱写新时代中国特色社会主义浙江篇章。生动的实践深刻启示我们，事业永无止境，学习永无止境。在奋力推进“八八战略”再深化、改革开放再出发的新征程上，我们一定要更加崇尚学习、持续深化学习，着力提高广大干部的能力本领，为更好践行习近平总书记赋予浙江的新期望、加快“两个高水平”建设、高水平推进省域治理现代化提供坚强保障。

“八八战略”是习近平新时代中国特色社会主义思想在浙江萌发与实践的集中体现，蕴含着中国特色社会主义的实践要义和价值追求。建设“六个浙江”是省第十四次党代会作出的重大决策部署，是新时代深入贯彻“八八战略”的路径举措，是“五位一体”总体布局和“四个全面”战略布局在浙江的具体体现。这套教材生动展现了习近平新时代中国特色社会主义思想在浙江的丰富实践成果和思想源泉，深入阐释了“八八战略”和“六个浙江”建设的理论价值和实践贡献，全面解析了“八八战略”“六个浙江”与习近平新时代中国特色社会主义思想一脉相承的内在逻辑和精神要旨，同时还精选了一批深化改革发展的典型案例。学好用好这套教材，有助于广大干部坚持理论联系实际，学懂弄通做实习近平新时代中国特色社会主义思想，深入贯彻落实中央重大战略决策部署，不断增强“四个意识”、坚定“四个自信”、做到“两个维护”。

各地各部门各单位要认真组织干部学好用好这套教材，高质量教育培训干部，帮助各级干部提高政治素质、理论素养，增强斗争精神、斗争本领，不断提升战略谋划、改革创新、驾驭风险、改善民生、狠抓落实的能力水平，更好展现新时代浙江干部的新担当新作为。

车俊

2020 年 3 月 20 日

目　录

前言

浙江省第十四次党代会提出“高水平全面建成小康社会、高水平推进社会主义现代化建设”奋斗目标和“统筹推进富强浙江、法治浙江、文化浙江、平安浙江、美丽浙江、清廉浙江建设”发展目标。实现“两个高水平”奋斗目标和推进“六个浙江”建设是统筹推进“五位一体”总体布局和协调推进“四个全面”战略布局在浙江的具体体现和生动实践，是浙江按照社会主义现代化建设“三步走”战略部署确定的新的行动路线图，是新的时代条件下深入实施“八八战略”的重大决策和部署。

党的十八大以来，习近平总书记多次指出，全面建成小康社会，实现“两个一百年”奋斗目标，要统筹推进“五位一体”总体布局、协调推进“四个全面”战略布局，实现“五位一体”和“四个全面”相互促进、统筹联动。“五位一体”总体布局和“四个全面”战略布局，是习近平新时代中国特色社会主义思想的重要组成部分，贯通经济、政治、文化、社会、生态文明和党的建设各个方面，体现了中国特色社会主义事业发展的内在要求，是中国共产党对中国特色社会主义事业作出的全面规划、整体部署，是对促进经济社会全面协调可持续发展实践经验的总结和升华。

习近平总书记关于统筹推进“五位一体”总体布局、协调推进“四个全面”战略布局和全面推进经济建设、政治建设、文化建设、社会建设、生态文明和党的建设的新理念新思想，有其深刻的历史逻辑、理论逻辑和实践逻辑。这些重要观点和论断，很多都源于他在浙江工作期间的思考和实践，都能在浙江发现原点、找到根源。

2002年，习近平同志来浙江工作后，经过充分调查研究，在全面了解省情的基础上，形成了推动浙江新一轮发展的新理念新思路，紧紧围绕统筹推进经济建设、政治建设、文化建设、社会建设、生态文明建设和党的建设，先后作出了一系列决策部署。

2003年7月，在省委十一届四次全体（扩大）会议上，习近平同志系统阐述了进一步发挥“八个方面的优势”、推进“八个方面的举措”的“八八战略”。“八八战略”致力于解决浙江全面深化改革，实现经济、政治、文化、社会、生态协调发展等关键性和全局性问题，蕴含着中国特色社会主义制度的实践要义和价值追求，体现着治理体系和治理能力现代化的基本规律和发展方向，是中央精神和浙江实际相结合的省域治理思想举措的集大成，是被实践证明的符合发展规律、符合时代要求、符合浙江实际的省域治理总方略。2004年5月，省委十一届六次全体（扩大）会议针对新的发展阶段中浙江面临的新形势、出现的新情况和需要解决的新问题，作出了全面建设“平安浙江”、促进社会和谐稳定的决策部署。2005年7月，省委十一届八次全体（扩大）会议围绕发展社会主义先进文化，着眼于不断增强浙江的文化软实力，在认真总结推进文化大省建设经验和启示的基础上进一步作出了关于加快建设文化大省的决策部署。2006年4月，省委十一届十次全体（扩大）会议围绕发展社会主义政治文明，进一步完善经济、政治、文化和社会建设布局，作出了建设法治浙江的战略部署。2003年7月，省委十一届四次全体（扩大）会议作出了关于进一步加强和改进党的建设的决定。2004年10月，省委十一届七次全体（扩大）会议审议了关于切实加强党的执政能力建设的意见，提出了“巩固八个基础、增强八种本领”的要求。2005年1月至2006年6月，省委按照中央统一部署，扎实推进党员先进性教育，把推进经济建设、政治建设、文化建设、社会建设、生态文明建设与推动党的思想建设、组织建设、作风建设、制度建设有机结合起来，为浙江全面建设小康社会、加快推进社会主义现代化提供坚强有力的保证。这一系列决策部署的贯彻实施，有力地促进了浙江经济社会的发展，推动了浙江工作继续走在全国前列。

2017 年 6 月，省第十四次党代会全面把握浙江发展大趋势、大变革、大逻辑，顺应全省人民的新期待，提出“高水平全面建成小康社会、高水平推进社会主义现代化建设”的奋斗目标。这个宏伟奋斗目标，是准确把握习近平总书记赋予浙江新使命新要求新方位的必然选择，对于凝聚全省人民共同创造幸福生活和美好未来具有十分重要的意义。为了落实“两个高水平”奋斗目标，省第十四次党代会提出了“更进一步、更快一步”建设“六个浙江”的具体目标，着力推动经济转型升级，着力深化改革扩大开放，着力统筹城乡区域发展，着力加强民主法治建设，着力提升文化软实力，着力提高社会建设水平，着力推进生态文明建设，努力推动各项事业实现更好更快发展。

建设“六个浙江”是对习近平总书记提出的“干在实处永无止境，走在前列要谋新篇，勇立潮头方显担当”，“在提高全面建成小康社会水平上更进一步，在推进改革开放和社会主义现代化建设中更快一步，继续发挥先行和示范作用”期望和要求的积极响应。建设“六个浙江”是“八八战略”再深化、改革开放再出发的新目标载体，是新的时代条件下省委为推动浙江新一轮发展、实现“两个高水平”奋斗目标而制定的具体清晰的路线图总体战略布局，充分体现和继承了“八八战略”立足实际、总揽全局、统筹兼顾、协调发展的战略思维，是运用马克思主义方法论分析和解决浙江现实发展问题的具体体现。

建设“六个浙江”就是要在提升综合实力和质量效益上更进一步、更快一步，努力建设富强浙江；在提升各领域法治化水平上更进一步、更快一步，努力建设法治浙江；在提升文化软实力上更进一步、更快一步，努力建设文化浙江；在提升人民群众获得感上更进一步、更快一步，努力建设平安浙江；在提升生态环境质量上更进一步、更快一步，努力建设美丽浙江；在全面从严治党上更进一步、更快一步，努力建设清廉浙江。建设“六个浙江”，关键是把解决浙江发展中存在的不平衡不充分问题作为着力点，校准发展方向、集聚发展动能，更好地满足人民群众在经济、政治、文化、社会、生态等方面日益增长的需要，更好地推动人的全面发展、社会的全面进步，以“两个高水平”的优异成绩，谱写实现“两个一百年”奋斗目标在浙江的崭新篇章。

本书围绕“为什么”“是什么”“怎么做”这三个问题，分章节对加快推进富强浙江、法治浙江、文化浙江、平安浙江、美丽浙江、清廉浙江建设的背景和意义、目标和内涵以及措施等进行阐述。希望通过本书，让广大干部更好地理解建设“六个浙江”的战略部署，并在读后得到一点启发。

第一章

从实施“八八战略”到建设“六个浙江”

浙江是习近平新时代中国特色社会主义思想的重要萌发地。习近平同志在浙江工作期间，作出了“八八战略”等重大决策部署，在省域层面对中国特色社会主义进行了卓有成效的理论创新和实践创新，不仅为浙江全面建成小康社会、推进社会主义现代化建设提供了根本遵循，而且为习近平新时代中国特色社会主义思想的形成提供了理论支持和实践基础。在浙江，高举习近平新时代中国特色社会主义思想伟大旗帜，就要增强“四个意识”，坚定“四个自信”，做到“两个维护”，坚定不移沿着“八八战略”指引的路子阔步前进，以“最多跑一次”改革为牵引，努力建设“六个浙江”，高水平推进省域治理现代化，把“中国之治”的制度优势转化为“走在前列”的治理效能，在奋力推进“两个高水平”建设的新征程中“干在实处、走在前列、勇立潮头”。

第一节　“六个浙江”建设的背景和战略地位

习近平同志在浙江工作期间作出的“八八战略”等重大决策部署，涵盖了经济建设、政治建设、文化建设、社会建设、生态文明建设和党的建设各个方面，为“六个浙江”建设提供了重要指引。他赋予浙江“干在实处永无止境，走在前列要谋新篇，勇立潮头方显担当”的新期望，为“六个浙江”建设指明了方向。省第十四次党代会提出的“两个高水平”奋斗目标，为“六个浙江”建设标注了新的目标高度。这些部署清晰勾勒了“六个浙江”建设的背景和战略地位，为明确“六个浙江”建设的丰富内涵、明晰推进“六个浙江”建设的实践路径提供了重要参考。

一、建设“六个浙江”是推进“八八战略”再深化的重大决策

浙江长期走在改革开放实践的前沿，以显著的发展绩效、丰富的创新经验，书写了中国特色社会主义在地方实践的生动篇章。进入21世纪，浙江率先遭遇了“成长中的烦恼”，传统的发展方式、产业结构以及现代化布局都亟待转型和完善。在改革发展的关键阶段，习近平同志到浙江工作，带领浙江省委肩负起推进浙江经济社会发展全面转型升级的重任。省委在大量深入调研、听取各方面意见建议的基础上，针对浙江改革发展中遇到的新问题新挑战，围绕如何加快浙江全面建设小康社会、提前基本实现现代化，提出了“八八战略”。

“八八战略”的主要内容是：进一步发挥浙江的体制机制优势，大力推动以公有制为主体的多种所有制经济共同发展，不断完善社会主义市场经济体制；进一步发挥浙江的区位优势，主动接轨上海、积

极参与长江三角洲地区交流与合作，不断提高对内对外开放水平；进一步发挥浙江的块状特色产业优势，加快先进制造业基地建设，走新型工业化道路；进一步发挥浙江的城乡协调发展优势，加快推进城乡一体化；进一步发挥浙江的生态优势，创建生态省，打造“绿色浙江”；进一步发挥浙江的山海资源优势，大力发展海洋经济，推动欠发达地区跨越式发展，努力使海洋经济和欠发达地区的发展成为我省经济新的增长点；进一步发挥浙江的环境优势，积极推进以“五大百亿”工程为主要内容的重点建设，切实加强法治建设、信用建设和机关效能建设；进一步发挥浙江的人文优势，积极推进科教兴省、人才强省，加快建设文化大省。

在制定实施“八八战略”的基础上，习近平同志带领省委一班人先后作出了建设平安浙江、加快建设文化大省、建设法治浙江、加强党的执政能力建设和先进性建设等重大决策部署。这一系列围绕“八八战略”作出的战略部署，从一开始就不是孤立的，而是一个有着深刻内在联系的有机整体。在这个总体布局中，深入实施“八八战略”是落实科学发展观的总抓手，全面建设平安浙江是构建和谐社会的主要载体，加快建设文化大省是发展社会主义先进文化的重要举措，努力建设法治浙江是发展社会主义民主政治的有效途径，加强党的执政能力建设和先进性建设为此提供根本保证。

2007 年以来，历届省委、省政府，根据浙江发展实际和阶段性特点，在“八八战略”的基础上，先后提出了“两创”“两富”“两美”等一系列决策部署，不断深化实践“八八战略”。

2007 年 6 月，省第十二次党代会从全面建设惠及全省人民小康社会总目标的高度，提出了“创业富民、创新强省”总战略（简称“两创”总战略）。11 月，省委十二届二次全体（扩大）会议作出《关于认真贯彻党的十七大精神 扎实推进创业富民创新强省的决定》，要求全面推进个人、企业和其他各类组织的创业、再创业，全面推进理论创新、制度创新、科技创新、文化创新、社会管理创新、党建工作创新和其他各方面的创新，形成全民创业和全面创新的生动局面。

2012 年 6 月，省第十三次党代会指出，要深入实施“八八战略”和“创业富民、创新强省”总战略，为建设物质富裕、精神富有的社会主义现代化浙江而努力奋斗（简称“两富”总战略）。2012 年 12 月，省委十三届二次全体（扩大）会议审议通过了《关于认真学习贯彻党的十八大精神 扎实推进物质富裕精神富有现代化浙江建设的决定》。全会提出了到 2020 年实现全省生产总值、人均生产总值、城镇居民人均可支配收入、农村居民人均纯收入分别比 2010 年翻一番的目标。

为深化提升“两富”战略，省委十三届五次全会提出“建设美丽浙江、创造美好生活”的战略部署（简称“两美”战略）并通过了《关于建设美丽浙江创造美好生活的决定》。全会指出，建设美丽浙江、创造美好生活，是尽快改善生态环境、不断满足人民对美好生活新期待的重大举措，是加快转变生产生活方式、实现更高水平发展的必由之路，是提升全面建成小康社会水平、建设物质富裕精神富有现代化浙江的重要内容。全省上下要从全局和战略的高度，把建设美丽浙江、创造美好生活作为重要工作指针，贯穿于经济社会发展全过程，认真抓紧抓实抓好各项工作。

从深入实施“八八战略”，到建设平安浙江、加快建设文化大省、建设法治浙江、加强党的执政能力建设和先进性建设等重大决策部署，再到历届省委根据浙江发展实际和阶段性特点做出的“两创”“两富”“两美”等一系列决策部署，本质上都是中国特色社会主义经济建设、政治建设、文化建设、社会建设、生态文明建设和党的建设等各方面在浙江的先行探索和生动实践。新时代推进富强浙江、法治浙江、文化浙江、平安浙江、美丽浙江、清廉浙江建设，就是在“八八战略”指引下，结合时代特点和浙江实际，谋划实施推进“八八战略”再深化的实践。

二、建设“六个浙江”是践行习近平总书记赋予浙江新期望的重要部署

习近平同志曾在浙江工作六年，对浙江人民充满感情，对浙江发展寄予厚望。2015 年 5 月在浙江考察时，他要求浙江在提高全面建成小康社会水平上更进一步，在推进改革开放和社会主义现代化建设中更快一步，继续发挥先行和示范作用。2016 年 G20 杭州峰会期间，他又赋予浙江“秉持浙江精神，干在实处、走在前列、勇立潮头”的新要求。2018 年 7 月，他在浙江省委《关于“八八战略”实施 15 年情况报告》上作出“干在实处永无止境，走在前列要谋新篇，勇立潮头方显担当”的重要批示。这些重要指示、批示精神，明确了新时代浙江的工作重点和努力方向，为浙江确定未来目标提供了重要指引和根本遵循。

2017 年 10 月召开的党的十九大，深刻回答了新时代坚持和发展中国特色社会主义的一系列重大理论和实践问题，描绘了决胜全面建成小康社会、夺取新时代中国特色社会主义伟大胜利的宏伟蓝图，是我们党团结带领全国各族人民在新时代坚持和发展中国特色社会主义的政治宣言和行动纲领。党的十九大召开后，省委提出，浙江是习近平新时代中国特色社会主义思想的重要萌发地，要当好学习贯彻党的十九大精神的排头兵。

为了深入学习贯彻党的十九大精神，全省上下高举习近平新时代中国特色社会主义思想伟大旗帜，在全面系统的基础上突出重点、抓住关键，把着力点聚焦到习近平新时代中国特色社会主义思想是党必须长期坚持的指导思想上，聚焦到作出中国特色社会主义进入了新时代、我国社会主要矛盾已经转化为人民日益增长的美好生活需要和不

平衡不充分的发展之间的矛盾等重大政治论断的深远影响上，聚焦到贯彻落实党的十九大的重大决策部署上，更加自觉肩负起“四个伟大”的历史使命，奋力推进新时代中国特色社会主义在浙江的生动实践。

学习贯彻习近平新时代中国特色社会主义思想，要求我们认真践行习近平总书记赋予浙江的新期望，真正把“干在实处永无止境，走在前列要谋新篇，勇立潮头方显担当”全面贯彻落实到经济建设、政治建设、文化建设、社会建设、生态文明建设和党的建设全过程各方面。具体而言，就是要在提升综合实力和质量效益上更进一步、更快一步，努力建设富强浙江；在提升各领域法治化水平上更进一步、更快一步，努力建设法治浙江；在提升文化软实力上更进一步、更快一步，努力建设文化浙江；在提升人民群众获得感上更进一步、更快一步，努力建设平安浙江；在提升生态环境质量上更进一步、更快一步，努力建设美丽浙江；在全面从严治党上更进一步、更快一步，努力建设清廉浙江。可以说，建设“六个浙江”是践行习近平总书记赋予浙江的新期望、落实“更进一步、更快一步”发展要求、奋力推进新时代中国特色社会主义在浙江生动实践的重要部署。

践行习近平总书记赋予浙江的新期望，努力建设“六个浙江”，还需要深刻领会“八八战略”中蕴含的优势论，进一步认识和把握自身优势，强化现有优势，发掘潜在优势，努力把原有的劣势转化为新的优势。正是基于这样的考虑，省第十四次党代会提出，要在工作导向上突出改革强省、创新强省、开放强省、人才强省，集中力量、集聚资源、集成政策，努力形成引领未来发展的新优势。“四个强省”工作导向，是增强浙江未来发展动力的核心载体，事关浙江全局和长远，就像牵引浙江未来发展的四台发动机，是各项事业发展的动力之源，必将助推新时代“六个浙江”建设继续走在全国前列。

三、“六个浙江”建设是推进“两个高水平”建设的总体抓手

党的十九大从党和国家事业发展全局的高度，对新时代中国特色社会主义发展作出了战略安排，明确到2020年全面建成小康社会，实现第一个百年奋斗目标；在此基础上，分两步走，在21世纪中叶建成富强民主文明和谐美丽的社会主义现代化强国，实现第二个百年奋斗目标。站在“两个一百年”奋斗目标交汇的关键节点上，浙江必须切实担当起应该担当的历史责任，沉着应对挑战，赢得战略主动，高水平推进全面建成小康社会和社会主义现代化建设。在这样的背景下，2017年6月，省第十四次党代会提出了“两个高水平”的奋斗目标，即确保到2020年高水平全面建成小康社会，并在此基础上，高水平推进社会主义现代化建设，以“两个高水平”的优异成绩，谱写实现“两个一百年”奋斗目标在浙江的崭新篇章。

2017年11月，省委十四届二次全体（扩大）会议通过的《关于高举习近平新时代中国特色社会主义思想伟大旗帜 奋力推进“两个高水平”建设的决定》指出，新时代浙江奋力推进“两个高水平”建设的总体要求是：高举习近平新时代中国特色社会主义思想伟大旗帜，全面贯彻党的十九大精神，不忘初心、牢记使命，大力弘扬红船精神，坚定不移沿着“八八战略”指引的路子阔步前进，突出改革强省、创新强省、开放强省、人才强省工作导向，统筹推进富强浙江、法治浙江、文化浙江、平安浙江、美丽浙江、清廉浙江建设，高水平全面建成小康社会、高水平全面建设社会主义现代化，为我国决胜全面建成小康社会、夺取新时代中国特色社会主义伟大胜利、实现中华民族伟大复兴的中国梦、实现人民对美好生活的向往作出新的更大贡献。

该决定还指出，推进“两个高水平”建设的战略安排是：从现在

到 2020 年，是高水平全面建成小康社会决胜期。要按照党的十九大提出的新要求，高标准完成党中央提出的全面建成小康社会各项目标任务，坚定实施科教兴省战略、人才强省战略、创新驱动发展战略、乡村振兴战略、区域协调发展战略、可持续发展战略、军民融合发展战略，全面实施富民强省十大行动计划，突出抓重点、补短板、强弱项，特别是坚决打好防范化解重大风险、低收入百姓增收、污染防治的攻坚战，努力在解决发展不平衡不充分问题、满足人民日益增长的美好生活需要上取得新成效，使高水平全面建成小康社会得到人民认可、经得起历史检验。高水平全面建成小康社会之后，要乘势而上、砥砺奋进，分两个阶段高水平全面建设社会主义现代化。

第一个阶段，从 2020—2035 年，在高水平全面建成小康社会的基础上，制定实施浙江现代化建设中期规划（2020—2035 年），再奋斗 15 年，大幅提升经济综合实力和质量效益、各领域法治化水平、文化软实力、人民群众获得感幸福感安全感、生态环境质量、全面从严治党水平，全面建成富强浙江、法治浙江、文化浙江、平安浙江、美丽浙江、清廉浙江，高水平完成基本实现社会主义现代化的目标。

第二个阶段，从 2035 年到本世纪中叶，在高水平完成基本实现现代化目标的基础上，再奋斗 15 年，全面提升物质文明、政治文明、精神文明、社会文明、生态文明水平，实现治理体系和治理能力现代化，综合实力和国际竞争力达到发达经济体前列水平，全省人民共同富裕水平全国领先，享有更加幸福安康的生活，在我国建成富强民主文明和谐美丽的社会主义现代化强国的新征程中继续走在前列、勇立潮头。

“两个高水平”奋斗目标是全方位全领域全覆盖的，涵盖经济、政治、文化、社会、生态文明建设和党的建设各个领域，体现在人民群众对美好生活期待的各个方面。“六个浙江”建设，与经济建设、政治建设、文化建设、社会建设、生态文明建设和党的建设相对应，是“两个高水平”在各领域的具体展开，体现了对浙江发展目标布局的进一步完善，构成了“两个高水平”建设的整体目标布局。其中，富强浙江、文化浙江、清廉浙江是第一次概括提出，法治浙江、平安浙江和美丽浙江的提法带有延续性。“六个浙江”建设的提出，既有对以往工作的延续和深化，也有对今后工作的谋划和设计，是延续性和开拓性的有机统一，为推动“两个高水平”建设落地生根提供了载体和抓手。

第二节　“六个浙江”建设的目标和内涵

省第十四次党代会对“六个浙江”建设的目标和内涵作出了清晰界定，在此基础上，省委十四届二次全体（扩大）会议通过的《中共浙江省委关于高举习近平新时代中国特色社会主义思想伟大旗帜 奋力推进“两个高水平”建设的决定》（以下简称《奋力推进“两个高水平”建设的决定》）和省委十四届六次全体（扩大）会议通过的《中共浙江省委关于认真学习贯彻党的十九届四中全会精神 高水平推进省域治理现代化的决定》（以下简称《高水平推进省域治理现代化的决定》）又进一步丰富了“六个浙江”建设的目标和内涵。总的来说，省委提出建设“六个浙江”，目标清晰，内涵丰富，为推进新时代中国特色社会主义在浙江的生动实践指明了方向、提供了遵循。

一、更进一步、更快一步提升综合实力和质量效益，努力建设富强浙江

努力建设富强浙江，继承和发展了富民强省的一贯追求，体现了既富又强的更高目标。在全国经济格局中，目前浙江城乡居民人均可

支配收入居全国各省（自治区）第1位，“富”的方面已经有了较好的基础；经济总量居全国第4位，但是大而不强的问题还是比较明显。进入新时代，已经到了可以提也应该提富强浙江的时候了。“富”，主要体现为居民、企业、财政三大收入保持较高水平、持续较快增长，最核心的是人民群众生活富裕。“强”，主要指科技创新能力强、产业国际竞争力强、企业实力和活力强、城乡区域协调性强，集中体现为综合实力强。

基于这样的考虑，省第十四次党代会提出，建设富强浙江的主要目标是：一以贯之坚持富民强省，突出高质量高效益，确保经济持续健康发展。到2022年，全省生产总值超过7万亿元，人均生产总值达到12万元；居民、企业、财政三大收入持续较快增长，城镇居民人均可支配收入超过7万元，农村居民人均可支配收入超过3.5万元。科技创新能力、产业国际竞争力、民营经济发展水平和城乡区域协调性全面增强。

富强浙江，富民安民是根基。富强需要有较大规模的地区生产总值和较高水平的人均生产总值，并保持持续增长。富强浙江，创新驱动是动力，既包含着对经济发展速度、规模等量的要求，也包含着对经济效益、整体素质、产业结构、综合竞争力等质的要求，既需要大的经济规模做保障，更需要强的产品、企业、产业做支撑。科技创新能力、产业国际竞争力、民营经济发展水平，标注着富强浙江关于经济转型和产业升级的三个维度。富强浙江，协调发展是内涵。一个富强的浙江，一定是城乡统筹发展、城乡差别越来越小的浙江。

党的十九大召开后，省委《奋力推进“两个高水平”建设的决定》对浙江如何加快建设现代化经济体系作出阐释，使富强浙江的目标更清晰、内涵更丰富。省委指出，要全面贯彻新发展理念，坚持质量第一、效益优先，以供给侧结构性改革为主线，以提高创新力竞争力为导向，坚定不移打好转型升级系列组合拳，推动经济发展质量变革、效率变革、动力变革，加快建设实体经济、科技创新、现代金融、人力资源协同发展的产业体系，加快形成质量高、效率优、创新强、体制活、协调性好的具有鲜明浙江特点的现代化经济体系。要以供给侧结构性改革为主线深入推进转型升级，以超常规力度建设创新型省份，贯彻落实乡村振兴战略，以大湾区、大花园、大通道、大都市区建设为重点促进区域协调发展，以“最多跑一次”改革撬动各领域改革，以“一带一路”建设为统领构建全面开放新格局。

省委《高水平推进省域治理现代化的决定》进一步指出，要坚持社会主义基本经济制度，全面贯彻新发展理念，以供给侧结构性改革为主线，以建设现代化经济体系为重点，在破解制约发展的深层次矛盾和体制性障碍上下更大功夫，打造市场化、法治化、国际化的一流营商环境，建立具有国际竞争力的创新驱动发展机制，强化经济社会发展的规划引领机制，完善城乡区域协调发展的空间治理机制，再创治理和发展新优势。这从高水平推进省域治理现代化的角度，进一步丰富了富强浙江的目标内涵。

二、更进一步、更快一步提升各领域法治化水平，努力建设法治浙江

建设法治浙江是习近平同志在浙江工作时带领十一届省委于2006年作出的重大决策部署，是浙江推进政治建设的总抓手，是法治中国建设在浙江的先行实践。省第十四次党代会从民主和法治建设两个方面对今后5年法治浙江建设的目标进行了阐述。新时代建设法治浙江，需要坚定不移走中国特色社会主义法治道路，坚持党的领导、人民当家作主、依法治国的有机统一，健全人民当家作主制度体系，持续深化中国特色社会主义法治在浙江的生动实践。

基于这样的考虑，省第十四次党代会提出，建设法治浙江的主要

目标是：人民代表大会制度优势进一步发挥，政协履职作用进一步显现，社会主义协商民主广泛多层制度化发展，地方立法有力保障经济社会发展，法治政府基本建成，法治监督更加有效，执法更加公正规范，司法质量、效率和公信力显著提升，省级党内法规制度体系基本形成，各级领导干部运用法治思维和法治方式推动工作的能力不断提高，人民群众的合法权益得到切实保护。

建设法治浙江，首先要推进民主立法。人民代表大会制度优势进一步发挥，社会主义协商民主广泛多层制度化发展，将进一步引领浙江省立法工作更加科学化民主化。建设法治浙江，必须建设法治政府。法治，重在对公权力的治理。浙江以“最多跑一次”改革的实际成效，倒逼各级、各部门减权放权治权和优化服务，经过法治洗礼的权力运行日益规范高效；加强行政执法监督和问责机制建设，法治监督也将更加有效。建设法治浙江，还必须维护公平正义，因为人心是最大的政治，必须让大家看得见公平、感受到正义。随着立法不断完备、依法行政大力推进、司法进一步公开透明，一个更加公平正义的法治浙江正在到来。

党的十九大召开后，省委《奋力推进“两个高水平”建设的决定》对积极发展社会主义民主政治作出阐释，使法治浙江的目标更清晰、内涵更丰富。省委指出，要坚持中国特色社会主义政治发展道路，坚持党的领导、人民当家作主、依法治国的有机统一，坚持改进党的领导方式和执政方式，健全人民当家作主的制度体系，推进社会主义民主政治制度化、规范化、程序化，强化数字化对法治现代化的支撑，构建优化协同高效的依法行政体制，一体推进数字政府、数字经济、数字社会建设，促进治理方式现代化，不断健全现代法治体系，全面深化法治浙江建设，巩固和发展生动活泼、安定团结的政治局面，建设更高水平的法治浙江。

省委《高水平推进省域治理现代化的决定》进一步指出，要坚定不移走中国特色社会主义法治道路，高水平推进科学立法、严格执法、公正司法、全民守法，完善地方立法体制机制，构建优化协同高效的依法行政体制，健全社会公平正义法治保障制度，深入推进政府数字化转型，强化数字化对法治现代化的支撑，形成与数字时代相适应的现代法治体系。这从高水平推进省域治理现代化的角度，进一步丰富了法治浙江的目标内涵。

三、更进一步、更快一步提升文化软实力，努力建设文化浙江

文化是一个国家、一个民族的灵魂。坚定文化自信，是事关国运兴衰、事关文化安全、事关民族精神独立性的大问题。新时代建设文化浙江，主要就是在文化大省、文化强省接力建设的基础上，坚持与时俱进，及时谋划新的目标载体，激发文化活力，提升文化软实力，为经济社会发展凝聚强大的精神力量，提供丰润的文化滋养。

基于这样的考虑，省第十四次党代会提出，建设文化浙江的主要目标是：文化自信进一步坚定，中国梦和社会主义核心价值观深入人心，红船精神、浙江精神广泛弘扬，优秀传统文化得到有效保护和传承，公共文化服务体系更加完善，文化产业成为万亿级产业，人民精神文化生活更加丰富，公民文明素质和社会文明程度明显提高，文化创造力传播力影响力显著增强。

当前，浙江城乡居民都能均等化享受公共文化服务，通过文化富民、文化安民，浙江的老百姓也能有更高的文化自信。要实现文化浙江目标，还需要创作出更多的优秀作品，让浙江的老百姓精神更富有。

党的十九大召开后，省委《奋力推进“两个高水平”建设的决定》对大力推动社会主义文化繁荣兴盛作出阐释，使文化浙江的目标更清晰、内涵更丰富。省委指出，要坚持中国特色社会主义文化发展

道路，坚持“二为”方向、“双百”方针、“双创”原则，实施文化浙江十大工程，激发文化创新创造活力，提高文化软实力，使浙江成为在全国具有重要影响的文化高地、文明高地。要牢牢掌握意识形态工作领导权，大力弘扬社会主义核心价值观，促进浙江文艺不断攀登高峰，打造文化事业和文化产业发展新高地。

省委《高水平推进省域治理现代化的决定》进一步指出，要完善思想文化引领机制，牢牢掌握意识形态工作的领导权、管理权、话语权，推动理想信念教育常态化、制度化，深化中国特色社会主义和中国梦宣传教育，加强新时代爱国主义教育，强化以社会主义核心价值观引领文化建设制度，健全新时代思想政治工作机制，把学校思想政治教育工作摆在突出位置，健全领导干部进高校作形势政策报告制度，强化优秀传统文化传承发展机制，完善文化管理体制和生产经营机制，强化传统媒体和新兴媒体深度融合发展，打造对外传播平台和品牌，提升国际传播能力。这从高水平推进省域治理现代化的角度，进一步丰富了文化浙江的目标内涵。

四、更进一步、更快一步提升人民群众获得感，努力建设平安浙江

建设平安浙江是习近平同志在浙江工作时带领十一届省委于 2004 年作出的重大决策部署。历届省委把平安浙江作为推进社会建设的总抓手，一以贯之坚持和发展，推动形成民富与民安齐头并进的良好局面，成为平安中国建设的先行样本。新时代推进平安浙江建设，需要着眼于“大平安”，对公共服务、社会治理、公共安全、基础设施建设等提出具体目标，充分体现保平安和保民生的有机统一。

基于这样的考虑，省第十四次党代会提出，建设平安浙江的主要目标是：群众普遍拥有更稳定的工作、更满意的收入、更舒适的居住

条件、更安全的生活环境。财富分配更加均衡，中等收入群体日益扩大，低收入群体收入增长快于居民收入平均增幅，城乡居民收入倍差缩小到2以内。优质教育和医疗卫生服务共享水平进一步提高，社会保障全面覆盖、更趋公平，社会养老服务质量明显提升。涉及公共安全的城乡危房、地质灾害重大隐患基本消除。省域1小时交通圈基本建成，县县通高速、村村通客运，信息、水利等基础设施更加完善。打造“枫桥经验”升级版，社会治理现代化水平明显提升，建设平安中国示范区。

平安浙江建设有几个显著特点。其一，公共安全齐维护。公共安全内涵广阔，事关千家万户，必须基本消除涉及公共安全的城乡危房、地质灾害等重大隐患。其二，社会治理多创新。平安建设是一项系统性大工程，涵盖经济社会发展各领域、全方位，“加强和创新社会治理”体现的就是“大平安”理念。其三，民生福祉筑平安。以民生促民安，将保民生作为建设平安浙江的重要路径，在保民生中保平安。

党的十九大召开后，省委《奋力推进“两个高水平”建设的决定》对新时代全面推进富民惠民安民作出阐释，使平安浙江的目标更清晰、内涵更丰富。省委指出，要坚持以人民为中心，既尽力而为，又量力而行，坚守底线、突出重点、完善制度、引导预期，完善为民办实事长效机制，制定实施富民惠民安民行动计划，建设平安中国示范区，使人民获得感、幸福感、安全感更加充实、更有保障、更可持续。特别是要优先发展教育，高水平建设健康浙江，着力提高就业质量和社会保障水平，坚决打好低收入百姓增收攻坚战，提升社会治理现代化水平，坚决打好防范化解重大风险攻坚战。

省委《高水平推进省域治理现代化的决定》进一步指出，要坚持共建共治共享，完善党委领导、政府负责、民主协商、社会协同、公众参与、法治保障、科技支撑的社会治理体系，把“最多跑一次”理念方法运用到社会治理领域，提高社会治理社会化、法治化、智能化、专业化水平，加快建设社会治理共同体，打造浙江特色社会治理现代化模式。要牢固树立重基层抓基础的鲜明导向，坚持和发展新时代“枫桥经验”，全面建设“党建统领、人民主体、三治融合、四防并举、共建共享”的浙江特色基层治理体系。这从高水平推进省域治理现代化的角度，进一步丰富了平安浙江的目标内涵。

五、更进一步、更快一步提升生态环境质量，努力建设美丽浙江

美丽浙江是省委十三届五次全会作出的重大决策部署，是一以贯之实施生态省建设方略的深化实践，是美丽中国建设的省域探索。新时代推进美丽浙江建设，需要认真践行习近平生态文明思想，始终把美丽浙江建设放在突出位置，积极展现坚定不移践行“两山”理念的政治自觉、思想自觉和行动自觉。

基于这样的考虑，省第十四次党代会提出，建设美丽浙江的主要目标是：确保不把违法建筑、污泥浊水、脏乱差环境带入全面小康。巩固提升剿灭劣Ⅴ类水成果，全省饮用水水源地水质和跨行政区域河流交接断面水质力争实现双达标，城市空气质量优良天数比例继续提高，垃圾分类收集处理实现基本覆盖，城市生活垃圾总量实现“零增长”，全省天更蓝、地更净、水更清、空气更清新、城乡更美丽。

把浙江建设成一个美丽大花园，是美丽浙江建设的题中之义。良好的生态环境，是最公平的公共产品，也是最普惠的民生福祉。我们需要补齐生态短板，提供更优环境，真正实现“三个不带入”目标。污泥浊水的源头是落后产能，只有转变发展方式，打破拖累发展的坛坛罐罐，才能从根子上斩断污染之源。浙江发展首要的优势在体制机制，关键的举措在深化改革，在更高层面谋划和推进美丽浙江建设，

需要进一步深化体制改革，切实发挥机制优势。

党的十九大召开后，省委《奋力推进“两个高水平”建设的决定》对浙江如何开辟绿水青山就是金山银山的新境界进行阐释，使美丽浙江的目标更清晰、内涵更丰富。省委指出，要牢固树立和深入践行“绿水青山就是金山银山”理念，把生态文明建设作为千年大计，制定实施优美环境行动计划，积极推进绿色发展，坚决打好污染防治攻坚战，更大力度推进生态建设和保护，深化生态文明体制改革，积极创建国家可持续发展议程创新示范区，建设美丽中国示范区，为人民创造良好的生产生活环境，促进人与自然和谐共生。

省委《高水平推进省域治理现代化的决定》进一步指出，要构建全域美丽的绿色发展体制机制，深化生态文明示范创建，完善生态文明建设目标评价考核机制；全面建立和推行美丽乡村、美丽城镇、美丽城市建设标准，深化“千村示范、万村整治”工程，实施“百镇样板、千镇美丽”工程；健全生态保护和修复制度，推进国家公园创新；推进城乡全域有机更新，探索开展未来社区建设试点；深化国土资源节约集约示范省创建，深化领导干部自然资源资产离任审计；建立生态产品价值实现机制，完善绿色发展财力奖补和生态补偿机制，拓宽绿水青山向金山银山转化通道。这从高水平推进省域治理现代化的角度，进一步丰富了美丽浙江的目标内涵。

六、更进一步、更快一步全面从严治党，努力建设清廉浙江

省委提出建设清廉浙江，既是对浙江政治生态山清水秀的基本判断，又表明了持续深入推进全面从严治党的决心和意志。建设清廉浙江，就是要把“清”和“廉”的要求贯穿各领域各环节各行业，形成党员模范带头、干部清正廉洁、社会风清气正的良好局面。

基于这样的考虑，省第十四次党代会提出，建设清廉浙江的主要

目标是：深入推进党的建设新的伟大工程，全面加强党的思想、组织、作风、反腐倡廉和制度建设，保持党的先进性和纯洁性，建设山清水秀的政治生态，党内政治生活更加规范化常态化，不敢腐不能腐不想腐的体制机制更加健全，党群干群关系更加密切，以良好的党风政风带动和促进社会风气持续好转，进一步形成党员模范带头、干部清正廉洁、社会风清气正的良好局面。

在全面从严治党上更进一步、更快一步，努力建设清廉浙江。这对浙江的党建工作提出了更新、更高的要求，也标明了浙江党建工作发展的方向和路径。建设清廉浙江是大势所趋，吹响了全面从严治党的冲锋号，说明新时代党建在“六个浙江”建设中的分量越来越重。建设清廉浙江是发展所需，是对全省380余万名党员的殷切希望。建设清廉浙江是民心所向，党内政治生活更加规范化常态化，不敢腐不能腐不想腐的体制机制更加健全，将使党群干群关系更密切。

党的十九大召开后，省委《奋力推进“两个高水平”建设的决定》对新时代浙江推进全面从严治党向纵深推进作出了阐释，使清廉浙江的目标更清晰、内涵更丰富。省委指出，要坚定不移落实新时代党的建设总要求，全面推进党的政治建设、思想建设、组织建设、作风建设、纪律建设，把制度建设贯穿其中，深入推进反腐败斗争，不断增强各级党组织的政治领导力、思想引领力、群众组织力、社会号召力，为“两个高水平”建设提供坚强保证。特别是要突出抓好党的政治建设，用习近平新时代中国特色社会主义思想武装头脑，建设高素质专业化干部队伍，以提升组织力为重点加强基层组织建设，驰而不息正风肃纪、反腐惩恶，建立健全监督体系，全面增强执政本领。

省委《高水平推进省域治理现代化的决定》进一步指出，要贯彻新时代党的建设总要求，加强党对省域治理各领域各方面各环节的全面领导，完善保障“两个维护”的制度机制，完善党委统筹推进治理的领导体制和工作机制，完善思想文化引领机制，构建“服务企业服务群众服务基层”长效机制，完善权力运行制约和监督机制，更好发挥党总揽全局、协调各方的领导核心作用，确保党中央决策部署在浙江令行禁止、一贯到底。这从高水平推进省域治理现代化的角度，进一步丰富了清廉浙江的目标内涵。

建设数字浙江、信用浙江是习近平同志在浙江工作时作出的重大决策部署。近年来，省委、省政府大力推动政府数字化转型，深入实施数字经济“一号工程”，全面推进信用建设“531X”工程，数字浙江、信用浙江建设取得明显成效。为了推进“六个浙江”建设，省委十四届六次全体（扩大）会议对建设数字浙江、信用浙江也作出明确部署。全会指出，高水平建设数字浙江、信用浙江，有助于协同发挥科技、道德和法律的力量，更好地明确省域治理现代化的重要支柱和关键抓手。数字浙江、信用浙江与富强浙江、法治浙江、文化浙江、平安浙江、美丽浙江、清廉浙江不是同一个逻辑层面的部署，而是浙江发展和治理的基础性标志性工程。放眼未来，数字化和信用体系在省域治理中的作用将更加凸显，也必将更加有助于大力推进“六个浙江”建设行稳致远。

第三节　加快建设“六个浙江”的重要部署

2015年，习近平总书记到浙江考察时提出“八个方面重点任务”，涉及经济、改革、城乡、法治、文化、社会、生态文明建设和党的建设，是对“八八战略”的再创新再深化。目前，浙江正处在大有可为的战略机遇期、干事创业的发展黄金期、不进则退的转型关键期，推进“六个浙江”建设，必须牢记习近平总书记赋予浙江的新期望，扛起“三个地”的使命担当，紧紧围绕“两个高水平”奋斗目标，大力弘扬红船精神、浙江精神，树立“四个强省”工作导向，高水平推进省域治理现代化，健全党的领导、现代法治、高质量发展、社会治理、基层治理和治理能力保障等六大体系，深入实施富民强省十大行动计划，不断增创浙江发展的体制机制、发展动能、国际竞争、战略资源等新优势，切实把习近平总书记到浙江考察时提出的“八个方面重点任务”落到实处。

一、加快推动经济转型升级

中国特色社会主义进入新时代，我国经济已由高速增长阶段转向高质量发展阶段。近年来，在“八八战略”指引下，浙江经济发展创造了令人瞩目的奇迹，但山越高越难爬，车越快越难开。新时代推进“六个浙江”建设，需要在适应和引领新常态中展现新作为，把转型升级牢牢抓在手上，坚持有“破”有“立”，坚持倒逼和引领并举，深入推进供给侧结构性改革，加快“腾笼换鸟”“凤凰涅槃”，以新发展理念引领经济高质量发展，建设现代化经济体系。

一要打破“坛坛罐罐”。有抽样调查显示，以县域经济起家的浙江，30%以上的县域工业企业存在产能过剩问题。只有做好低端低效产能的“减法”，才能为先进产能腾出发展空间。要深入实施“三改一拆”，打好治危拆违攻坚战，继续推进无违建县创建工作，做到存量违建应拆尽拆、新增违建全面禁止、拆后土地高效利用。高标准推进“五水共治”，坚持“截、清、治、修”并举，巩固扩大治污成果，不断提高防洪排涝能力，更加重视节约用水，保障优质饮用水供应。扎实做好企业减负降本工作，坚决淘汰落后产能，加快小微企业园建设，坚决打击非法集资等金融违法行为、规范金融秩序，因城施策，促进房地产市场健康发展。

二要建设创新型省份。创新是转型升级的最大推动力，谋创新就是谋未来，抓创新就是抓发展。要紧紧抓住科技创新这个“牛鼻子”，深入实施数字经济“一号工程”，健全关键核心技术攻关体制机制，谋划实施一批重大科技项目，加快引进和建设一批国内顶尖、世界一流的大院名所和重大科学装置，全力推动之江实验室创建国家实验室。积极推动国家信息经济示范区建设，深入实施“互联网＋”行动和大数据战略。大力建设杭州城西科创大走廊、国家自主创新示范区、沪嘉杭金科创走廊等科创大平台，高水平打造国家科技成果转移转化示范区。加快建成一批产业创新服务综合体、制造业创新中心，加快打造“产学研用金、才政介美云”十联动的创业创新生态系统。完善特色小镇高质量发展机制。深入实施高等教育强省战略，完善高校建设发展支撑保障机制和“双一流”建设机制，培养造就一批具有国际水平的战略科技人才、科技领军人才、青年科技人才和高水平创新团队。推进军民深度融合发展，建设军民融合创新示范区。

三要振兴实体经济。不论经济发展到什么时候，实体经济都是在国际经济竞争中赢得主动的根基。当前，世界经济深度调整，增长动能逐渐衰减，浙江需要把振兴实体经济作为领跑未来发展的战略之举，实施好《中国制造2025浙江行动纲要》，做大做强八大万亿产业。以“10＋1”为突破口，加快传统产业改造提升，滚动实施小微企业三年成长计划，联动推进“互联网＋”“智能化＋”“标准化＋”“文化＋”，建设产业创新服务综合体，推进新型建筑工业化。抓好绍兴传统产业改造提升试点工作，推进金华现代服务业综合试点，促进生产性服务业向专业化和价值链高端提升，推进生活性服务业向便利化精细化品质化提升，发展平台经济、分享经济、体验经济、创意经济。积极推进省内机场资源整合，大力发展航空产业。提升产业集聚区、高新区、各类开发区发展水平，高标准建设特色小镇，支持宁波、湖州加快建设“中国制造2025”试点示范城市。

四要扩大有效需求。供给和需求是市场经济内在关联的两个基本方面，没有需求，供给就无从实现，新的需求可以催生新的供给。要围绕创新发展、交通设施、产业转型、生态环保、公共服务等领域实施一批战略性重大项目，通过扩大有效投资推动转型升级。以浙商回归为牵引，坚持民资、国资、外资一起上，突出招引大项目好项目，大力建设国际产业合作园，努力把浙江建成优质民资创业主阵地、国企创新发展新高地、高质量外资集聚地。顺应消费升级大趋势，以消费升级引领产业升级，积极培育消费热点，全面实施“放心消费在浙江”行动计划，不断增强消费对经济增长的贡献。优化出口产品结构，完善贸易投资便利化体制机制，大力推行新型贸易方式，积极发展服务贸易，巩固提高全球市场份额。

二、进一步深化改革扩大开放

改革开放是决定当代中国命运的关键一招，也是实现“两个一百年”奋斗目标、实现中华民族伟大复兴的关键一招。长期以来，浙江在全面深化改革和对外开放中走在前列。新时代推进“六个浙江”建设，需要坚持改革不停顿、开放不止步，坚定不移将改革开放进行到底，以开拓者的精神、实干家的本色，继续深化改革、扩大开放，以“最多跑一次”改革为牵引，以“一带一路”建设为统领，以开放促改革促发展，最大限度释放改革开放红利，在改革开放再出发中展现新担当新作为。

一要以“最多跑一次”改革撬动各领域改革。“最多跑一次”改革是深化行政体制改革和推进政府治理现代化的重大创新，需要持续深化、不断完善，充分发挥其撬动各领域改革的放大效应。要在制定实施深化“最多跑一次”改革行动计划的基础上，加快建设企业投资项目在线审批监管平台 2.0 版。按照“市场化、法治化、国际化”要求，深入实施优化营商环境“10＋N”行动，努力打造营商环境最优省。加快全面实现个人和企业全生命周期“一件事”全流程“最多跑一次”、机关内部“最多跑一次”改革，完善“浙里办”“浙政钉”手机应用程序，加快建成“掌上办事之省”“掌上办公之省”。推动国有资本做强做优做大，发展混合所有制经济。完善产权保护制度，推动民营经济新飞跃。深化商事制度改革、要素市场化配置改革，完善促进消费体制机制，加快建立现代财政制度，深化投融资体制改革，深化社会诚信体系建设。抓好各类国家金融改革试点，推进国家标准化综合改革试点。全面落实中央关于深化机构和行政体制改革的各项部署。

二要以“一带一路”建设为统领构建全面开放新格局。全面参与“一带一路”建设，开辟开放发展新空间，是浙江建设开放强省的重大举措。要在制定实施打造“一带一路”枢纽行动计划的基础上，加快建设国际现代物流枢纽、国际科创产业合作高地、国际贸易创新发展高地、国际新金融服务中心和国际人文交流中心。推动杭州国家临空经济示范区建设，创建宁波“一带一路”建设综合试验区，创新“义新欧”班列运行机制，建设“一带一路”捷克站。加快推进中国（浙江）自由贸易试验区和舟山江海联运服务中心建设，积极争取建设自由贸易港。推进新型贸易中心建设，高标准建设电子世界贸易平台。统筹利用外资、国资、民资，建设好国际产业合作园。推进境外经贸合作区建设，大力培育本土跨国公司。继续办好中国-中东欧国家投资贸易博览会、世界油商大会、中国国际茶叶博览会等重大国际交流合作活动，举办好联合国世界地理信息大会。

三、统筹协调城乡区域发展

党的十八大以来，以习近平同志为核心的党中央把促进区域协调发展摆在更加重要的位置，明确提出要实施区域协调发展战略，建立更加有效的区域协调发展新机制。习近平同志在浙江工作期间，提出并实施山海协作工程和新型城市化、城乡一体化等系列重大举措，使浙江成为全国区域协调发展领先的省份。新时代推进“六个浙江”建设，需要坚持城乡并重、区域协同，加快推进城乡发展一体化，努力缩小城乡区域发展差距，完善城乡区域协调发展的空间治理机制，加快形成主体功能明显、优势互补、高质量发展的区域经济布局。

一要推进新型城市化和城乡发展一体化。推进新型城市化和城乡发展一体化是中央作出的重大决策部署，也是统筹城乡发展，加快形成城乡一体化发展新格局的重要举措。要建设环杭州湾城市群、温台城市群、浙中城市群，提升四大都市区综合能级和国际化水平，积极打造国家中心城市。推行城市空间规划和设计，开发利用城市地下空间，有序推进智慧城市建设，抓好城市交通治堵工作。坚持做强市域经济与激发县域经济活力并重，推动县域经济向城市经济、都市区经济转型。促进城乡在规划布局、要素配置、产业发展、基础设施、公共服务、生态环境保护等方面融合发展，加快实现城乡公共服务均等化、居民收入均衡化、产业发展融合化。

二要实施乡村振兴战略。农业农村农民问题是关系国计民生的根本性问题，必须始终把解决好“三农”问题作为推进“六个浙江”建设的重中之重，深化农业供给侧结构性改革，持续推进农业“两区”建设，完善现代农业产业体系、生产体系、经营体系，积极运用“互联网+”方式提升农业、发展农村、富裕农民。推进浙江渔场修复振兴，发展远洋渔业，推动畜牧业转型升级。深化农村土地制度和集体产权制度改革，完善“三权到人（户），权跟人（户）走”机制。发挥“三位一体”农民合作经济组织作用，推动农业社会化服务升级和农民合作经济壮大。深化美丽乡村建设，健全自治、法治、德治相结合的乡村治理体系，全面消除集体经济薄弱村，培养造就一支懂农业、爱农村、爱农民的“三农”工作队伍。

三要构建大都市区引领“四大建设”体制机制。“四大建设”是推进“六个浙江”建设的重大战略平台。要以杭州湾经济区为核心，联动推进甬台温临港产业带建设，打造一批世界级先进制造业集群；以浙西南生态旅游带为重点，推进生态功能区保护发展，把省域建成大花园；构建以义甬舟为主轴的开放通道、支撑大湾区创新发展的湾区通道、引领大花园建设的美丽通道，促进省域联动发展。加强四大都市区建设，促进大中小城市和小城镇协调发展。实施“5211海洋强省行动”，深化海洋经济发展示范区和舟山群岛新区建设，打造以宁波—舟山港为龙头的世界级港口集群。打造山海协作工程升级版，以重大合作项目为载体主动接轨上海，全方位推动长三角高质量一体化发展，积极参与长江经济带建设，全力做好对口支援和东、西部扶贫协作。

四、发展社会主义民主政治

近年来，浙江从各个领域全面拓展社会主义民主政治建设，社会主义民主政治在浙江的实践呈现高度活跃态势。新时代推进“六个浙江”建设，需要坚定不移走中国特色社会主义政治发展道路，坚持党的领导、人民当家作主、依法治国的有机统一，始终保持政治定力，不断扩大社会主义民主，厉行社会主义法治，高水平谱写法治浙江建设的新篇章。

一要改进党的领导方式和执政方式。坚持党对一切工作的领导，是顺利推进“六个浙江”建设的重要保证。要坚持党委总揽全局、协调各方，支持人大、政府、政协和监察委、法院、检察院依法依章履行职能、开展工作、发挥作用。加强和改进党的群团工作，落实党管武装政治责任，积极支持国防建设和军队改革。巩固和发展最广泛的爱国统一战线，支持各民主党派、工商联和无党派人士积极发挥作用。支持畲族自治县和民族乡加快发展，做好城市少数民族服务管理工作。全面贯彻党的宗教工作基本方针，做好党外知识分子和新的社会阶层人士的工作。构建亲清新型政商关系，支持非公有制经济健康发展和非公有制经济人士健康成长。全面推进同香港、澳门的互利合作，促进浙台经济文化交流合作。

二要健全人民当家作主的制度体系。人民当家作主是社会主义民主政治的本质和核心。保证人民依法实行民主选举、民主协商、民主决策、民主管理、民主监督。坚持和完善人民代表大会制度，发挥人大及其常委会在立法中的主导作用，支持和保证人大依法行使立法权、监督权、决定权、任免权。健全人大组织制度和工作制度，完善人大专委会设置，优化人大常委会和专委会组成人员结构。推动协商民主广泛多层制度化发展，统筹推进政党协商、人大协商、政府协商、政协协商、人民团体协商、基层协商以及社会组织协商。发挥人民政协作为社会主义协商民主重要渠道和专门协商机构的作用，把协商民主贯穿政治协商、民主监督、参政议政的全过程，加强政协民主监督，坚持和完善基层群众自治制度。

三要建设更高水平的法治浙江。全面依法治国是国家治理的一场深刻革命，也是推进“六个浙江”建设的重要保障。要统筹推进科学立法、严格执法、公正司法、全民守法，努力在建设中国特色社会主义法治体系中走在前列。更好地发挥省委建设法治浙江工作领导小组作用，切实加强对法治浙江建设的统一领导。完善地方立法体制机制，推进科学立法、民主立法、依法立法，扎实抓好地方法规规章立、改、废、释各项工作，以良法促进发展、保障善治。深化法治政府建设，制定实施政府自身建设行动计划，构建优化协同高效的依法行政体制，深入推进政府数字化转型，坚持强谋划、强执行，不断提高行政服务质量、效率和政府公信力。全面落实中央深化司法体制综合配套改革任务，强化司法责任制，努力让人民群众在每一个司法案件中感受到公平正义。推进社会主义法治文化建设，构建社会“大普法”工作格局，完善公共法律服务体系，促进全社会尊法学法守法用法。

五、推动社会主义文化繁荣兴盛

没有高度的文化自信，没有文化的繁荣兴盛，就没有中华民族的伟大复兴。独特的文化传统，独特的历史命运，独特的基本国情，注定了我们必然要走适合自己特点的发展道路。新时代推进“六个浙江”建设，需要以习近平新时代中国特色社会主义思想为指导，坚守中华文化立场，坚定文化自信，增强文化自觉，强化文化担当，推动优秀传统文化创造性转化、创新性发展，努力建设文化浙江、“诗画浙江”，为浙江经济社会发展凝聚强大的精神力量、提供丰润的文化滋养。

一要牢牢掌握意识形态工作领导权。意识形态决定文化前进方向和发展道路，意识形态工作是党的一项极端重要的工作。要加强党对意识形态工作的领导，把学习宣传研究习近平新时代中国特色社会主义思想作为重中之重，充分发挥浙江作为习近平新时代中国特色社会主义思想重要萌发地的优势，成立浙江省红船精神研究院，深入研究“八八战略”等重要思想，结合“两个高水平”建设新实践，形成有重大影响的研究成果。推进马克思主义学习宣传研究系统化常态化，推进哲学社会科学强省建设，建设专业化高水平新型智库。深化媒体融合发展，构建现代传播体系。落实意识形态工作责任制，建立网络综合治理体系，积极营造清朗的网络空间。

二要大力弘扬社会主义核心价值观。人民有信仰，国家有力量，民族有希望。要把培育和弘扬社会主义核心价值观作为凝魂聚气、强基固本的基础工程，完善思想文化引领机制，深入实施社会主义核心价值观宣传普及行动，构建以社会主义核心价值观为引领的大、中、小、幼一体化德育体系。结合时代特点大力弘扬红船精神，秉持浙江精神，发扬垦荒精神，在全社会唱响创新和实干的时代强音。深入实施公民道德建设工程，大力推进群众性精神文明创建活动，全面开展移风易俗、弘扬时代新风行动，深化“最美浙江人”主题宣传活动，加强科普工作，推进好家风建设、诚信文化建设和志愿服务制度化，提升全社会文明程度。

三要促进浙江文艺不断攀登高峰。文艺是时代前进的号角，最能代表一个时代的风貌，最能引领一个时代的风气。要牢固树立以人民为中心的创作导向，实施文化精品战略，重点围绕重大革命历史题材和现实题材，推出更多思想精深、艺术精湛、制作精良的大作力作，打造文学重镇、影视重镇、美术书法重镇和戏曲重镇。积极推动文艺创新，推出更多具有原创价值的文艺作品和文化品牌。完善文艺评价激励机制，大力倡导讲品位、讲格调、讲责任，坚决抵制低俗、庸俗、媚俗之风。加强文艺人才引进培育，造就一批高水平创作人才。

四要打造文化事业和文化产业发展新高地。推动文化事业全面繁荣和文化产业快速发展，能够为“六个浙江”建设提供思想保证、精神力量、道德滋养。要构建把社会效益放在首位、社会效益和经济效益相统一的体制机制，高标准建设农村文化礼堂、城市文化公园、社区文化家园等公共文化设施。挖掘传统文化精神内涵，擦亮良渚遗址这张世界级文化金名片，大力推进大运河（浙江）文化带建设。高水平办好2022年杭州亚运会。统筹推进对外文化交流、文化传播和文化贸易，继续办好世界互联网大会。做大做强文化市场主体，打造之江文化产业带，加快横店影视文化产业集聚区等重大平台建设，建成全国文化内容生产先导区、文化产业融合发展示范区、文化产业新兴业态引领区。

六、全面推进富民惠民安民

增进民生福祉是我们党坚持立党为公、执政为民的本质要求，也是推进“六个浙江”建设的出发点和落脚点。新时代推进“六个浙江”建设，需要着眼于促进人的全面发展，深入实施富民惠民安民行动计划，坚持和完善为民办实事长效机制，健全社会治理体系和基层治理体系，推进社会治理领域“最多跑一地”改革，创新社会治理共同体建设、防范化解各类风险、强化基层治理“三治融合”等体制机制，不断提高人民群众的获得感幸福感安全感，努力建设更高水平的平安浙江。

一要优先发展教育。教育是民族振兴、社会进步的重要基石，是国之大计、党之大计，对推进“六个浙江”建设具有决定性意义。要深化教育领域综合改革，建立基础教育提质减负有效机制，强化公办教育高质量发展保障体系，完善中、高考招生制度，发展“互联网＋教育”，率先高水平实现教育现代化。推动城乡义务教育一体化发展，提升学前教育水平，高质量普及15年基础教育，办好特殊教育和网络教育、继续教育，加快建设学习型社会。以超常规举措实施高等教育强省战略，持续增加高等教育经费投入，大力支持“双一流”建设高校和学科发展，加大力度实施省重点高校建设计划，力争五年内引进20所左右著名高校在浙江开展合作办学。提升中职教育质量，发展高职教育，实施产教融合发展工程。深化教育领域综合改革和高考招生制度改革，支持和规范社会力量兴办教育。加强教师队伍建设。

二要高水平建设健康浙江。人民健康是民族昌盛和国家富强的重要标志。要坚持“六医统筹”，实施医疗卫生服务优化工程，加快县域医共体建设，发展智慧医疗健康服务，健全基层医疗卫生服务体系和分级诊疗体系，加强医疗质量安全体系和公共卫生体系建设，传承发展中医药事业，加强全科医生队伍建设，深入开展爱国卫生运动。促进生育政策和相关经济社会政策配套衔接，深入实施全民健身工程，全面实施食品药品安全战略。构建养老、孝老、敬老政策体系和社会环境，深化医、养、护一体化改革，探索建立大病补充医疗保险制度和独立险种的长期护理保险制度，提升养老服务质量。

三要着力提高就业质量和社会保障水平。就业是最大的民生工程、民心工程、根基工程，要坚持就业优先战略和积极就业政策，实现更高质量和更充分就业。社会保障发挥着社会稳定器作用，要健全多缴多得、长缴多得的养老保险体系，加快统一设区市职工基本医保制度和城乡居民医保制度，完善失业、工伤保险制度；建立统一的社会保险公共服务平台；完善社会救助、社会福利、公益慈善事业、优抚安置制度，发展红十字事业，加强妇女儿童权益保障；加强残疾预防和残疾人康复服务。要坚持“房子是用来住的、不是用来炒的”定位，加快建立多主体供给、多渠道保障、租购并举的住房制度。

四要坚决打好低收入百姓增收攻坚战。打赢低收入百姓增收攻坚战，是推动低收入百姓共享高水平全面小康成果的系统工程。要建立解决相对贫困的长效机制，确保低收入群体收入增长快于经济增长、快于居民收入平均增长。巩固“消除家庭人均年收入 4600 元以下贫困现象”成果。深入实施低收入农户、低收入产业工人收入倍增计划，确保低收入百姓收入增长快于城乡居民收入平均增幅。坚持精准帮扶，整合帮扶资源，创新帮扶方式，拓宽居民劳动收入和财产性收入渠道，增强低收入百姓自我发展能力。加大力度继续支持淳安等 26 个县加快发展，同步实现“两个高水平”。

五要健全社会治理体系。社会治理事关社会稳定和国家安全，是推进“六个浙江”建设的重大任务。要推进社会治理领域“最多跑一地”改革，创新社会治理共同体建设体制机制，打造共建共治共享的社会治理格局，建立“全省一盘棋、市级抓统筹、县级负主责、基层强执行”的省域社会治理工作机制。完善预防和化解社会矛盾机制，加强社会心理服务体系建设，加强和改进信访工作，完善统一政务咨询投诉举报平台。全面升级立体化社会治安防控体系，严厉打击和惩治各类违法犯罪活动。构建具有浙江特色的基层治理机制，打造一站式服务、就地解决矛盾纠纷的县级社会矛盾纠纷调处化解中心，深化基层治理体系“四个平台”，推进“全科网格”建设规范提升，强化自治、法治、德治融合，注重职责清晰、统分结合、简约高效，加强社会工作专业人才队伍建设，充分激发基层活力和创造力。深化“互联网+社会治理”行动，打造“枫桥经验”升级版，推进城乡社区治理现代化。加强和创新网络综合治理。

六要坚决打好防范化解重大风险攻坚战。防范化解重大风险，被摆在三大攻坚战的首位。要加强斗争历练，增强斗争本领，永葆斗争精神，以“踏平坎坷成大道，斗罢艰险又出发”的顽强意志，应对好每一场重大风险挑战。认真落实总体国家安全观，严密防范和坚决打击各种渗透颠覆破坏活动、暴力恐怖活动、民族分裂活动、宗教极端活动。坚决防范和化解地方政府性债务风险。健全地方金融风险防控和监管体系，牢牢守住不发生区域性金融风险的底线。落实安全生产责任制，深入推进安全生产综合治理。扎实抓好治危拆违、除险安居、防汛防台等工作，到2022年基本消除涉及公共安全的城乡危房和地质灾害重大隐患。推动落实党委（党组）网络安全责任制，筑牢网络安全防线。

七、开辟绿色发展新境界

新时代推进“六个浙江”建设，需要深入践行“绿水青山就是金山银山”重要理念，坚持人与自然和谐共生，构建全域美丽的绿色发展体制机制，大力开展“811”美丽浙江建设行动，积极建设可持续发展议程创新示范区，推动形成绿色发展方式和生活方式，统筹山水林田湖草系统治理，实行最严格的生态环境保护制度，让天更蓝、水更清、空气更清新，努力建设美丽浙江。

一要积极推进绿色发展。良好的生态本身蕴含着无穷的经济价值，能够源源不断创造综合效益，实现经济社会可持续发展。要全面建立和推行美丽乡村、美丽城镇、美丽城市建设标准，深化“千村示范、万村整治”工程。建立健全规范绿色生产和消费的法规和政策，健全绿色低碳循环发展的经济体系。完善绿色金融体系，大力发展节能环保产业、清洁生产产业、清洁能源产业、生态循环农业。强化资源全面节约和循环利用，大力实施节水行动，加快建设清洁能源示范省。倡导简约适度、绿色低碳的生活方式，开展创建节约型机关、绿色家庭、绿色学校、绿色社区等行动。

二要坚决打好污染防治攻坚战。在经济由高速增长阶段转向高质量发展阶段过程中，污染防治和环境治理是需要跨越的一道重要关口，必须咬紧牙关，爬过这个坡，迈过这道坎。要强化标准引领，解决各类突出的环境问题，加快实现污水、垃圾高标准处理。继续推进“五水共治”，巩固提升剿灭劣Ⅴ类水和农村生活污水治理成果。打赢蓝天保卫战，推动城市空气质量优良天数持续稳步提高。统筹抓好治土、治固废等工作，加强农业面源污染防治，推行城乡生活垃圾分类化、减量化、资源化、无害化处理，实现城市生活垃圾总量“零增长”和农村生活垃圾分类处理全覆盖。推进新时代美丽城镇建设，着力提升农村人居环境。

三要更大力度推进生态建设和保护。建设生态文明是中华民族永续发展的千年大计，保护生态环境是关系党的使命宗旨的重大民生问题。要统筹山水林田湖草系统治理，实施重要生态系统保护和修复重大工程。推进“多规合一”，推动主体功能区战略在市、县精准落地，加快生态保护红线、永久基本农田、城镇开发边界三条控制线划定与实施。深入推进“四边三化”和平原绿化，加强水土流失综合治理，强化湿地保护和恢复，加快建成“森林浙江”。创建海洋生态建设示范区，开展全省海岸线整治修复三年行动。推进城乡全域有机更新，探索开展未来社区建设试点。打造沿江、沿河、沿山、沿湖万里美丽走廊，大力发展全域旅游，全面建成“诗画浙江”、中国最佳旅游目的地。

四是要深化生态文明体制改革。推进生态文明体制改革是解决新时代社会主要矛盾的必要条件，也是浙江实现可持续发展的现实需要。要设立国有自然资源资产管理和自然生态监管机构，完善生态环境管理制度，构建以排污许可制为核心的固定污染源监管制度体系，全面实施河长制、湖长制、湾（滩）长制、林长制，普遍实行垃圾分类和减量化、资源化、无害化处理制度。构建国土空间开发保护制度，建立以国家公园为主体的自然保护地体系，健全耕地森林河流湖泊休养生息制度。深化环境监测改革，打造环保执法最严省份。推进环境资源市场化配置，建立市场化、多元化生态补偿机制，开展生态产品价值实现机制试点。完善环境资源司法保护机制，建立健全生态环境损害赔偿制度和责任终身追究制度，坚决制止和惩处破坏生态环境行为。

八、坚定不移全面从严治党

中国特色社会主义最本质的特征是中国共产党领导，中国特色社会主义制度的最大优势是中国共产党领导。党的领导是推进“六个浙江”建设的根本保证。新时代推进“六个浙江”建设，需要严格落实全面从严治党的责任制度，完善党委（党组）主体责任、党委（党组）书记第一责任、班子成员“一岗双责”、纪委监督责任“四责协同”机制，推动全面从严治党向纵深推进、向基层延伸、覆盖每个党支部和每名党员，切实提高制度执行力和治理能力，不断增强自我净化、自我完善、自我革新、自我提高能力。

一要完善保障“两个维护”的制度机制。坚决维护习近平总书记党中央的核心、全党的核心地位，坚决维护党中央权威和集中统一领导，是加强党的建设的首要任务。要树立“四个意识”，坚定“四个自信”，做到“两个维护”，坚定执行党的政治路线，严格遵守政治纪律和政治规矩，在政治立场、政治方向、政治原则、政治道路上同以习近平同志为核心的党中央保持高度一致。以党章为根本遵循，更加自觉地学习党章、遵守党章、贯彻党章、维护党章。严格执行民主集中制，完善和落实各级党委（党组）集体议事规则、决策程序和责任追究制度。发展积极健康的党内政治文化，营造风清气正的良好政治生态。加强党员干部特别是领导干部党性锻炼，不断提高政治觉悟和政治能力。

二要用习近平新时代中国特色社会主义思想武装头脑。习近平新时代中国特色社会主义思想是党和国家必须长期坚持的指导思想。要构建不忘初心、牢记使命的长效机制，完善党委（党组）理论学习中心组等各层级学习制度，全面开展专题学习和集中轮训，推动习近平新时代中国特色社会主义思想“七进”工作，推动马克思主义中国化最新理论成果入脑入心。把深入学习习近平新时代中国特色社会主义思想与学习习近平同志在浙江工作期间的重要论述紧密结合起来，切实做到学深悟透、深谋实干。强化理想信念教育，用好南湖红船等红色资源，教育引导广大党员干部牢记党的宗旨，不断汲取信念的力量、真理的力量、奋斗的力量、创新的力量。

三要建设高素质专业化干部队伍。推进“六个浙江”建设需要政治过硬、本领高强的干部队伍，干部队伍是推进“六个浙江”建设的中坚力量。要打好干部工作“上下管育爱”组合拳，加强好班长好班子好梯队建设，提拔重用全面贯彻执行党的理论和路线方针政策、忠诚干净担当的好干部，注重选优配强各级党政正职。增强各级干部的专业素养、专业能力和专业精神，大力发现培养储备年轻干部，构建大监督工作机制。健全完善干部考核评价机制，坚持严管和厚爱结合、约束和激励并重，完善和落实容错纠错机制，推进公务员分类改革和职务职级并行制度。发扬新时代新担当新作为的精神和作风，提高领导干部制度执行力和治理能力。突出抓好创新型科技人才、企业家、工匠、青年人才等人才队伍建设，统筹推进各领域人才队伍建设，打造人才生态最优省。

四要以提升组织力为重点加强基层组织建设。党的基层组织是党的全部工作和战斗力的基础，加强基层党组织建设是巩固党的执政地位的基础工程。要压实党委（党组）抓基层党建工作责任，深化“整乡推进、整县提升”，高标准落实农村基层党建“浙江二十条”。抓好社区党建，实施国有企业“强根固魂”工程，紧扣立德树人，加强学校党建工作，创新推进“两新”组织和新领域新业态党的建设，推进科研院所、公立医院等基层党组织建设，统筹抓好机关、事业单位党建工作，深化党建带群团建设，构筑适应新时代要求的基层党建新格局。注重从产业工人、青年农民、高知识群体和“两新”组织中发展党员，增强党员教育管理的针对性和有效性。

五要驰而不息正风肃纪、反腐惩恶。党的作风就是党的形象，关系人心向背，关系党的生死存亡。要创新完善“大学习大调研大抓落实”工作载体，构建“服务企业服务群众服务基层”长效机制。高标准落实中央八项规定实施细则精神，强化政治纪律和组织纪律，带动廉洁纪律、群众纪律、工作纪律、生活纪律严起来。坚持纪在法前、纪法分开、纪严于法，运用监督执纪“四种形态”。坚持无禁区、全覆盖、零容忍，坚持重遏制、强高压、长震慑，坚持受贿行贿一起查，坚持“打虎”“拍蝇”“猎狐”三管齐下，巩固压倒性态势，夺取压倒性胜利。建设覆盖纪检监察系统的检举举报平台，加大整治群众身边腐败问题的力度。

六要完善权力运行监督和制约机制。从查处的腐败案件看，权力不论大小，只要不受监督和制约，都可能被滥用。要坚持权责法定、权责透明、权责统一，健全分事行权、分岗设权、分级授权、定期轮岗制度，建立权力运行可查询、可追溯的反馈机制。健全党统一领导、全面覆盖、权威高效的监督体系，强化政治监督，完善纪律监督、监察监督、巡视监督、派驻监督四个全覆盖的权力监督网络和统筹衔接工作机制，深化纪检监察体制改革，推进纪委监委专责监督同审计、统计等各类监督融会贯通，强化对各级主要领导干部的监督机制，构建全方位、立体式、动态化干部监督体系。深化标本兼治，运用好监督执纪“四种形态”，推动重点领域监督机制改革和制度建设，构建一体推进不敢腐、不能腐、不想腐体制机制。

七要全面增强执政本领。要着眼于党的长期执政，全面增强党员干部的学习本领、政治领导本领、改革创新本领、科学发展本领、依法执政本领、群众工作本领、狠抓落实本领、驾驭风险本领。加强党员干部教育培训和实践历练，使之具备与岗位相匹配的政治素质。大兴调查研究之风，组织广大党员干部深入基层、深入实际、深入群众，了解掌握群众所急、所需、所盼，着力解决突出问题，提高决策科学化民主化水平。创新群众工作体制机制和方式方法，更好地团结引领、组织动员、联系服务群众。以钉钉子精神狠抓落实，确保各项决策部署落地见效。

面对新形势新任务，全省广大党员干部必须认真学习贯彻习近平新时代中国特色社会主义思想，坚定不移沿着“八八战略”指引的路子走下去，主动担当作为，强化制度执行，在思想上不断丰富新内涵，在实践中不断创造新经验，在成效上不断取得新突破，高水平推进省域治理现代化，努力建设“六个浙江”，不断把“两个高水平”建设推向前进！

【思考题】

1. 试述建设“六个浙江”的背景和战略意义。

2. “六个浙江”建设的主要目标和内涵是什么?

3. 高水平推进省域治理现代化和“六个浙江”建设的内在关系是什么?

【参考文献】

1. 习近平:《干在实处 走在前列——推进浙江新发展的思考与实践》,中共中央党校出版社 2006 年版。

2. 车俊:《坚定不移沿着“八八战略”指引的路子走下去 高水平谱写实现“两个一百年”奋斗目标的浙江篇章——在中国共产党浙江省第十四次代表大会上的报告》,载《浙江日报》2017 年 6 月 19 日。

3. 车俊:《指导浙江未来发展的纲领性文件——省第十四次党代会报告解读》,载《政策瞭望》2017 年第 6 期。

4.《中共浙江省委关于高举习近平新时代中国特色社会主义思想伟大旗帜 奋力推进“两个高水平”建设的决定》,载《浙江日报》2017 年 11 月 14 日。

5. 沈政言:《我省深入学习贯彻党的十九大精神的纲领性文件——省委十四届二次全会〈决定〉解读》,载《政策瞭望》2017 年第 11 期。

6.《中共浙江省委关于认真学习贯彻党的十九届四中全会精神 高水平推进省域治理现代化的决定》,载《浙江日报》2019 年 11 月 25 日。

第二章

努力建设富强浙江

党的十八大以来，习近平总书记对国际经济发展大趋势和我国经济发展阶段性大变动作出科学判断，提出经济发展进入新常态，我国经济长期向好的基本面没有改变，改变的是经济发展的方式和结构。党的十九大进一步明确指出我国经济已由高速增长阶段转向高质量发展阶段，建设现代化经济体系成为跨越关口的迫切要求和我国发展的战略目标。中国特色社会主义进入新时代的一个重要内涵，是实现从站起来、富起来到强起来的伟大飞跃。这意味着，经济发展要以提高发展质量和效益为中心，从“有没有”转向“好不好”，在“富”的基础上，做好“强”的文章。敢为人先、勇立潮头，是浙江人最鲜明的精神特质，也是改革开放以来浙江从资源小省崛起为经济大省的奥秘所在。2017 年，省第十四次党代会在“两创”“两富”“两美”战略实践基础上，围绕实现“两个高水平”奋斗目标提出建设富强浙江，要求在提升综合实力和质量效益上更进一步、更快一步。建设富强浙江与“八八战略”的内在要求一脉相承，与习近平总书记对浙江“干在实处永无止境，走在前列要谋新篇，勇立潮头方显担当”的新期望一脉相通，蕴藏着走在前列的强大思想力量，彰显着以人民为中心发展思想的丰厚精神底色，标志着浙江经济开启了由“富”到“强”高质量发展的新征程。

第一节　建设富强浙江的背景与战略意义

省第十四次党代会着眼于浙江发展的新方位，将建设富强浙江与法治浙江、文化浙江、平安浙江、美丽浙江、清廉浙江一起作为落实“两个高水平”奋斗目标的六个具体目标之一。富强浙江建设是新的时代条件下，浙江对“八八战略”中有关经济发展方式转变、城乡区域协调发展思想的进一步深化，是落实习近平总书记对浙江新期待新要求、争当高质量发展排头兵的关键举措，也是顺应社会主要矛盾变迁，着力满足人民美好生活需要的有力保障。

一、建设富强浙江是深入实施“八八战略”的必然要求

进入新世纪，浙江处在全面建设小康社会的关键时间节点上。面对资源高消耗、产业“低散乱”，体制性、结构性、资源性矛盾突出等问题，如何推动经济又好又快发展引起广泛关注。围绕如何加快全面建设小康社会、提前基本实现现代化，2003 年 7 月，省委十一届四次全体（扩大）会议提出，要进一步发挥“八个方面的优势”、推进“八个方面的举措”，实现质量和效益同步提升的快速发展，城市与农村互促互进的一体化发展，物质文明、精神文明和政治文明相辅相成的协调发展，经济社会与人口资源环境和谐统一的可持续发展。这意味着浙江必须探索新的经济增长方式，从以粗放型外延式的增长为主转变为以集约型内涵式的发展为主，实现从量的扩张向质的提高转变，并在质的提高的基础上，努力实现量的新扩张。在“八八战略”的指引下，浙江经济开启了“转方式、调结构”的重大探索。

“八八战略”实施过程中形成的有关经济发展“腾笼换鸟”“凤凰涅槃”的思想，形象准确地说明了“转方式、调结构”的方向路径。2005 年 11 月，习近平同志在《浙江日报》“之江新语”专栏上发表的《转变经济增长方式的辩证法》一文中说：“我们应有充分的思想准备，在制定有关政策、确定有关举措时把握好度，掌握好平衡点，既要防止经济出现大的波动，更要坚定不移地推进经济增长方式转变，真正在‘腾笼换鸟’中实现‘凤凰涅槃’。”所谓“腾笼换鸟”，就是跳出浙江发展浙江，积极参与区域合作和国际交流，把“走出去”和“引进来”结合起来，培育和引进“吃得少、产蛋多、飞得高”的“俊鸟”，促进产业结构的调整。所谓“凤凰涅槃”，就是摆脱对粗放型增长的依赖，大力提高自主创新能力，建设科技强省和品牌大省，以信息化带动工业化，打造先进制造业基地，发展现代服务业，变制造为创造，变贴牌为创牌，实现产业和企业的浴火重生、脱胎换骨。

沿着“腾笼换鸟”“凤凰涅槃”的实践方向，浙江做出系列决策部署。一是着力提高自主创新能力，推进创新型省份建设。在省委的部署和推动下，开展引进大院名校共建创新载体工作，先后引进共建浙江清华长三角研究院、中科院宁波材料技术与工程研究所等一大批创新载体。二是积极利用高新技术改造提升传统产业，加快先进制造业基地建设与现代服务业发展步伐，实现“双轮驱动”发展格局。三是推动民营经济实现新的飞跃，推进“五个转变”、实现“五个提高”。四是跳出浙江发展浙江，提高对内对外开放水平，坚持做到在参与国际竞争中提高本土经济、坚持在与外资企业互动融合中提升本土经济、坚持在走出去过程中提升本土经济。

全面小康，一个都不能少。“统筹城乡经济社会发展，加快推进城乡一体化”，“进一步发挥浙江的山海资源优势，大力发展海洋经济，推动欠发达地区跨越式发展，努力使海洋经济和欠发达地区的发展成为我省经济新的增长点”等科学论断都表明，城乡、区域统筹发展是“八八战略”中另一要义。2004 年，浙江在全国率先出台《浙江省统筹城乡发展 推进城乡一体化纲要》。2006 年，浙江制定《关于进一步加强城市工作 走新型城市化道路的意见》，提出要实施“中心镇培育工程”，打通了城乡一体化发展的关键环节。实施“千村示范、万村整治”工程，推进城乡一体化，实施山海协作工程，加快海陆联动，突破传统输血式帮扶，将欠发达地区培育成新增长点。这些成为浙江缩小地区差距、促进共同富裕的重要举措。

实施“八八战略”以来，历届省委坚持一张蓝图绘到底，一任接着一任干。2007 年 11 月，省委十二届二次全体（扩大）会议审议通过《关于认真贯彻党的十七大精神 扎实推进创业富民创新强省的决定》，把浙江精神的核心归纳为“创业创新”，强调“坚持把支持人民群众干事业、干成事业作为创业富民、创新强省的根本之举，大力推进全民创业和全面创新”。2012 年 6 月召开的浙江省第十三次党代会进一步提出了建设“物质富裕精神富有的社会主义现代化浙江”的目标，并明确要求“始终坚持把富民放在首位，始终坚持促进人的全面发展，核心是实现全省人民物质富裕精神富有”。党的十八大以后，浙江再次来到一个新的重要关口，发展面临着从要素驱动发展向创新驱动发展转变、从全面建成小康社会向实现现代化迈进两大历史性任务。如果说，过去的解放思想重点是解决“要不要发展”“搞不搞市场”的问题，那么此时解放思想的重点是解决“怎样发展”和“如何创新”的问题。2013 年 5 月 30 日，中共浙江省委召开十三届三次全会，作出了《关于全面实施创新驱动发展战略 加快建设创新型省份的决定》，就贯彻落实创新驱动发展战略、提升区域创新能力、推动创新型省份建设作出具体部署。在此基础上，为进一步满足人民对美好生活的向往，2014 年省委十三届五次全会提出了“建设美丽浙江、创造美好生活”的新部署。

“十三五”是奔小康长跑的最后冲刺阶段，也是最为关键的决胜阶段。从浙江发展来看，产业结构调整取得标志性进展，服务业成为第一大产业，高技术产业和装备制造业增速快于一般工业，工业化与信息化融合加深，农业综合生产能力明显增强；消费成为支撑经济增长的主要力量，超过一半人口居住在城镇；转型升级已经找到跑道、见到曙光，但发展中也存在一些矛盾和问题，主要是自主创新能力不强，经济转型升级尚处于从量变到质变的过程中；城乡区域发展还不够平衡，资源约束趋紧，环境承载力下降。在这一背景下，省第十四次党代会提出富强浙江建设，强调在提升综合实力和质量效益上更进一步、更快一步，深刻体现了一张蓝图绘到底，保持目标的连续性。

二、建设富强浙江是争当高质量发展排头兵的关键举措

中国特色社会主义进入了新时代，我国经济发展也进入了新时代，其基本特征就是已由高速增长阶段转向高质量发展阶段。推动高质量发展，是保持经济持续健康发展的必然要求，是适应我国社会主要矛盾变化，是全面建成小康社会、全面建设社会主义现代化国家的必然要求，是遵循经济规律发展的必然要求。但在高质量发展的新征程上，“山更陡”，“浪更急”，面临的风险挑战前所未有。

2015年5月，在“十二五”收官之际，习近平总书记来浙调研，赋予浙江“干在实处永无止境，走在前列要谋新篇”的新使命，提出“在适应和引领新常态中做出新作为”的新要求，希望浙江“在提高全面建成小康社会水平上更进一步，在推进改革开放和社会主义现代化建设中更快一步，继续发挥先行和示范作用”。

2016年9月G20杭州峰会期间，习近平总书记对浙江工作提出“秉持浙江精神，干在实处、走在前列、勇立潮头”的新要求。2018年7月，习近平在浙江省委《关于“八八战略”实施15年情况报告》上作出重要指示，强调“干在实处永无止境，走在前列要谋新篇，勇

立潮头方显担当”。干字当头、实干为先。面对习近平总书记赋予浙江的新使命新要求新期望，浙江必须始终保持探索者、闯关者、领跑者、示范者的姿态，确保习近平新时代中国特色社会主义思想和中央决策部署在浙江率先落地见效。

省第十四次党代会重申了要“秉持浙江精神，干在实处、走在前列、勇立潮头”，提出了高水平谱写实现“两个一百年”奋斗目标的浙江篇章。省委十四届二次全体（扩大）会议进一步对“两个高水平”奋斗目标进行谋划，作出“两个阶段、两个十五年”的部署安排：到2020年高水平全面建成小康社会；从2020年到2035年高水平完成基本实现社会主义现代化目标；从2035年到本世纪中叶在我国建成社会主义现代化强国的新征程中继续走在前列、勇立潮头。实现“两个高水平”、谱写浙江新篇章，充分体现了浙江贯彻落实习近平总书记对浙江新要求新期望的坚强决心。

“两个高水平”体现为经济发展更高质量、更有效率、更加公平、更可持续。

加快转变经济发展方式，推进高质量发展，成为全国高质量发展排头兵是浙江实现“两个高水平”的根基所在。只有发展走出新境界，综合实力上了新台阶，真正走出创新驱动发展之路，摆脱低、小、散，摆脱资源驱动模式，“两个高水平”才能立得住脚。

2015年，习近平总书记在浙江考察期间就已清晰勾画了浙江经济发展的路线图，他要求浙江“进一步打开经济结构战略性调整和产业优化升级的通道”，“进一步打开科技创新和增添发展动力的通道”，“进一步打开创新创业和就业相互促进的通道”，“进一步打开国内经济和参与国际经济合作相得益彰的通道”，“进一步打开改善民生和扩大内需良性循环的通道，来更好地适应和引领新常态”。这“五个进一步”再次强调了经济发展要有高质量高效益，对浙江的科技创新能力、产业国际竞争力、民营经济发展水平和城乡区域协调性全面增强提出了新要求。

对浙江而言，必须以新理念引领新发展，以大变革促进大提高。省委书记车俊在 2018 年 12 月 26 日省委经济工作会议上对此提出了具体要求。一是推进理念转换，更加关注速度背后的质量效益，通过解决质的问题、在质的大幅提升中实现量的有效增长。二是推进动能转换，坚决摆脱依赖低成本竞争、依赖资源大量消耗的粗放型发展模式，以改革开放激发活力，以强化创新增添动力。坚定推进供给侧结构性改革，构建全面开放新格局，深入实施创新驱动发展战略，加快建设现代化经济体系，不断增强经济创新力和竞争力。三是推进结构转换，增强创新力、需求捕捉力、品牌影响力、核心竞争力，提高产品和服务质量，形成优质高效多样化的供给体系。四是推进效率转换，推动资源要素从低质低效领域向优质高效领域流动，不断提高劳动效率、资本效率、土地效率、资源效率、环境效率和科技贡献率，不断提高全要素生产率，实现投资有回报、企业有利润、员工有收入、政府有税收。五是推进环境转换，充分发挥有效市场和有为政府作用，着力营造有利于高质量发展的市场环境、法治环境、政务环境和舆论环境，持续激发和释放微观主体活力。

三、建设富强浙江是满足人民美好生活需要的重要途径

富裕和安定是人民群众的根本利益。回顾浙江发展历程，富民强省一直是重要特点，也是浙江发展的秘诀。正是因为历届省委坚持发展依靠人民、发展为人民、发展成果由人民共享，才为浙江发展提供了源源不断的动力。2016 年，浙江居民人均生活消费支出比全国平均水平（17111 元）高 8416 元，居全国 31 个省（自治区、直辖市）第 4 位，省（自治区）第 1 位。

进入新时代，社会主要矛盾已经转化为人民日益增长的美好生活

需要和不平衡不充分的发展之间的矛盾。随着生活水平的提高，人民的物质性需要不断得到满足，开始更多追求社会性需要和心理性需要，比如期盼更好的教育、更可靠的社会保障、更高水平的医疗卫生服务、更舒适的居住条件、更优美的环境、更丰富的精神文化生活等。这就要求浙江在继续推动发展的基础上大力提升发展质量和效益，更好地满足人民日益增长的美好生活需要。建设富强浙江充分体现了以人民为中心的发展思想，一以贯之坚持了富民强省，落脚点是使全省人民更加富裕、社会更加安定。

满足人民美好生活需要有赖于高质量的供给体系。居民消费需求已经从数量型转向质量型，对产品和服务质量要求越来越高，消费品供给结构升级滞后已成为消费市场扩大的严重障碍。与此同时，服务业发展与需求增长明显脱节：生产性服务业发展滞后，既制约了制造业转型升级，又妨碍了国民经济整体效率提高和成本降低；医疗、教育、育幼、养老等服务业发展滞后，同人民日益增长的美好生活需要之间的矛盾越来越突出。良好的生态环境、洁净的水和空气也是人民的迫切需要。这些问题，都需要通过推进供给侧结构性改革来解决。要切实转变经济发展方式，加快产业转型升级，加强创新驱动，促进新动能持续快速成长，不断优化和创造新供给，既满足层次不断提升的人民美好生活需要，又不断激发各种潜在需求，同时促进经济高质量持续发展。

满足人民美好生活需要依赖高质量就业。就业是最大的民生。要坚持就业优先战略和积极就业政策，实现更高质量和更充分就业。经济结构、产业结构影响就业结构，只有培育更多高附加值产业，建设形成现代化经济体系，才能创造出更多更好的高质量就业机会，为人民实现美好生活提供收入保障。此外，浙江改革开放的发展史，很大程度上是一部浙商敢为人先、勇立潮头的创业史。建设富强浙江，发展民营经济是充分发挥人民群众首创精神，提高人民群众创业创新层次和水平的重要抓手。以高质量发展为导向，高起点、宽领域、全方位推进创业创新，坚持以创新提升创业，以创业带动就业，目的是使全省人民的家业更加殷实、更加兴旺。

对美好生活的向往是每个老百姓的期盼。习近平总书记在不同场合多次强调，“小康不小康，关键看老乡”，“没有农村的小康，特别是没有贫困地区的小康，就没有全面建成小康社会”。高水平全面建成小康社会，不但要体现在全省经济社会发展的主要指标明显高出全国平均水平上，更要体现在浙江省解决发展不平衡不充分问题走在全国前列上，体现在浙江省全面小康成果实现区域、群体的全覆盖上。2015 年，全省家庭年人均收入 4600 元以下绝对贫困现象得到全面消除，兑现了不把绝对贫困带入“十三五”的庄严承诺。但刚刚脱贫的群众生活依然较为困难，自我发展基础较弱。省第十四次党代会明确提出全面增强区域发展协调性，其意义在于确保高水平全面小康成果惠及全省人民，不漏一村、不落一人，为第二个高水平阶段实现更平衡更充分的发展打下坚实基础。

第二节　建设富强浙江的基础与目标

党的十八大以来，在世界经济艰难复苏、我国经济下行压力加大、落后产能淘汰加快的大环境下，浙江通过早谋划、早行动，率先实现了新一代信息技术蓬勃发展、产业结构不断优化升级、新经济发展取得重大突破的产业变革，呈现出发展环境不断优化、发展空间不断拓展、发展动能不断增强的良好态势。这表明浙江在加快经济转型升级，推动高质量发展方面逐步探出了路子。当前的浙江正处在大有可为的战略机遇期、干事创业的发展黄金期、不进则退的转型关键期，建设富强浙江，有动力、有基础、有优势。

一、建设富强浙江的基础条件

改革开放以来的浙江实现了从一穷二白到经济大省、从绝对贫困到全面小康以及从百废待兴到创新创业的三重转变。在“八八战略”的指引下，浙江省持续推进创新驱动，全面深化改革，多年来经济结构持续优化，新旧动能转换加快，高质量发展势头良好。2002—2016年，地区生产总值从8004亿元增加到46485亿元，年均增长10.7%，位居全国第四。人均地区生产总值从16978元增加到83538元，年均增长9.4%，是全国的1.5倍，居全国第5位、省（自治区）第2位。2015年，浙江全面消除家庭人均收入低于4600元的绝对贫困现象，成为全国第一个较高水平完成脱贫攻坚任务的省份。除了经济实力位居全国前列所形成的领先优势外，科技创新体系的日益完善、数字经济的蓬勃发展、对外开放的深入实施以及城乡区域协调发展水平的明显提升，都为建设富强浙江奠定了坚实的基础。

（一）科技创新体系日益完善

党的十八大以来，浙江对科技的重视程度不断提升。2016年，省委十三届九次全会把科技创新作为推动全省经济社会发展必须补齐的“第一短板”；同年8月，全省科技创新大会召开。2017年省委十四届二次全体（扩大）会议提出，要“以超常规力度建设创新型省份”，努力打造创新生态最优省。伴随着研发投入的增加，人才培养的深入推进，科技创新体系逐步形成，创新氛围日益浓厚。2018年，全省财政一般公共预算科技支出379.7亿元，占财政支出的4.40%；研究与试验发展（R&D）经费支出达1445.7亿元，占地区生产总值的2.57%，科技创新迎来了黄金时期。

一是企业逐步成为技术创新主体。2018年，48.2%的规模以上企业开展创新活动，总数达3.5万家，其中1.7万家企业开展研究与试验活动。在全省研究与试验经费投入中，企业占90.4%，比2000年提升10.0个百分点，企业建立研发机构11246个，占全部研发机构的91.9%。在新能源汽车、信息经济、机器人等25个产业领域建设了260家省级重点企业研究院。新培育科技型中小企业10539家，累计达50898家；新认定高新技术企业3162家，累计达14586家，其中，仍在有效期的高新技术企业11931家，涌现出阿里巴巴、海康威视等一大批领军型科技企业。

二是科技创新载体不断完善。2015年，杭州获批建设国家自主创新示范区。2018年，宁波、温州高新技术产业开发区获批建设国家自主创新示范区。浙江成为继广东之后全国第二个拥有2个国家自主创新示范区的省份。依托浙江大学和阿里巴巴在网络信息和人工智能领域的比较优势，省政府与之共同出资成立了“一体、双核、多点”的混合所有制的之江实验室，省财政先期投入50亿元，积极争创网络信息国家实验室。截至2017年底，全省累计引进清华长三角研究院、中科院宁波材料技术与工程研究所等970余家高层次创新载体。积极推进青山湖科技城、未来科技城等科技城发展，创建培育首批17家高新技术特色小镇和首批30家产业创新服务综合体。

三是科技成果交易市场化机制逐步建立。2002年，浙江网上技术市场成立，开创了当时国内技术交易的先河。2014年12月，集展示、交易、交流、合作、共享五大功能于一体的浙江科技大市场正式开业运营，实现了有形市场与无形市场的结合。2015年，浙江承办科技成果转化拍卖活动，在国内首次尝试了科技型初创企业1%股权拍卖和企业技术难题竞价。目前，浙江网上技术市场累计成交技术合同44661项，累计成交金额455.38亿元。2016年11月，浙江获批全国首个全省域的科技成果转移转化示范区。

四是突破了一批核心关键技术，创新成果不断涌现。在新药创制、城镇污水处理、汽车设计制造和纯电动汽车、农作物品种选育等方面获得了一批有影响力的科技成果。如贝达药业自主研发的抗癌药盐酸埃克替尼被时任卫生部部长陈竺称为民生领域的“两弹一星”；中国工程院院士李兰娟领衔的“以防控人感染H7N9禽流感为代表的新发传染病防治体系重大创新和技术突破”项目荣获2017年度国家科技进步奖特等奖，为浙江省至今为止获得的最高国家科技进步奖。2018年，全省规模以上工业企业共开发新产品项目8.7万个，实现新产品销售收入2.3万亿元。全省发明专利申请量和授权量分别为14.3万件和3.3万件。浙江综合科技创新水平和区域创新能力分别列全国第6位和第5位，稳居全国第一方阵。

（二）数字经济蓬勃发展

党的十八大以来，浙江坚持不懈推进“腾笼换鸟”“凤凰涅槃”，通过实施“浙商回归”“四换三名”“亩均论英雄”以及“互联网＋”“机器人＋”“标准化＋”等高质量发展组合拳，实现产业结构不断优化，成为转型升级进程中早准备、早行动、早受益的地区。2014年，第三产业比重首次超过第二产业。2017年，三次产业增加值比例为3.7∶43.0∶53.3，形成工业和服务业共同推动产业发展的格局。

一是工业内部结构不断优化。2016年，高新技术产业和装备制造业增加值占规模以上工业的比重分别为40.1％和38.8％，比2011年分别提升16.0个和5.7个百分点。工业企业对科技创新日益重视。2018年，开展创新活动的规模以上工业企业26921家，占规模以上工业企业的64.8％，比2017年提高了2.5个百分点，其中实现创新的企业24852家，占规模以上工业企业的59.8％，比2017年提高了2.4个百分点。

二是生产性服务业快速发展。服务业成为国民经济的第一大产业，成为浙江经济稳定较快增长的重要基础。服务业内部结构不断优化，2018年1—11月，规模以上服务业企业中，战略性新兴服务业、科技服务业和高技术服务业营业收入分别增长22.0%、23.1%和20.1%。

三是数字经济快速发展并成为增长动力。作为全国首个信息经济示范区，2017年底浙江将数字经济列为“一号工程”，积极抢抓新一轮产业变革蕴含的机会窗口。2018年，浙江省数字经济总量达到2.33万亿元，同比增长19.26%，占地区生产总值的比重达到41.54%。其中数字经济核心产业增加值5547.7亿元，较上年增长13.1%，占地区生产总值比重达9.9%，对地区生产总值贡献率达17.5%。全省电子信息制造业、软件和信息技术服务业综合发展指数分别达73.34和74.47，均居全国第3位。2018年，浙江创建省级工业互联网平台47家，2家入选国家级工业互联网平台建设及推广工程。全省累计上云企业数超过28万家，拥有云应用服务商、产业链合作伙伴200余家，云平台服务商30余家，数字技术赋能实体经济发展呈现新气象。2019年，国家网信办发布的《数字中国建设发展报告（2018年）》显示，“信息服务应用指数”和“产业数字化指数”两项指标，浙江均名列第一；“信息基础设施指数”排名中，浙江名列第二；在“信息化发展评价指数”“信息技术产业指数”的评比中，浙江均位列前五。

四是民营经济茁壮成长。浙江民营企业积极落实省委、省政府的决策部署，对接创新驱动战略、“互联网+”战略，改造升级传统产业，加速布局新兴产业，从“被动接纳新技术”向“主动布局新产业”转变。2018年，浙江民营经济贡献了全省65%的地区生产总值、74%的税收、77%的出口、87%的就业、91%的企业数量。中国民营企业500强中，浙江占93席，连续20年居全国各省份之首。

（三）对外开放形成新局面

党的十八大以来，浙江积极拓展、主动参与和融入世界经济大舞台，货物贸易规模不断扩大、结构持续优化。利用外资领域不断拓宽，开放平台不断拓展，成功实现从封闭半封闭向全方位开放的转变、从外贸大省到开放大省的跨越。

一是货物贸易规模不断扩大。2017 年，全省对外贸易连续跨过 3 个千亿美元台阶，出口占全国的比重达到 12.7%；实际利用外资达 179 亿美元，占全国的比重达到 8.1%；境外投资达 96 亿美元，存量超过 700 亿美元。出口结构优化，2018 年，工业制成品的出口比重达 96.8%，其中，机电产品出口占比 43.9%；私营企业进出口额占比达 68.5%；对“一带一路”沿线国家出口 6821 亿元，占 32.2%。

二是“引进来”质量效益不断提升。利用外资规模扩大、质量提高，2018 年，新设外商直接投资企业 3529 家，合同外资和实际外资增至 431 亿美元和 186 亿美元；第三产业已成为利用外资的主要领域，第三产业外商直接投资的企业数、合同外资和实际外资占比 83.8%、71.5%和 64.4%。

三是世界影响力和美誉度不断提升。党的十八大以来，浙江坚决贯彻国家开放战略和主场外交战略部署，举全省之力做好 G20 杭州峰会服务保障工作，成功承办四届世界互联网大会，谋划打造“一带一路”枢纽，大力推进自贸试验区等平台建设，大大提升了浙江在世界的影响力和美誉度。

四是以“一带一路”为重点的全方位开放，为浙江推进高质量发展增添了新动力，开拓了新空间。“义新欧”中欧班列全年运行 320 列，比 2018 年增长近 1 倍，发运货物 2.5 万标箱，增长 68.1%。此外，长三角一体化发展上升为国家战略是新时代完善我国改革开放空间布局的一着大棋，是浙江发展的重大历史机遇。

（四）城乡区域协调发展水平明显提高

通过大力推进以人为核心的新型城市化，杭州、宁波、温州、金华—义乌四大都市区综合实力持续增强，大中小城市和小城镇面貌明显改善。通过深化“千村示范、万村整治”工程，持续推进美丽乡村建设，城乡相向而行、融合发展，城乡协调发展成为浙江的一张金名片。

一是城镇体系不断完善。浙江在全国率先走新型城市化道路。“十一五”时期全省重点培育200个中心镇，进一步加快中心镇人口集中、产业集聚、功能集成、要素集约，使中心镇成为县域中心或副中心。之后，积极推进杭州、宁波、温州、金华—义乌四大都市区建设，由长三角中心城市、省域中心城市、县（市）域中心城市、小城镇构成的城镇体系不断完善。至2017年末，浙江有特大城市1个、大城市7个、中小城市3个，市辖区36个，建制镇655个，城镇化率为68.0%，列广东、江苏之后，居全国各省（自治区）第3位，比全国平均水平（58.5%）高9.5个百分点；杭州、宁波、温州、金华—义乌四大都市区的城市化水平达71.9%，高出全省平均水平3.9个百分点，四大都市区常住人口占全省的57%，当年新增常住人口占全省当年新增人口的74%，四大都市区生产总值占全省的六成以上，四大都市区主体地位不断增强。

二是城乡协调发展水平明显提高。2018年，浙江居民人均可支配收入从2002年的11716元增至45840元，居全国各省（自治区）第1位；城镇常住居民人均可支配收入为55574元，农村常住居民人均可支配收入为27302元，分别连续18年、34年位居全国各省（自治区）第一；浙江城乡居民收入比在全国各省（自治区）中最低，为2.036∶1，比上年缩小0.018。2018年，居民人均可支配收入最高的杭州市达54348元，最低的丽水市为32245元，两地人均可支配收入之比为1.69∶1，在几个沿海发达省份中是最小的。

三是山海协作升级版成效初显。以46个共建平台为主载体，2018年，全省26个县新签约产业合作项目315个，到位资金520亿元。其中，衢州、丽水9个工业产业园招引项目103个，完成固定资产投资264亿元，实现到位资金157亿元，同比分别增长24%、43%和69%。2018年，全省山海协作生态旅游文化产业园建设取得新成就，武义—海宁、仙居—玉环产业园被国家发展改革委评为国家首批农村产业融合发展示范园。就全省而言，16个山海协作生态旅游文化产业园全面启动建设，招引项目92个，完成固定资产投资87亿元。

二、建设富强浙江的总体目标

省第十四次党代会推进富强浙江建设的总体目标是：到2022年生产总值超过7万亿元，人均生产总值达到12万元；在质量效益上，居民、企业、财政三大收入持续较快增长，城镇居民人均可支配收入超过7万元，农村居民人均可支配收入超过3.5万元，实现科技创新能力、产业国际竞争力、民营经济发展水平和城乡区域协调性全面增强。

这段关于总体目标的表述，首先强调了经济发展综合实力的提升。2011年，浙江生产总值超3万亿元，2017年超5万亿元，从3万亿元到5万亿元，用了6年时间。在更高基数上，浙江将用更短时间实现2万亿元增长，表明提高经济发展效率和效益是关键。其次，强调提升老百姓对经济发展的获得感。人均生产总值达到12万元，接近2万美元意味着步入初等发达地区阵营；城乡居民收入比从2017年的2.054∶1缩小到2022年的2∶1，意味着城乡发展更为协调。再次，“科技创新能力、产业国际竞争力、民营经济发展水平和城乡区域协调性全面增强”的表述，进一步明确了富强浙江建设的路径和抓手，科技创新是核心驱动，产业国际竞争力是目标导向，民营经济是关键主体，城乡区域协调是应有之义。

富强建设的总体目标体现了浙江在推进经济转型升级，实现高质量发展的征程中，时刻牢记和践行习近平总书记赋予浙江“干在实处永无止境，走在前列要谋新篇，勇立潮头方显担当”的新期望，以满足人民对美好生活的向往为奋斗目标，坚定不移沿着“八八战略”指引的路子走下去，努力谱写中国特色社会主义的浙江篇章。

三、建设富强浙江的具体目标

2018年，为进一步落实省第十四次党代会决策部署，省政府工作报告提出全面实施富民强省十大行动计划，包括深化“最多跑一次”改革等十个方面，将富强浙江建设目标进一步具体化、可操作化。

（一）科技创新能力进一步提升

与发达地区相比，浙江科技创新能力还有不少差距，创新还没有成为浙江经济发展的第一动力。2018年，浙江研究与试验发展经费投入1445.7亿元、研究与试验经费支出占地区生产总值比重为2.57%，而广东是2704.7亿元、占地区生产总值比重为2.78%，江苏是2504.4亿元、占地区生产总值比重为2.7%；浙江的财政科技投入占财政支出比重为4.4%，明显低于广东的6.52%。在研究与试验经费投入上，量大面广的中小企业研发基础薄弱、创新能力不强。2017年，浙江平均每家规模以上工业企业研发机构的人员数为33.69人，居全国第27位；平均每家机构的研发经费支出为837.47万元，居全国第23位；浙江的企业平均研发经费外部支出仅为江苏的31.8%，位列全国第22位；企业平均技术改造经费支出仅为江苏的44%，位列全国第27位。在专利方面，浙江企业每万名研发人员平均发明专利申请数仅相当于广东的39.9%，位列全国第23位；企业平均有效发明专利数为9634件，仅为广东的17%，位列全国第24位；企业有效发明专利增长率为17.12%，分别比广东、江苏低19.53个、10.2个百分点，位列全国第29位。

面对上述问题，浙江需要紧紧抓住科技创新这个牛鼻子，把产业创新作为主战场，谋划实施一批最具比较优势、最能带动全局的重大创新举措，让创新的活力竞相迸发。在科技创新领域，浙江的目标是比较明确的，浙江省人民政府2018年出台的《关于全面加快科技创新推动高质量发展的若干意见》指出，到2022年，主要科技创新指标要实现“五倍增、五提高”，即全社会软投入达到6700亿元、高新技术企业达到2万家、科技型中小企业达到6万家、技术交易额达到1200亿元、国际专利申请量达到3000件，比2017年翻一番；全社会研发经费支出占地区生产总值比重达到3%，每万名从业人员中研发人数达到130人年，每万人发明专利拥有量达到25件，高新技术产业增加值占规模以上工业增加值比重高于50%，科技进步贡献率达到68%。

（二）产业国际竞争力进一步提升

浙江的产业总体仍处于价值链中低端，一些关键核心技术、共性技术尚未取得突破，一些关键零部件还需依赖进口，技术“卡脖子”问题亟待破解。近年来，美国、德国、日本等制造业强国纷纷发布新的工业规划和战略，聚焦先进制造业。相比之下，浙江在制造业方面还没有出现规模与水平能够比肩华为、海尔等的世界级企业，领先优势不足。另外，浙江生产性服务业总量规模依然偏小、行业发展不均衡、全产业链联动能力薄弱，对制造业的支撑、服务、带动作用较低。

面对上述问题，2018年出台的《浙江省加快传统制造业改造提升行动计划（2018—2022年）》提出建设全国传统制造业转型升级示范区和全国新动能培育先行区，推动传统制造业在国际产业分工和价值链中的地位显著提升，发展质量、竞争能力、现代化水平居全国前列，工业增加值率、全员劳动生产率关键指标居国内同行业前列。同年出台的《浙江省加快培育发展新动能行动计划》明确提出，到2022年，新经济增加值达到2.5万亿元，对全省经济增长的贡献率达到50%以上，其中数字经济核心产业增加值达到1万亿元、生物经济2000亿元、绿色低碳经济4000亿元、未来产业1000亿元、高技术服务业4000亿元。到2035年，形成若干世界级新兴产业集群，成为具有全球重要影响力的创新创业高地。

（三）民营经济发展水平进一步提升

民营经济是浙江经济的最大特色和优势所在。目前，企业外部市场环境发生变化，长期以来困扰浙江民营企业的技术、规模、人才、资金等要素资源的缺乏没有得到根本性改善，企业的发展仍然面临诸多困境。民营经济强则浙江强，民营企业好则浙江好。不管经济发展到什么程度、转型到什么程度，民营经济始终是浙江经济的主力军，始终是浙江形象的金名片，始终是浙江的最大特色、最大资源和最大优势，民营企业家始终是浙江最为宝贵的财富。

为激发主体活力，建设富强浙江，需要推进民营经济继续成为浙江的核心竞争力，成为经济社会发展的重要引擎，成为推进供给侧结构性改革、推动高质量发展、建设现代化经济体系的重要主体，成为“两个高水平”建设的重要力量。在民营经济发展中，要加强千亿级新经济龙头企业、独角兽企业的培育，扶持中小微创新型企业发展，形成大企业顶天立地和科技型中小微企业铺天盖地的发展格局。基于上述考虑，《浙江省加快培育发展新动能行动计划》提出，到2022年，力争培育10家左右千亿元级新经济龙头企业，100家以上具有较强竞争力和较高知名度的浙江品牌创新型领军企业，独角兽企业达50家左右，高新技术企业和科技型中小微企业分别达到1.6万家和6万家，新增八大万亿元产业小微企业20万家。

（四）城乡区域协调性进一步提升

尽管城乡区域协调发展是浙江一大特色，但现阶段城乡户籍人口、本地与外地人口的公共服务和福利待遇差距造成的潜在矛盾日益凸显，城市承载力日趋饱和、就业吸引力面临挑战。此外，农业结构性矛盾仍然突出，农业多功能开发总体偏弱，主要农产品供求关系偏紧，特别是稳定粮食生产难度加大，农产品安全隐患仍然存在。

为解决上述问题，在富强浙江建设过程中，必须坚持城乡并重、区域协同，加快推进城乡发展一体化，努力缩小城乡区域发展差距，切实提高发展的协同性和整体性。2018年，浙江省委、省政府先后发布《关于深入实施山海协作工程 促进区域协调发展的若干意见》和《全面实施乡村振兴战略高水平推进农业农村现代化行动计划（2018—2022年）》，提出到2020年，浙江乡村振兴制度框架和政策体系基本形成，乡村振兴取得实质性进展，广大农村与全省同步高水平全面建成小康社会。到2022年，农村居民人均可支配收入达到3.5万元以上，城乡居民收入比、农民收入与低收入农户收入比均缩小到2∶1以内。其中，26个加快发展县农村常住居民人均年可支配收入达到2.5万元以上，年均增长8%以上；低收入农户人均年可支配收入达到1.8万元以上，年均增长10%以上。可见，坚持城乡区域融合发展、协调发展是富强浙江建设中的重要目标导向。

第三节　加快推进富强浙江建设

进入新时代的浙江，必须坚持富民强省的一贯追求，在继续做好“富”的文章的同时，突出做好“强”的文章，努力在“强起来”的历史进程中继续走在前列、勇立潮头。建设富强浙江，就要牢固树立和贯彻落实新发展理念，一以贯之坚持富民强省，突出高质量高效益，沿着供给侧结构性改革这条主线，推动理念转换、动能转换、结构转换、效率转换和环境转换，大力推动产品、服务、企业、产业、区域发展和人民生活质量全面提升。

一、加快建设“互联网＋”和生命健康科创高地

坚持把发展作为第一要务、创新作为第一动力、人才作为第一资源，牢固树立创新强省工作导向，打造“互联网＋”和生命健康两大世界科技创新高地，在以“城市大脑”为标志的大数据、人工智能、工业互联网、新一代集成电路等“互联网＋”领域和以创新药物研发与精准医疗为标志的结构生物学、靶向药物、免疫与基因治疗等生命健康领域，掌握一批事关产业国际竞争力的关键核心技术，为建设现代化经济体系提供战略支撑。

（一）面向产业需求增强科技创新能力

紧扣新兴产业培育发展和传统产业改造提升的技术需求，汇聚全球科技资源、人才资源，支持龙头企业开展网络信息、人工智能、生命健康领域的基础理论和科学研究，建设具有国际先进水平的科学中心和研发平台。重点在信息科学领域的人工智能、大数据计算、智能感知计算认知、脑机融合、集成电路、网络安全和量子计算等方向，生命健康领域的生物大分子结构学、脑科学、免疫与基因治疗、精准医疗等方向，以及新材料、先进制造等技术依赖度较高的科学领域，加强前沿基础理论研究布局，掌握一批关键核心技术，开发一批战略创新产品。

（二）强化企业在技术创新中的主体地位

实施科技企业“双倍增”行动，通过招商引智、招商选资创办一批高新技术企业，鼓励支持有条件的传统企业改造转型为高新技术企业，或创办、并购高新技术企业，加大对科技型中小微企业的扶持力度，培育一批高新技术企业。引导龙头骨干企业主动对标全球领先企业，强化核心技术研发，在大数据、量子计算、芯片技术、生命科学、创新药物等领域突破一批关键核心技术，在数字经济、生命健康等产业领域跻身全球领先地位。以吸引大院名校科技成果来浙转移转化为重点，省市县联动、多元化资金支持，激励企业牵头实施重大科技成果产业化。

（三）打造高能级的创新平台载体

高水平建设国家自主创新示范区，支持有利于自主创新的制度、体制和机制在示范区先行先试，推动高新区成为产业转型升级核心区，鼓励县（市、区）创建省级高新区，支持以异地共建、“托管”等方式积极推进“一区多园”建设。联动推进城西科创大走廊、国家自主创新示范区、沪嘉杭 G60 科创走廊等重大创新平台的一体化建设，在空间布局、基础设施建设、产业发展、产研融合等方面进一步加强协同，在更大范围内建设联通长三角、辐射海内外的创新大湾区。高标准、高质量建设特色小镇，尤其是重点规划建设一批高新技术特色小镇。全力推进之江实验室等创新平台建设，引进一批国际顶尖人才，实施一批重大科技项目，启动建设若干大科学装置。

（四）在科技体制改革上实现新突破

以“最多跑一次”改革为牵引，深化重大科技体制改革，打通科技和经济社会发展之间的通道。完善多元化资金支持的体制机制，加大科技投入，细化深化科技创新财政政策。发挥科技成果转化引导基金和政府产业基金作用，吸引社会资本、金融资本进入科技创新领域。抓好具有地方特色的科技体制改革试点。加快推进市县创新发展，推进“两市两县两区”全面创新改革，构建省、市、县三级联动的科技创新体系。以国家科技成果转移转化示范区建设为契机，在市场培育、企业主体、产业升级、协同创新、科技金融、人才发展、环境优化等方面先行先试，积极探索“互联网＋”和生命健康科技成果转化的有效模式，推动形成紧密互动的技术转移网络，拓展技术成果转移转化的渠道，放大技术转移体系的辐射扩散功能，营造有利于技术转移的政策环境。进一步深化浙江科技大市场建设，不断创新科技成果交易方式，加快构建全程化、专业化、个性化的成果转化服务体系。

（五）构建更优化的创新生态

聚焦传统产业改造提升，在纺织、服装、皮革、化工、化纤、造纸、橡胶塑料、建材、有色金属加工、农副食品加工和批发零售等“10＋1”传统产业改造提升中，支持组建集科技创新、机制创新、业态创新、管理创新、服务创新等全产业链公共服务于一体的产业创新服务综合体，推动传统主导产业全产业链重构升级，实现传统块状经济向现代产业集群转型升级。聚焦信息技术、物联网、人工智能、高端装备制造、新材料、新能源汽车、节能环保、数字创意等战略性新兴产业，瞄准新兴产业的关键共性技术研发攻关需求，依托高新区、特色小镇、新型孵化器、专业化众创空间等，完善新兴产业生态系统，建设具有领先优势的新兴产业集群。支持高校、科研院所、创投机构与各类创新研发机构建立紧密型产学研合作机制，充分发挥知识产权制度激励创新的基本保障作用，使浙江成为知识产权保护最严最优省份。

（六）在引才育才用才上实现新突破

突出人才强省工作导向，牢固树立“人才是第一资源”理念，深化实施人才新政，全面推进“人才＋”行动，深化实施人才新政和《高水平建设人才强省行动纲要》，全力打造人才生态最优省。做好“引”的文章，花大力气引进一批浙江籍院士，加快引进一大批顶尖科学家和领军人才，特别要以超常规举措加快引进青年人才。做好“育”的文章，制定出台浙江省“万人计划”杰出人才、科技创新领军人才等管理办法，统筹各类人才队伍建设，加快本土人才国际化，打造创新创业“新四军”；各地要同步制定实施特色产业规划与人才规划，同步绘制特色产业地图与人才地图。做好“活”的文章，健全人才评价激励机制，让人才合理合法享有创新收益；克服唯学历、唯资历、唯论文等人才评价不良倾向，让人才合理合法享有创新收益；量身定制加快打造一批全球一流的国际学校、国际医院、国际社区，解决人才医疗、社保、子女教育、户籍、住房、证照办理等“关键小事”。

二、深入实施数字经济“一号工程”

以打造数字产业化发展的引领区、产业数字化的示范区、数字经济体制机制创新的先导区、数字科技创新中心、新型贸易中心和新型金融中心为目标，深入实施数字经济“一号工程”，突出抓好数字长三角、数字大湾区、移动支付之省、城市大脑、“5G＋”、未来社区、数字政府等标志性引领性数字化项目，壮大数字产业，推动传统产业全方位、全角度、全链条改造，加快构建形成以数字经济为核心、新经济为引领的现代化经济体系，为富强浙江建设注入强大动力。

（一）提升数字经济核心产业规模和能级

一是做大做强数字经济核心产业。积极巩固集成电路、高端软件、通信与网络等基础产业，特别是要着力突破作为电子信息产业基石的集成电路产业，在巩固集成电路设计、硅材料及特殊工艺 IDM、非硅基半导体等领域比较优势的基础上，加快补齐制造、封测短板，进一步深化与中芯国际等国内外知名企业的合作，健全设计、制造、封装、测试等完整的产业链条，打造在国内有影响力的专用集成电路产业基地。二是做强云计算、大数据、物联网、5G、人工智能等新兴产业。支持阿里云建设世界一流云平台，加快建设若干国内领先的行业云平台，培育一批云应用服务商；物联网领域要推动数字安防、车联网、工业互联网等重点领域发展，支持海康威视等领军企业发展，打造世界级产业集群；推动 5G 发展谋篇布局，加快产业化进程，推动 5G 场景应用，推动“5G＋发展”，大力发展“5G＋4K”“5G＋智能网联汽车”“5G＋工业互联网”，全力打造一批创新平台和产业平台，支持杭州建设全球 5G 先行城市；人工智能要加快在关键领域、基础能力、企业培育、支撑体系等方面取得显著进步，打造全国领先的新一代人工智能核心技术引领区、产业发展示范区和创新发展新高地。三是加快布局发展区块链、量子信息、柔性电子等前沿产业，加快关键技术研究与产品开发，拓展应用场景，培育形成面向未来的新产业增长点，构建面向未来的数字经济发展新优势。

（二）培育壮大数字经济市场主体

发展数字经济核心产业，企业是主体。结合数字产业市场主体成长的阶段性需求，制定精准扶持政策，加强分类指导，培育多层次、递进式的企业梯队。支持浙江阿里巴巴、海康威视、新华三等领军企业进一步发展壮大，参与“一带一路”建设，积极布局全球市场，开展跨境并购和合作，设立全球研发中心，打造全球数字经济发展的“浙江军团”；引进培育国际国内数字经济领军企业及其区域总部、事业总部或创新中心，依托领军企业吸引全球数字经济领域顶尖人才来浙江发展。数字经济时代，要扶持壮大一批平台型领军企业，支持龙头企业向平台化转型，构筑平台经济生态圈。深入实施“凤凰行动”，支持数字经济优质企业对接多层次资本市场，实现优先股改、挂牌和上市，借助资本市场进一步发展壮大。聚焦数字经济核心产业发展，按照分类指导、精准施策的原则，着力构建独角兽企业与科技型中小微企业创新创业生态圈，建立分层孵化体系，完善企业成长链，培育一批在各自领域都具有较高影响力的独角兽企业、准独角兽企业以及一批高成长性科技企业、细分领域的“隐形冠军”企业，引导企业走“专、精、特、新”发展道路，形成多层次、递进式的企业梯队，构建大中小微企业协同共生的数字产业生态。

（三）全面推进制造业数字化转型

一是推进“智能＋”“机器人＋”发展，深入实施“十百千万”智能化技术改造行动，建设实施一批智能改造项目，推动数字化新技术、新工艺、新装备创新和应用推广，建设智能制造单元、智能生产线、数字化车间、智能工厂等，打造一批“无人车间”“无人工厂”，着力打通中小企业生产过程各环节的全数据链，推动生产方式向柔性化、智能化、精细化转变。二是大力推广智能制造新模式，积极发展协同设计、众包设计、协同制造、云制造、虚拟仿真、虚拟制造等制造业新模式，促进设计、生产、物流、仓储等环节高效协同，提高全要素生产率。三是大力发展工业互联网，培育壮大跨行业跨领域、具有国际竞争力的工业互联网平台和若干个行业级、区域级、企业级平台，打造“1＋N”的工业互联网平台体系；支持工业 App 创业创新，不断丰富工业技术软件化应用解决方案；推进工业互联网平台在重点行业的推广应用，争创工业互联网国家示范区；深入推进“企业上云”行动，推广设备联网上云、核心信息系统上云、业务上云、数据集成上云，深化云应用。四是大力推动产业集群、产业园区、小微园、特色小镇等数字化转型，提升与推广应用工业园区（小微企业园、开发区）数字化服务平台（园区大脑），建成一批示范性数字化小微企业园，提升园区信息基础设施、智慧管控和服务水平。五是加快产品数字化创新，大力发展智能机器人、智能网联汽车、智能无人机及可穿戴产品、智能家电、智能家居等智能生活产品，提升产品品质及竞争力，打造智能产品发展与示范应用高地。此外，要积极培育工程信息服务公司，支持产业创新服务综合体搭建数字化转型服务平台，完善数字化转型服务体系。

（四）加快服务业数字化转型

深化信息技术在服务业各领域的数字化渗透，加速服务业企业数字化转型，创新服务内容和模式，持续扩大和升级信息消费，激发服务业新活力，以数字化转型提升服务覆盖度、渗透度和惠民便民服务体验。一是大力发展数字文化创意服务，做大做强网络文学、网络影视、动漫游戏、数字音乐、数字影视、数字广告等数字文创产业，支持浙江报业集团、浙江广电、华数传媒等省内媒体企业转型升级，培育形成一批拥有较强实力的数字文化创新企业，大力推进之江文化产业带、国家数字出版基地、国家音乐产业示范基地等重大项目建设。二是推动生产性服务业数字化发展，推进研发设计、现代物流等服务业数字化转型，大力发展智慧物流、数字设计等，培育壮大服务业新业态新模式；培育壮大新零售、数字金融、数字贸易等新业态新模式，积极打造以数字贸易为标志的新型贸易中心和具有国际影响力的新兴金融中心。三是聚焦信息惠民便民服务，在社区、智慧医疗、养老、教育、交通、旅游等领域开展数字化应用示范，积极发展未来社区、智慧教育、智慧养老、智慧健康、智慧旅游等数字化服务，促进信息消费惠民，提升全省公共服务消费水平。

（五）推动农业数字化转型

加快农业数字化发展是推进农业现代化发展的重要着力点。其一，积极发展智慧农业，推进物联网、大数据等数字技术在农业领域的应用，推广应用数字化农机装备和精准作业系统，建设一批农业信息化示范基地（园区）与农业数字化龙头企业，支持发展农业领域平台经济、共享经济和社群经济等新模式，加快农业、林业、渔业等生产、经营、管理的数字化。其二，健全农业智慧管理体系，建立健全省级农业大数据平台，用数字化加快推进美丽乡村建设、精准扶贫攻坚、海洋牧场提质增效等；积极构建农产品网络销售体系，推进农产品质量安全监管追溯平台建设。其三，积极发展农村电商新模式，开展网络零售、大宗批发、网上预订、生鲜配送等电子商务业务；以数字化助力农村一二三产融合发展，推动农业与旅游、教育、快递、养老等各领域深度融合，拓展农业多种功能，鼓励发展乡村旅游、乡村养老等“互联网＋现代农业”新业态，发展农家生活体验、民宿旅游、农家乐餐饮、果蔬采摘等O2O模式，助推乡村振兴示范省建设。

三、以“一带一路”建设为统领推进对外开放

以“一带一路”建设为统领构建全面开放新格局，围绕大湾区大花园大通道大都市区总体部署，加快建设现代物流枢纽、国际科创产业合作高地、新型贸易中心、新兴金融中心、国际人文交流基地，高水平打造“一带一路”枢纽，推进高质量的“引进来”和“走出去”，增强国际经济合作和竞争新优势。

（一）打造“一带一路”枢纽

加快形成以“一区、一港、一网、一站、一园、一桥”为框架的“一带一路”建设总体格局。“一区”，即自贸试验区。以高水平建设中国（浙江）自由贸易试验区和积极探索建设自由贸易港为龙头，加快推进义甬舟开放大通道建设，提升大都市区国际化和各类平台开放水平，打造对外开放新高地。“一港”，即国际枢纽港。以宁波—舟山国际枢纽港为核心，加快推进海港、空港、陆港、信息港“四港”融合发展，加强与“一带一路”沿线国家和地区互联互通，打造辐射全球的国际现代物流体系。“一网”，即数字贸易网。以电子世界贸易平台（eWTP）为引领，发挥跨境电子商务和“互联网＋”优势，强化国际贸易创新，拓展国际新金融服务，打造“数字丝绸之路”门户枢纽。“一站”，即境外服务站。以先行建设的捷克站为支点，谋划布局一批境外系列服务站，充分发挥系列服务站对班列、贸易、制造、物流、信息等方面的综合支撑作用，打造具有浙江特色、服务“一带一路”建设的节点网络。“一园”，即国际合作园。以境外经贸合作区为载体，以重大合作项目为支点，加快推进国际产业合作。以省内国际产业合作园为平台，大力集聚国际高端产业和创新要素，打造“一带一路”国际科创产业合作高地。“一桥”，即民心连通桥。以加强文化、教育、医疗、旅游、国际友城、高端智库等交流合作为桥梁纽带，发挥全球浙商优势，深化民间交往，促进与“一带一路”沿线国家和地区的民心相通。

（二）全省域全方位推进长三角高质量一体化发展

一是落实“创新共建”，抓住上海全球科创中心建设机遇，携手共建跨区域多层次产业创新合作平台，提升 G60 科创走廊、各类科技园区合作水平。抓住 5G 应用、物联网发展重大机遇，积极打造数字长三角，促进企业上云和政府数字化转型，加快推动信息化与工业化融合，努力在数字经济上发挥创新引领作用。发挥浙江市场化程度比较高和浙商创业创新能力比较强的优势，使浙江在长三角的创新版图中占据更高的地位。二是落实“协调共进”，推进区域间的协同发展。主动服务上海并承接上海辐射，支持上海发挥龙头带动作用，做到中央有要求、上海有需求、浙江有行动，善借上海之力推动浙江高质量发展，接轨创新、接轨国际化、接轨现代化治理，更加注重“陆海空”联动，全省域全方位接轨上海。发挥长三角生态绿色一体化示范区和上海自贸区新片区等新区的示范引领作用。加强与苏皖闽赣毗邻区域合作，在长三角区域一体化的框架下加速省域一体化。推进杭绍、杭嘉、甬绍、甬舟、嘉湖一体化，加快整合提升产业集聚区、开发区、高新区及各类园区，高质量建设杭州钱塘新区、宁波前湾新区、湖州南太湖新区和绍兴滨海新区。三是落实“绿色共保”，共同保护好长三角可持续发展生命线，贯彻长江经济带发展“共抓大保护、不搞大开发”原则，加强长江口—杭州湾海岸线协同治理，共同打好跨区域污染防治攻坚战，深化创新生态合作补偿等机制，联合开展治水、治气、治土、治废行动，打好污染防治大兵团攻坚战。四是落实“开放共赢”，提升资源配置能力和市场竞争力。强化世界互联网大会、世界油商大会、中东欧博览会等平台，用好中国国际进口博览会溢出效应，支持义乌等地打造进口商品“世界超市”和“永不落幕”的全球进口商品交易地。五是落实“民生共享”，在交通便民、教育利民、医疗惠民、文化育民等方面融入长三角一体化发展。

（三）坚持内外并举，深入拓展民营经济发展空间

以“一带一路”建设和长三角一体化国家战略为契机，引导民营企业在开放发展中把握商机、拓展空间、转型升级。一是在参与“一带一路”建设中谋求发展。支持民营企业牵头建设境外产业合作园，

开展国际产能合作，降低贸易摩擦风险。发挥行业龙头和行业商会作用，积极拓展国际市场，有效应对贸易摩擦，稳定外贸出口增长。广泛联络遍及天下的海外浙商，通过引进关键领域人才和高新技术推动浙江产业转型升级。二是在率先融入长三角一体化中拓展投资空间。抓住长三角一体化国家战略机遇，发挥浙江体制机制、民营经济优势，主动接轨上海，在产业、交通、科技等领域全面深化合作，拓展民营企业投资空间。发挥数字经济优势，引导民营企业投资长三角数字经济基础设施建设，打造数字经济创新发展高地。三是进一步扩大民间有效投资。加快出台浙江省民营经济促进条例，取消对民间资本单独设置的附加条件和歧视性条款，扩大民间有效投资。加大对民营企业在土地、能源、资金等方面的保障力度。推进舟山绿色石化、杭绍台和杭温铁路等一批重大项目建设，扩大民间有效投资空间。

四、全面增强城乡区域协调发展水平

加快新型城市化发展和乡村振兴，重点要在城乡区域协调发展上实现新突破。推进以人为核心的新型城市化，提升都市区和中心城市能级，加快建设美丽城镇，优化城镇功能布局，以城乡区域协调发展为富强浙江建设注入新活力。

（一）深入推进新型城市化和城乡发展一体化

加快建设环杭州湾城市群、温台城市群、浙中城市群，大力提升四大都市区综合能级和国际化水平，积极打造国家中心城市，推动区域中心城市提质升级，支持有条件的县（市）发展成中等城市，培育一批小城市和中心镇，促进大中小城市和小城镇协调发展。顺应城市经济特别是都市区经济成为区域发展与竞争主要形态的新趋势，坚持做强市域经济与激发县域经济活力并重，推动县域经济向城市经济、都市区经济转型。健全城乡发展一体化体制机制，促进城乡在规划布局、要素配置、产业发展、基础设施、公共服务、生态环境保护等方面相互融合和共同发展，深化“三权到人（户），权跟人（户）走”改革，加快实现城乡公共服务均等化、居民收入均衡化、产业发展融合化。

（二）实施乡村产业振兴行动

坚持质量兴农、绿色兴农、科技兴农、品牌强农，以农业供给侧结构性改革为主线，以高效、生态、高质为导向，完善现代农业产业体系、生产体系、经营体系，构建农村一二三产业融合发展体系，推进农业绿色化、优质化、特色化、品牌化，高水平推进农业现代化和乡村产业高质量发展。大力开发农业多种功能，推进农产品生产、加工、销售与旅游、健康、文化、信息、体育等产业融合发展，形成产业链完整、布局合理、功能多样、业态丰富、利益联结紧密的发展新格局。引导产业集聚发展，深化国家农村一二三产业融合发展整县制试点示范，打造特色产业示范区。构建现代农业产业体系。推进“放心粮油”工程。大力发展农业美丽经济。完善农机产品需求与科研导向目录机制，培育千亿元级的农机装备产业经济。以农业作业服务、农资供应服务、农产品购销服务和农村电商服务、农业信息化服务、科技服务等为重点，培育千亿元级的农业综合服务经济。

（三）实施新时代美丽乡村建设行动

以绿色发展为引领，按照统筹规划、体现特质、全域推进、提升质量的要求，推动生产、生活、生态深度融合，全面提升生态宜居的农村环境，打造各具特色的现代版“富春山居图”。统筹山水林田湖草系统治理。严守耕地红线，统筹推进高标准农田建设和耕地质量保护与提升工程。深入开展农业面源污染治理、农用地土壤污染防治、水产养殖尾水治理等，消除农业环境安全隐患。深入实施浙江渔场修复振兴行动，建设美丽海洋。加强农村环境监管能力建设，严禁工业和城镇污染向农业农村转移。正确处理开发与保护的关系，增加农业生态产品和生态服务供给。高水平推进“四好农村路”建设，加快万里美丽经济交通走廊建设，完善农村公共交通服务体系，加快打通乡村“断头路”，巩固客运“村村通”成果，提升城乡运输服务一体化水平。提速实施百项千亿元防洪排涝工程。实施数字乡村战略，加强乡村通信网络建设，完善邮政农村快递网络。加快城乡电力均等化进程。制定深化农村公共基础设施管护体制改革指导意见。

（四）打造山海协作工程升级版

东部沿海地区要与结对市、县（市、区）开展产需对接、产用结合和产业链上下游整合，大力提升传统优势产业，帮助培育机器人与智能制造、高端装备制造、生物医药、新材料等新兴产业。推动高校、科研院所到山区开展产学研合作。推动东部沿海地区，特别是杭州、宁波的高新技术产业园、产业孵化园与结对县（市、区）建立合作关系。提升省级山海协作产业园发展水平。进一步完善省级山海协作园共建机制，以建设科技化、信息化、集约化、生态化产业园为目标，围绕主导产业，加快上下游关联产业引进，培育生态型现代产业集群。支持发展“飞地经济”。支持杭州、绍兴、宁波、湖州、嘉兴分别在衢州、丽水产业集聚区中建立“飞地”产业园；支持杭州临空经济示范区与衢州开展航空物流多式联运基地建设；支持山区县在结对市、县（市、区）建立人才、科技和产业孵化“飞地”。

（五）提高低收入群体收入水平

坚持以创业带动就业，提高农民就业层次，健全合理的工薪增长机制，完善农民工工资支付预防和保障机制。深入实施农民持股计划，大力发展合作经济，让资源变资产、资金变股金、农民变股东，加快补齐农民财产性收入短板。加快扩大农村公共服务人群覆盖，提升服务质量，增加农民转移性收入。实施低收入家庭全面小康计划，把提高帮扶质量、促进全面发展放在首位，完善精准帮扶和减缓相对贫困机制，提升低收入农户增收能力、自我发展能力和生活质量。加大对低收入农户发展农业产业的直接扶持，积极发展来料加工业和乡村旅游业，稳步推进光伏小康工程。深入实施异地搬迁工程，稳妥推进库区移民工作。鼓励低收入农户创业创新，推动低收入中老年、残疾人等非正规就业。广泛推行能人带动下的合作扶贫，推广资产收益扶贫模式。实施健康扶贫、教育扶贫、科技扶贫、电商扶贫、旅游扶贫，确保低收入农户享受行业扶贫政策。

五、打造国际一流营商环境

秉持亲商、安商、富商的理念，对标国际先进水平，建立有助于持续优化营商环境的工作机制和评价体系，深入实施优化营商环境的“10＋N”行动，积极构建亲清新型政商关系，着力打造审批事项最少、办事效率最高、投资环境最优、企业获得感最强省份。

（一）以“最多跑一次”为牵引深化改革

充分发挥有效市场和有为政府作用，撬动营商环境优化，最大程度激发全社会创业创新活力。深化商事登记制度改革，深化“证照分离”改革全覆盖，实现常态化企业开办全流程“一日办结”和地方设置涉企事项“零许可”。深化投资审批制度改革，推行“标准地＋承诺制”，迭代升级在线审批监管平台，加快实现一般企业投资项目全过程审批“最多80天”并持续提速提质。加快资源要素配置市场化改革，健全以“亩均效益”为导向的资源要素优化配置机制，探索建立全省统一的、线上线下对接的要素二级市场体系。完善公开透明的监管规则和标准体系，健全以“双随机、一公开”监管为基本手段、以重点监管为补充、以信用监管为基础的新型监管机制，最大限度减少对企业正常经营活动的干预，探索符合新经济特点的包容审慎的监管方式。

（二）健全支持中小企业发展制度和服务体系

一是落实好普惠性减税政策。积极落实中央普惠性降税政策，制定浙江省减税方案，为经济结构调整创造条件，保护好民间投资积极性。二是进一步降低企业社保费。在科学评估社保费结余可支付月数的基础上做好“减法”，研究降低社保费方案，合理确定缴费基数。在取得国有企业广泛支持的基础上做好“加法”，探索省属国有企业划转部分国有资本充实养老基金，降低民营企业社保缴费基数。三是以建设高质量小微企业园为载体，引导量大面广的小微企业入驻地方小微企业园，稳定企业发展预期，推动小微企业转型升级。四是发挥在数字经济领域的先行优势，建设并运营服务于小微企业的智慧园区，为小微企业提供精准服务。

（三）深入实施融资畅通工程

一是建立金融综合服务平台。将“最多跑一次”改革理念向金融领域延伸，以金融机构“中小企业金融支持中心”、省级征信机构的企业征信服务、各级政府的中小企业融资扶持政策为支撑，实现“一张网”覆盖全省中小微企业、“一键式”实现融资供需对接、“一站式”提供综合金融服务、“一次性”查询企业征信信息、“全方位”享受融资扶持政策等五大功能，构建浙江省综合金融服务平台，打造网络化金融服务公共基础设施，切实向符合条件的中小企业和金融机构开放。二是创新服务机制。积极推广和大力支持产业链金融，依托产业链核心企业信用、真实交易背景，以及物流、信息流、资金流闭环，为上下游企业提供订单融资、应收应付账款融资。创新信用体系建设，提高信用贷款比例，推进商标权、专利权质押贷款。深化科技金融服务，将小微企业经营行为数字化，为广大小微企业提供更加广泛、便捷、优质、高效的服务。三是建好金融风险“天罗地网”监测防控体系，确保不发生区域性金融风险。持续引导民营企业增强防范风险意识、提高防控风险能力，推动企业轻装上阵、瘦身发展。四是多级联动助推纾困基金落地，坚持市场化方向，平衡各方利益，完善纾困基金落地方案，重点解决企业反映突出的纾困基金使用成本高、退出机制不完善等问题，确保资金流向有实际困难的企业。

（四）营造公平正义的法治环境

实施更严格的知识产权保护制度，建设中国（浙江）知识产权保护中心和浙江知识产权交易中心，打造引领型知识产权强省。营造各种所有制主体依法平等使用资源要素、公开公平公正参与竞争、同等受到法律保护的市场环境，确保各类市场主体依法平等享受支持政策，确保各类市场主体经营自主权、财产权等合法权益得到有效保护。加强民营企业产权保护。在严格依法办事的前提下，树立“谦抑、审慎、善意”的司法理念，严格区分经济纠纷与经济犯罪、企业正当融资与非法集资等的界限，审慎使用查封、扣押、冻结、拘留、逮捕等强制措施，最大限度减少对企业正常生产经营的不利影响。扩大涉企典型案例的社会影响力。打击涉企黑恶势力，加强企业产权保护，加大对涉企产权错案的甄别纠正，依法妥善处理历史形成的侵害产权案件。建立常态化的民营企业法律维权协调机制。畅通民营企业司法诉讼通道，做好法律维权应急处置，形成公、检、法、司保障和促进“两个健康”的工作合力。

【思考题】

1. 如何理解富强浙江建设的背景和战略意义?

2. 富强浙江建设的基础条件及目标是什么?

3. 新时代如何高质量推进富强浙江建设?

【参考文献】

1. 习近平:《之江新语》,浙江人民出版社 2007 年版。

2. 车俊:《坚定不移沿着“八八战略”指引的路子走下去 高水平谱写实现“两个一百年”奋斗目标的浙江篇章——在中国共产党浙江省第十四次代表大会上的报告》,载《浙江日报》2017 年 6 月 19 日。

3. 车俊:《指导浙江未来发展的纲领性文件——省第十四次党代会报告解读》,载《政策瞭望》2017 年第 6 期。

4. 车俊:《以实际行动推动民营经济再创辉煌 激发民营企业家再立新功》,载《人民日报》2018 年 11 月 18 日。

5. 车俊:《把握新时代重要战略机遇 扎扎实实推进高质量发展走在前列》,载《政策瞭望》2019 年第 1 期。

6. 车俊:《全面参与全力推进长三角高质量一体化发展》,载《学习时报》2019 年 8 月 2 日。

7. 车俊:《确保高水平全面建成小康社会 稳中求进迈向现代化新征程》,载《今日浙江》2019 年第 24 期。

第三章

努力建设法治浙江

2006年，浙江省委根据党中央要求，顺应几千万浙江人民的热切期盼，结合浙江具体实际，在全国范围内率先作出了《关于建设“法治浙江”的决定》，由此开启了一个触及面广、影响深远、意义重大的制度变革进程。时至今日，法治浙江建设已经走过整整13个年头。从治理体系与治理能力现代化角度看，这13年是浙江制度变革的关键13年，也是浙江制度变革对国家治理体系与治理能力现代化产生积极影响的13年。13年来，从布局到深化，再到打造法治中国示范区，浙江干部和群众始终“不忘初心、牢记使命”，干在实处，走在前列，取得了丰富的理论成果、制度成果和实践成果，探索形成了一条经济先发区域的法治先行发展道路，为新时代更高水平推进法治浙江建设奠定了坚实的基础。今天，我们正处于“两个一百年”奋斗目标的历史交汇期，法治浙江建设也进入新的阶段。在新的起点上建设更高水平的法治浙江，是新时代深化法治浙江建设、确保法治浙江建设继续走在前列的必然要求，也是“八八战略”再深化、改革开放再出发的应有之义。因此，我们应当反思法治浙江所走过的辉煌历程，从实践中坚定理论自信、制度自信、道路自信和文化自信，增强法治建设的战略定力，为打造法治中国示范区而砥砺前行、努力奋斗。

第一节　法治浙江建设的背景和战略地位

法治浙江是浙江经济社会发展的必然结果，也是浙江经济社会进一步发展的制度条件；是贯彻落实“八八战略”的重要抓手，也是“八八战略”的题中应有之义，更是“两个高水平建设”的强大助推器。

一、“八八战略”与建设法治浙江的科学设计

1978—2002年，伴随着整个国家经济、政治、文化与社会的发展，浙江的各项事业取得了长足进步。全省地区生产总值从124亿元猛增到8003亿元，年均增长13%左右；人均地区生产总值从331元增长到16841元，年均增长12%左右；财政总收入从27亿元增长到1166亿元，年均增长17%左右。2004年，浙江省地区生产总值超过万亿元，成为继广东、山东、江苏之后全国第4个地区生产总值“过万亿元”的省份，地区生产总值在全国的排序也从第12位跃升至第4位。浙江从一个经济发展处于中游水平的省份，迅速崛起成为一个名副其实的经济大省，并逐步向“经济强省”迈进。

伴随着经济快速发展，浙江社会结构也在悄然转型。一二三产构成由1978年的38.1∶43.3∶18.6转变为2002年的8.8∶51.2∶40.0，浙江非农业劳动力比重达到65.5%，其中，非公有制经济占了很大比重，“三分天下有其二”。私营工商业和个体工商户迅速发展，超过公有制经济成分，成为浙江经济的主要部分。此外，还有不少的港资、台资和外资企业。2003年，浙江进入全国百强县的30个县（市、区），绝大多数县（市、区）的非公经济占地区生产总值的比重

超过80%，占工业总产值的比重超过90%。许多具有经商意识的人离开原来体制内的单位，投身到更加广阔的民营经济的汪洋大海，从而获得了极大的发展空间。商品市场、要素市场、综合市场、专业市场竞相发展，在资源配置上发挥了越来越大的作用。相关研究表明，21世纪初，浙江市场化水平居全国第2位，资本自由度从2002年起居全国首位。社会成员在获得越来越大的自由空间的同时，基于业缘、地缘和共同利益关系而展开的社会交往也越来越密切，出现了大量的形态、功能、宗旨和类型各异的法人社会组织。国家统计局数据显示：20世纪90年代后期，全国法人单位平均为40个/万人，而浙江是78个；全国产业活动单位平均43.1个/万人，浙江则达到93.5个。两项均远高于全国平均水平。尤其引人关注的是以徐传化、鲁冠球、南存辉、李书福、马云为代表的浙商群体的兴起，这是一个在社会主义市场经济的大潮中诞生并壮大起来的创业者和企业家群体。长期以来，浙商不仅创造了大量的物质财富，也形成了一种独特的“浙商文化”。

社会结构“从身份走向契约”的伟大转变，对地方治理结构的法治化提出了更加迫切的要求；而恰好此时，浙江经济社会也遭遇了许多“成长中的烦恼”。社会矛盾多发，群体性事件频现，对抗程度增加，化解难度增大。1978—2004年，浙江的刑事案件从2.6万起上升到50余万起。在安全事故方面，2002—2004年，全省平均每天发生200余起，经济损失惨重。其中，火灾事故造成的人员伤亡和经济损失数多年位居全国前几位。

这些情况引起了时任省委书记习近平的深思。到浙江工作后，他进行了大量的调查研究，广泛听取群众、干部、党内外人士的意见建议，集中全省上上下下的智慧，提出了“进一步发挥八个方面优势，推进八个方面举措”的总体发展思路，即“八八战略”，其中指出：加强立法和法律监督工作，营造依法行政、严格执法、公正司法的法治环境；整顿和规范市场经济秩序，加快建设“信用浙江”；推进机关效能建设，着力构建服务型政府。从这里，我们可以看出，习近平同志已经开始从制度和法治层面考虑问题，着力于制度的改革与完善，力求为经济社会发展创建良好的制度和法治环境。

2004 年 5 月，浙江省委十一届六次全体（扩大）会议针对新的发展阶段浙江面临的新形势、出现的新情况和需要解决的新问题，作出了全面建设平安浙江、促进社会和谐稳定的决策部署。省委把建设平安浙江，创造一个和谐稳定的社会环境，作为深入实施“八八战略”的题中应有之义，指出：“‘八八战略’明确提出要进一步发挥环境优势，加强法治建设、信用建设，进一步发挥人文优势，抓好文化大省建设，推进全社会思想道德素质、科学文化素质的提高等。这些都对建设‘平安浙江’提出了明确要求。”① “建设‘平安浙江’，既是‘八八战略’深化细化具体化的重要体现，又是深入实施‘八八战略’的重要保证。”② “平安浙江”中的“平安”，不是狭义的“平安”，而是涵盖经济、政治、文化和社会各方面的宽领域、大范围、多层面的广义的“平安”。它绝非传统的治安工作或者综治工作，必须有更宽阔的考察视界、更宏大的制度框架和更具综合性的系统建设。习近平同志由此开始思考和寻找一个能够保证“八八战略”实施、保证平安浙江建设的宏大制度框架和系统建设。在这个思考和寻找的过程中，省委逐渐把目光聚焦到法治建设上。

在此之前，党的十五大鉴于社会主义建设史上的经验教训，基于现代政治文明的发展规律，着力从体制层面解决一些影响稳定和发展的深层次问题，集全党智慧，提出了“依法治国，建设社会主义法治国家”的政治发展目标，指出：依法治国，是党领导人民治理国家的

---

① 习近平：《干在实处 走在前列——推进浙江新发展的思考与实践》，中共中央党校出版社 2006 年版，第 236 页。

② 同上，第 237 页。

基本方略，是发展社会主义市场经济的客观需要，是社会文明进步的客观标志，是国家长治久安的重要保障。根据党中央的决策部署，全国各地都开展了依法治省的实践活动，并积累了大量经验。浙江也是从1996年开始推进依法治省活动，把实行依法治省作为贯彻落实中央精神的坚实步骤，作为加强社会主义精神文明建设的重要保证，以依法治省推进浙江改革开放和社会主义现代化建设，促进物质文明和精神文明的协调发展。到习近平同志接任省委书记时，浙江的依法治省活动已经持续开展了六七年，这为他从总体上思考和谋划浙江的法治建设提供了丰富的经验、素材和广阔的空间。

2004年9月20日，习近平同志指示：十五届四中全会对党抓立法工作及法治建设提出了要求，我们也提出“法治浙江”的目标。2005年上半年，他亲自主持了有关“法治浙江”建设的重点调研课题，并于2005年9月批示同意“法治浙江”建设工作的前期方案。2005年11月6日，习近平同志主持制定《关于制定浙江省国民经济和社会发展第十一个五年规划的建议》，明确提出：要以推进“法治浙江”建设为载体，努力建设民主健全、法治完备、公共权力运行规范、公民权利切实保障的法治社会。2006年2月，省委召开理论中心组学习会，专题学习和研究有关法治建设的理论问题和实践问题。习近平同志在会上明确指出，建设法治浙江与省委作出的深入实施“八八战略”、全面建设“平安浙江”、加快建设文化大省、加强党的执政能力建设和先进性建设等重大决策部署，有机构成了浙江经济、政治、文化、社会建设和党的建设的总体布局。在这期间，习近平同志就法治建设发表了一系列重要讲话。比如，2002年12月，习近平同志出席浙江省暨杭州市纪念现行宪法颁布实施20周年大会，指出：“社会主义民主政治，是党的领导、人民当家作主和依法治国的有机统一。党领导人民制定了宪法和法律，党又领导人民遵守和执行宪法和法律，党还要在宪法和法律的范围内活动，不断提高依法执政的能力和水平……要按照总揽全局、协调各方的原则，规范党委与人大、政府、政协及人民团体的关系，支持人大依法履行国家权力机关的职能，支持政府依法行政，履行法定职能，支持政协积极发挥政治协商、民主监督、参政议政的作用，支持法院、检察院秉公执法，依法独立行使职权。”① 他也曾多次到省人大指导立法工作指出，“立法是法治的基础”②。2003年，在省高级人民法院党组民主生活会上，习近平同志提出“案件有大小，审判非小事”，要求司法机关严格“坚持罪刑法定和罪责刑相适应原则，严格执行刑事法律和刑事政策，把刑事案件搞准，做实，办成铁案”。③ 2004年2月，习近平同志参加省人大常委会党组民主生活会，就地方立法工作发表了重要讲话。他指出：“必须继续加强地方立法工作，以经济立法为重点，注重提高立法质量，努力为加快我省经济社会发展提供有力的法制保障。”④ 针对如何加强地方立法工作，他说：一要站在政治和全局的高度加强立法工作，二要依法有序地开展立法工作，三要科学高效地推进立法工作。⑤ 2004年5月。习近平同志出席全省人大工作会议，提出：“党员和干部特别是领导干部要成为遵守宪法和法律的模范……做到不符合宪法和法律的话不说，不符合宪法和法律的事不做，任何组织和个人都没有超越宪法和法律的特权。”⑥

随着依法治省实践的不断推进和法治建设理性思考的不断深入，浙江省委从实际情况出发，呼应全省人民对和谐社会的憧憬向往，在继续深入实施“八八战略”、全面建设“平安浙江”、加快建设文化大

---

① 习近平：《干在实处 走在前列——推进浙江新发展的思考与实践》，中共中央党校出版社2006年版，第359—360页。

② 同上，第363页。

③ 同上，第368页。

④ 同上，第365页。

⑤ 同上，第365—366页。

⑥ 同上，第360页。

省、加强党的执政能力建设和先进性建设等重大决策之后，于2006年4月26日在省委十一届十次全体（扩大）会议上通过了《关于建设“法治浙江”的决定》，指出：建设“法治浙江”是建设社会主义法治国家在浙江的具体实践，是依法治省的深化和发展；加快“法治浙江”建设对浙江省加快全面建设小康社会、提前基本实现现代化，具有十分重大的战略意义。这是一个影响浙江未来发展的重大决定。全会明确提出了建设“法治浙江”的总体要求、基本原则和未来一段时间要完成的主要任务，系统地回答了“法治浙江”建设何以必要和如何可能等一系列重大问题，全面阐述了建设“法治浙江”的重大意义，实事求是地分析了推进“法治浙江”建设的基础和条件，并指出：“依法治省的不断推进、社会主义市场经济体制的不断完善为建设‘法治浙江’奠定了扎实基础，‘八八战略’的深入实施、综合实力的显著增强为建设‘法治浙江’提供了物质基础，建设‘平安浙江’的成效为建设‘法治浙江’创造了良好的社会基础，加快建设文化大省的实践为建设‘法治浙江’开拓了动力源泉，加强党的执政能力建设和开展先进性教育活动为建设‘法治浙江’提供了坚强有力的政治保证。”① 而建设“法治浙江”也为这些方面工作的开展提供支持和保证。基于以上认识，省委表示：我们完全有信心、有决心在法治建设上走在前列。

此后，习近平同志多次在不同场合对“法治浙江”从不同视角展开论述，发表了大量的文章、讲话并作出指示批示。2006年5月10—22日，仅在《浙江日报》“之江新语”栏目上发表的直接讨论法治的文章就有6篇，提出了许多非常重要的观点，如“市场经济必然是法治经济”“和谐社会本质上是法治社会”“弘扬法治精神，形成法治风

① 习近平：《干在实处 走在前列——推进浙江新发展的思考与实践》，中共中央党校出版社2006年版，第356页。

尚”“坚持法治与德治并举”“党的领导是法治的根本保证”等。他推动省委成立建设“法治浙江”工作领导小组，以加强对“法治浙江”建设的领导，并定期研究解决法治建设中的重大问题和突出问题；还经常走访机关、深入基层，开展“法治浙江”建设专题调研，及时了解法治建设在基层的情况，把握普通百姓和企业家对法治的殷切诉求，帮助基层党政干部解决在法治建设过程中遇到的疑难困惑，及时总结“法治浙江”建设的一些成功经验，并上升到理论的高度。浙江省委对社会主义法治和“法治浙江”建设的高度重视、科学谋划、强力推动，是浙江法治建设能够相对走在全国前列的重要原因。

2006 年 12 月 18 日，习近平同志在省委建设“法治浙江”工作领导小组第一次会议上发表讲话，指出：要以贯彻党的十六届六中全会精神为契机，自觉而有效地把建设“法治浙江”结合到构建社会主义和谐社会的实践中去，使建设“法治浙江”为构建和谐社会提供服务、提供支撑、提供保障，努力提高全省经济、政治、文化、社会生活的法治化水平；要求在扎实推进建设“法治浙江”过程中，各地区各部门以及所有干部群众思想上要有新认识，工作上要有好氛围，行动上要有实抓手，水平上要有大提高；强调：建设法治浙江是一项开创性、长期性的工作，浙江的干部群众要立足当前，着眼长远，扎实推进建设“法治浙江”各项工作；希望各级党委切实加强对建设“法治浙江”工作的领导，要抓重点、抓机制、抓合力。只要上下齐心，就一定能够把建设“法治浙江”各项工作做得更好，为实现又好又快发展提供有力的法治保障。

二、建设法治浙江：一张蓝图绘到底

浙江省委作出建设“法治浙江”决定后，全省各地上上下下掀起了法治建设的热潮。省委专门成立了建设“法治浙江”工作领导小组及其办公室，举办了各市、县（市、区）政法委书记社会主义法治理念教育培训班，全面部署了“五五”普法规划实施工作，制定出台了关于加强和改进政法工作的意见；同时省人大常委会相应作出了推进建设“法治浙江”的决议，省政府出台了关于推进法治政府建设的意见，省政协提出了为推进建设“法治浙江”建言献策的意见。全省各地、各部门也按照省委十一届十次全体（扩大）会议的要求，迅速行动起来、积极落实，全面部署、细化措施，建章立制、加强指导，精心组织、落实责任，逐步形成讲法治、重法治、求法治的良好氛围。

尤其是2012年第十三次党代会以来，浙江省委秉持一张蓝图绘到底，一任接着一任干的务实精神，一以贯之推进“法治浙江”建设，在推进依法执政、人民民主、地方立法、依法行政、公正司法、普法宣传等方面进行了积极探索，取得了丰富的实践成果、理论成果和制度成果，在法治建设上走在了前列。回望过去，我们发现，2012年之后的5年，是法治浙江建设历程上承前启后、继往开来的5年，是从全面布局转向全面深化的关键5年。

省第十三次党代会以来的法治浙江建设，大致以2014年12月的省委十三届六次全体（扩大）会议为界分为继承落实和全面深化两个阶段。在前一个阶段，法治浙江建设的主要工作是贯彻落实自2006年以来，省委作出的建设“法治浙江”的重大决策部署，和从“创业富民、创新强省”总战略角度对法治浙江建设提出的一些新要求，扎扎实实做好法治浙江的夯实基础和构建框架工作。在后一个阶段，省委积极响应党中央在十八届四中全会上作出的《中共中央关于全面推进依法治国若干重大问题的决定》，全面总结法治浙江建设的经验，立足浙江实际，作出了《关于全面深化法治浙江建设的决定》，把全面深化法治浙江建设视为深入贯彻党的十八大和十八届三中、四中全会精神的重大政治举措，视为全面落实习近平总书记系列重要讲话精神的应然之举，视为实现浙江在全面推进依法治国进程中走在前列的担当之责。从此，法治浙江建设进入全面深化阶段。

省第十三次党代会之前，在历届省委的正确领导下，在全省人民的共同努力下，法治浙江建设已经取得不菲成就。2012年6月，省第十三次党代会通过了题为《坚持科学发展 深化创业创新 为建设物质富裕精神富有的现代化浙江而奋斗》的报告。报告在回顾总结过去5年科学发展辉煌成就的基础上，从浙江实际出发，提出建设物质富裕精神富有的社会主义现代化浙江的历史使命，并明确了迈向这一宏伟愿景的主要任务。其中提道：浙江要发展社会主义民主政治，加快建设法治浙江；要坚持党的领导、人民当家作主和依法治国的有机统一，贯彻科学执政、民主执政、依法执政要求，推进社会主义民主政治制度化、规范化、程序化，强化社会主义法治理念，维护社会公平正义，不断提高社会法治化水平；要深入推进法治建设，加强和改进地方立法工作，积极推进科学立法、民主立法，完善与国家法律法规相配套的地方性法规和政府规章；要加快建设法治政府，全面推进依法行政，进一步简政放权、转变职能，加强行政复议工作，强化行政问责，不断增强政府公信力和执行力；要继续开展法治工作先进单位创建活动；要全面贯彻中央推进司法体制机制改革的举措，加强执法规范化建设，促进公正司法。同时，认真组织实施“六五”普法规划，提高全民法律素养。

根据党的十八大、十八届三中全会的精神，中共浙江省委十三届五次全会上作出了建设“两美”浙江的战略决策，这是深入推进“八八战略”和“创业富民、创新强省”战略、建设“两富”现代化浙江的延续，也是实现“中国梦”和建设美丽中国在浙江的生动实践。为了建设“两美”浙江，省委、省政府推出了“产业转型升级”“三改一拆”“五水共治”“浙商回归”等一系列政策措施，并且要求把“五水共治”“三改一拆”打造成法治浙江建设的大平台、“试验田”“试金石”，以法治浙江建设助推“产业转型升级”“三改一拆”和“五水共治”等中心工作，同时反过来又以这些中心工作的开展来推动法治浙江建设不断走向深入。

2014年12月，省委召开了十三届六次全体（扩大）会议，通过了《关于全面深化法治浙江建设的决定》，全面总结了法治浙江建设的主要经验，明确了全面深化法治浙江建设的指导思想和总体要求，确定了全面深化法治浙江建设的总目标，即在全面推进依法治国、建设中国特色社会主义法治体系、建设社会主义法治国家进程中继续走在前列。该决定指出，要认真落实“形成完备的法律规范体系、高效的法治实施体系、严密的法治监督体系、有力的法治保障体系和形成完善的党内法规体系”的要求，全面提升全省经济建设、政治建设、文化建设、社会建设、生态文明建设以及党的建设的法治化水平，到2020年，力争在六个方面走在前列：紧紧围绕依宪执政、依法执政，在社会主义民主政治建设方面走在前列；紧紧围绕科学立法，在健全地方法规规章方面走在前列；紧紧围绕严格执法，在建设法治政府方面走在前列；紧紧围绕公正司法，在推进司法体制机制改革方面走在前列；紧紧围绕全民守法，在提升全民法治意识和法律素养方面走在前列；紧紧围绕法治人才保障，在打造一支政治强、业务精、作风正、敢担当的社会主义法治工作队伍方面走在前列。省委号召：全省共产党员和人民群众紧密团结在以习近平同志为总书记的党中央周围，高举中国特色社会主义伟大旗帜，认真贯彻落实党的十八大和十八届三中、四中全会精神，干在实处、走在前列，全面深化法治浙江建设，把法治浙江建设事业不断推向前进！

三、“法治建设六问”与打造法治中国示范区

2017年10月，党的十九大胜利召开。习近平总书记代表党中央宣布：经过长期努力，中国特色社会主义进入了新时代，这是我国发

展新的历史方位；我国社会主要矛盾也已经转化为人民日益增长的美好生活需要和不平衡不充分的发展之间的矛盾，人民的美好生活需要日益广泛，不仅对物质文化生活提出了更高的要求，而且在民主、法治、公平、正义、安全、环境等方面的要求日益增长。这就要求我们在制度建设上更进一步，实现更优良的民主法治制度安排，为人民权利的实现、自由的发展和更有尊严地生活提供更加健全的制度保障。2019 年 2 月，习近平总书记出席中央全面依法治国委员会第二次会议并发表重要讲话指出：改革开放 40 年的经验告诉我们，做好改革发展稳定各项工作离不开法治，改革开放越深入越要强调法治。要完善法治建设规划，提高立法工作质量和效率，保障和服务改革发展，营造和谐稳定的社会环境，加强涉外法治建设，为推进改革发展稳定工作营造良好的法治环境。这是党中央向更高水平建设法治国家、法治政府和法治社会发出的号召和动员令，是我们在法治道路上砥砺前行不断奋进的强大动力。

浙江的法治建设作为整个国家法治建设的重要组成部分，应该说是和共和国法治建设以及其他省（自治区、直辖市）法治建设同步前进并相对先行的。今天，在新的起点上建设更高水平的法治浙江，是新时代深化法治浙江建设、确保法治浙江建设继续走在前列的必然要求，也是“八八战略”再深化、改革开放再出发的应有之义。我们要认真学习贯彻习近平总书记在中央全面依法治国委员会第二次会议上的重要讲话精神，坚定不移沿着法治浙江建设道路砥砺前行，锚定建设法治中国示范区的目标，做到站位再提高、理念再深化、力度再加大，努力把浙江法治建设的先行优势转化为领跑态势，使法治真正成为浙江核心竞争力的重要组成部分，推动新时代法治浙江建设谱好新篇走在前列。

2019 年 3 月，浙江省委召开全面依法治省委员会第一次会议，强调要把提高政治站位与增强法治意识更好地结合起来，把推动高质量发展与建设高水平法治更好地结合起来，把完善法治体系与优化法治环境更好地结合起来。会议指出：法治建设属于上层建筑的范畴，离开政治的法治是不存在的，不能把两者对立起来、割裂开来。每一种法治形态都有自身的政治逻辑，每一条法治道路都体现着不同的政治立场。我们在深化法治浙江建设工作中，要把旗帜鲜明讲政治摆在头等重要位置，认真贯彻《中共中央关于加强党的政治建设的意见》，加强党对法治浙江建设的统一领导和统筹协调，正确处理政治和法治、改革和法治、德治和法治、依法治国和依规治党的关系，自觉抵制西方错误思潮影响，以高度的政治自信坚定不移走中国特色社会主义法治道路，把坚决做到"两个维护"落实到法治浙江建设的全过程和各个方面。特别要发挥浙江作为中国革命红船起航地、改革开放先行地、习近平新时代中国特色社会主义思想重要萌发地的政治优势，争当笃学践行习近平总书记全面依法治国新理念新思想新战略的排头兵，按照法治中国决策部署，研究确定新时代法治浙江建设的"时间表""路线图"，不断开创法治浙江建设新局面。推动高质量发展，要以高水平法治为引领。当前，个别地方和部门在处理发展与法治的关系上存在一定的误区，甚至以违法追求效率，以结果正当回避甚至掩盖程序违法。这方面的教训是不少的。我们要牢固树立"法治是最好营商环境"的理念，进一步尊崇法治、厉行法治，努力使法治浙江建设与"两个高水平"建设的战略目标相适应、与浙江经济社会发展走在前列相协调。目前，浙江法治生态总体上是好的，但也存在法治体系建设不平衡不充分不健全的问题，法治氛围和依法办事环境的形成还有很长的路要走。我们要坚持问题导向，以自我革命的勇气，刀刃向内，抓住党要依法执政、政府要依法行政这个关键，着力解决影响严格规范、公正文明执法的深层次问题，加快形成完备的地方性法规规章体系、高效的法治实施体系、严密的法治监督体系、有力的法治保障体系、完善的党内法规体系。特别是要抓住领导干部这个"关键少数”，牢固树立法律红线不可逾越、法律底线不可触碰的意识，带头尊法学法守法用法，引导全社会强化规则意识、倡导契约精神，推动全省进一步形成办事依法、遇事找法、解决问题用法、化解矛盾靠法的良好氛围。

会议上，省委书记车俊要求全省干部群众深入思考和解答好六道题。一是如何坚持在法治的轨道上而不是轨道外深化改革、推动发展、化解矛盾、维护稳定，正确处理短期与长期、程序与效率、快与慢的关系，确保少走弯路、不走回头路？二是如何坚持以“最多跑一次”改革为牵引，更好地运用法治方式提高社会治理和风险防控能力，推动社会治理实现从理念、制度到作风的全方位深层次变革？三是如何强化法治服务大局的意识，聚焦全省工作大局，回应社会所盼所需，进一步增强立法、执法、司法、守法、普法工作的能动性，为经济社会发展提供有力的法治保障和服务？四是如何用法治约束促进政府行为稳定、公平、透明、可预期，在法治框架内调整各类市场主体的利益关系，净化有利于高质量发展的法治环境？五是如何更好地把平等保护贯彻到立法、执法、司法、守法等各个环节，依法平等保护各类市场主体产权和合法权益？六是如何发挥浙江市场经济发达和互联网技术领先的优势，打破思维定式、惯性依赖，加强思路创新、机制创新和工作流程创新，强化法治工作力量？

最后，车俊还要求把加强统筹协调与分工负责推进更好地结合起来，指出：深化法治浙江建设是一个系统工程，党委、政府和社会各方面都要共同负起责任来，齐抓共管、形成合力。省委成立依法治省委员会以及四个协调小组，并将办公室设在省司法厅，这是法治建设领导机制的进一步完善和优化。省委要求以这次调整为契机，继承发扬好的经验和做法，明确工作职责，理顺工作关系，加快健全更加科学、权威、高效、有力的法治浙江建设推进机制。省委依法治省委员会要统筹各方、牵头抓总，把精力放在法治浙江建设的顶层设计上，实现集中领导、高效决策、统一部署。全省各地各部门要各司其职，协同作战，像抓经济工作那样抓法治建设，像重视环境治理那样重视依法治理，特别是党政主要负责人要履行好法治建设第一责任人的责任，及时研究解决工作中的实际问题，重视加强法治工作队伍建设，从政治上、工作上、生活上关心法治干部的成长，为他们创造一个良好的环境。

从建设法治浙江到打造法治中国示范区，体现了一种历史发展的延续性、传承性和逻辑性，体现了浙江省委坚定不移地沿着“八八战略”指引的路子走下去的政治决心和“一张蓝图绘到底”的施政风格，是新时代新使命新担当的政治姿态。

第二节 高水平建设法治浙江的目标和条件

高水平建设法治浙江，打造法治中国示范区，既是党中央对浙江法治建设的高度期待，也是高水平谱写“两个一百年”奋斗目标之浙江篇章的必然要求，更是浙江法治建设先行先试、为法治中国贡献浙江经验的责任担当。我们必须提高政治站位，拉高标杆，设定高水平建设法治浙江的新目标。与此同时，还要从现实出发，积极创造高水平建设法治浙江的现实条件支持。

一、高水平建设法治浙江的奋斗目标

党的十八大以来，以习近平同志为核心的党中央深刻把握我国发展要求和时代潮流，把法治建设摆在更加突出的位置，围绕坚持和完善中国特色社会主义制度、推进国家治理体系和治理能力现代化，持续推进全面依法治国，法治建设取得重大突破和全面进展，干了许多

突破性、奠基性、开创性、标志性的大事，解决了许多长期想解决而没有解决的难题，办成了许多过去想办而没有办成的大事，在法治建设和国家治理体系与治理能力现代化上都取得了巨大的成就，推动了中国特色社会主义在新时代展现出越来越蓬勃的生机和活力。党的十九届四中全会，在党的历史上第一次专门研究部署国家制度和国家治理问题，立意高远、主题重大，内容丰富、要求明确，是一次具有开创性、里程碑意义的重要会议。全会审议通过了《中共中央关于坚持和完善中国特色社会主义制度 推进国家治理体系和治理能力现代化若干重大问题的决定》，深刻回答了中国特色社会主义制度和国家治理体系需要“坚持和巩固什么、完善和发展什么”这个重大问题，对新时代坚持和完善中国特色社会主义制度、推进国家治理体系和治理能力现代化作出了科学的完备的顶层新设计。党中央专门用一次全会来研究部署这一具有根本性、全局性、长期性的问题，充分体现了以习近平同志为核心的党中央高瞻远瞩的战略眼光和强烈的历史担当，是“中国之治”迈向更高境界的崭新起点。

紧接着，省委也召开了十四届六次全体（扩大）会议，会议要求坚持以习近平新时代中国特色社会主义思想为指导，全面贯彻党的十九大和十九届二中、三中、四中全会精神，自觉扛起中国革命红船启航地、改革开放先行地、习近平新时代中国特色社会主义思想重要萌发地的使命担当，坚持全面加强党的领导，以“八八战略”为统领，以“最多跑一次”改革为牵引，推进系统治理、依法治理、综合治理、源头治理，突出落实国家治理的关键性举措，引领省域治理的创新性机制，支撑高质量发展的牵动性载体，推动实现更高质量的发展、更高水平的平安，提高人民群众的获得感和幸福安全感，为实现“两个高水平”提供有力保证，更好地推进中国特色社会主义在浙江的生动实践。据此，会议设定了今后一个时期，浙江人民努力争取实现的高水平推进省域治理现代化的主要目标：着力固根基、扬优势、补短板、强弱项，争当省域治理现代化的排头兵，成为展现中国特色社会主义制度优越性的重要窗口。到我们党成立100年时，“最多跑一次”改革牵引各领域改革全面突破、全面见效，数字化变革全面推进、全面深化，在省域治理上积累一整套更加完善的制度体系，为高水平全面建成小康社会提供更有效能的坚实保障；到2035年，基本实现省域治理现代化，形成与全面建成“六个浙江”相适应的高水平整体治理效能；到新中国成立100年时，高水平全面实现省域治理现代化，形成高水平全面建成社会主义现代化的强有力制度保障。

2020—2025年，是浙江省高水平全面建成小康社会、高水平推进社会主义现代化建设的关键时期，经济社会发展对法治浙江建设提出新的更高要求，要切实把法治浙江建设摆到经济社会发展全面更加突出的位置，更好地发挥法治固根本、稳预期、利长远的保障作用，加快建设更高水平的法治浙江；要始终高举中国特色社会主义伟大旗帜，坚持以马克思列宁主义、毛泽东思想、邓小平理论、“三个代表”重要思想、科学发展观、习近平新时代中国特色社会主义思想为指导，全面贯彻落实党的十九大和十九届二中、三中、四中全会以及省第十四次党代会、十四届六次全体（扩大）会议精神，坚定不移走中国特色社会主义法治道路，高要求践行习近平总书记关于全面依法治国的重要论述，高标准落实建设中国特色社会主义法治体系、建设社会主义法治国家要求，高水平推进科学立法、严格执法、公正司法、全民守法，努力为浙江省“两个高水平”建设和高水平推进省域治理现代化提供强有力的法治保障，为实现“两个一百年”奋斗目标和中华民族伟大复兴中国梦作出浙江更大贡献；要始终锚定建设法治中国示范区目标，加快建设依法执政、科学立法、严格执法、公正司法、全民守法，全社会既规范有序又充满活力的法治浙江，努力把法治浙江建设的先行优势转化成领跑态势，使法治真正成为浙江核心竞争力的重要组成部分。我们要力争到2025年，法治浙江建设在全国的领跑优势确立，全省经济建设、政治建设、文化建设、社会建设、生态文明建设以及党的建设的法治化水平全面提升，人民群众合法权益以及平等参与、发展权利得到充分保障，法治浙江建设社会满意度不断提高，一批法治市、县（市、区）率先建成，形成与数字时代相适应的现代法治体系；到2035年时，率先于全国全面建成法治浙江、法治政府、法治社会，全省经济社会发展各领域全面纳入法治轨道，基本实现省域治理现代化，为建设“法治中国”提供鲜活的浙江实践和浙江经验，成为展示中国特色社会主义法治体系优越性的重要窗口。

二、高水平建设法治浙江的现实条件

法治浙江建设具有全国法治建设先行先试意义和领先优势，长期以来法治浙江建设积累了丰富的实践经验，浙江区域具有的独特历史和文化资源等，使高水平建设法治浙江，打造法治中国示范区具有了丰富的现实条件。

（一）法治浙江建设具有全国先行先试意义和领先优势

开展法治浙江建设以来，浙江省在推进依法执政、人民民主、地方立法、依法行政、公正司法和普法宣传等方面都进行了积极探索，取得了丰富的实践成果、理论成果和制度成果，在法治建设上走在了全国前列。这既体现在各类主体的自主创新上，也体现在法治浙江建设的省级顶层设计上。

1988年，一个老实巴交的温州农民鼓起勇气状告苍南县政府，为自己争取合法权益。这是新中国成立以来民告官第一案，其对于浙江乃至整个中国的法治建设而言都具有里程碑意义。2004年，武义县后陈村针对村务管理中因缺乏监督而引起的矛盾争议与冲突，创造性地建立了村务监督委员会，并通过了《后陈村村务管理制度》和《后陈村村务监督制度》，创立了村民自治中管理权与监督权相分离的自治工作模式。这在全国也属首创，对于后来从国家层面上完善村民自治制度起到了作用。2006年，杭州市余杭区以“敢为天下先”的创新精神，聘请第三方运用科学的技术与方法对全区的法治建设状况进行调查摸底和指数评估。此举虽然不乏争议，但其推进法治建设的意义已然体现。而后，全省法院系统的阳光司法指数评估，也是一种以评估促建设的创新实践，在全国范围内具有先行示范意义。这些都是全省各地自主的法治创新。

在省级顶层设计层面，浙江的法治建设实践也走在了全国前列。浙江在1996年就作出了“依法治省”的决定，是最早作出地方性法治建设战略决策的省份之一。2006年省委通过的《关于建设“法治浙江”的决定》，明确提出了建设“法治浙江”的总体要求、基本原则和主要任务，并且对“法治浙江”建设的各项工作进行了总体部署和具体安排；率先建立了省委建设“法治浙江”工作领导小组，对“法治浙江”建设的工作进行具体指导与协调。2008年，浙江率先开展创建法治县（市、区）工作先进单位考评活动。2012年，根据省委要求，省政府法制办会同有关部门起草了《浙江省法治政府建设实施标准》和《浙江省法治政府建设考核评价体系》，建立了政府内部评价、专业机构评估和社会满意度测评三者相结合的机制，对设区的市政府和省政府直属各有关单位的法治政府建设情况按年度进行考核评价；也较早建立了公共法律服务制度，为城乡居民提供普惠的法律服务。2013年底，省委、省政府以壮士断腕的勇气在政府系统率先开展了“四张清单一张网”的政府改革运动，决心打造“审批事项最少、办事效率最高、权力运行最规范”的法治政府。这项改革措施在全国引起广泛关注，开启了地方政府治理结构的历史性转型，是政府治理的伟大变革，其所昭示的是现代政治文明的丰富法治意涵。2016年，中共浙江省委提出“最多跑一次”改革，通过“一窗受理、集成服务、一次办结”的服务模式创新，让企业和群众到政府办事实现“最多跑一次”的行政目标。这是浙江在深入学习贯彻习近平总书记全面深化改革重要论述基础上，对照“八八战略”中“进一步发挥浙江的体制机制优势”的要求，创造性提出的一项关乎全局的改革举措。这一改革对准发展所需、基层所盼、民心所向，是浙江落实中央全面深化改革部署的重要创新实践，也是浙江将改革向纵深推进的一块金字招牌。“最多跑一次”改革的成功实践，有力推动了实践基础上的理论创新。较之于“四张清单一张网”的改革，“最多跑一次”改革带有“重点突出”“结果倒排”的特点，并更具有改革效果的可验证性。这就意味着，政府把自身置于一个无后退躲避之余地的绝境，必须鼓起极大勇气，义无反顾地走下去。“最多跑一次”改革也是浙江打造服务型政府、推动地方治理体系现代化，进而为实现国家治理体系与治理能力现代化提供浙江经验的决胜之战。

（二）法治浙江建设积累了丰富的实践经验

开展法治浙江建设以来的生动实践表明：法治是治国理政的基本方式，是破解难题、防范风险、化解矛盾，构建社会主义和谐社会的有力武器，是贯彻落实省委各项战略决策部署，推动浙江政治、经济、文化、社会、生态更好发展，高水平谱写“两个一百年”奋斗目标之浙江篇的制度保证。回顾过去，法治浙江建设有许多值得今后坚持的基本经验。

一是在坚持国家法治原则精神统一的前提下，从浙江实际出发，创造性地进行法治建设的实践。我国是一个单一制国家，省、自治区、直辖市是统一于国家内部的普通行政单位，法治的框架、原则和精神必须统一。在此前提下，各地区又可以从地方实践情况出发，因地制宜地进行立法、执法和司法的体制机制、方式方法创新。这既有利于国家法治在各地方的落实，也有助于丰富法治的具体形式，更为国家层面的法治建设和法治创新提供有价值的地方性经验。浙江省委、省人大和省政府以及其他公权部门始终注重紧贴地方实际、突出地方特色，在深入调查研究的基础上，在维护国家法制统一的前提下，制定带有地方特色、实施操作性强的制度，以推进和保障地方改革发展。比如浙江省人大根据《中华人民共和国行政处罚法》的有关规定和精神，从浙江经济社会发展状况和依法行政的实际需要出发，取消了对经营性违法行为和非经营性违法行为分别设定罚款限额的模式，代之以按照违法行为的社会危害来设置罚款限额，提高了设定罚款的限额上限；又比如在企业破产问题上，浙江基层司法机关从实际出发，探索出了“市场导向、司法主导、简易审理、执破结合”具有浙江特色的市场化简易破产新路子，倒逼经济转型升级、消除泡沫，尽可能实现有效资产的重整与再分配。在基层社会治理上，浙江各地继承发扬“枫桥经验”，并加以法治化的改革创新，从而形成“调诉结合，以调为先，不同类型调解相互衔接的多元复合联动大调解体系”。应该说，法治浙江既坚持了国家法治的原则精神，又具有鲜明的浙江地域特色。

二是围绕中心、服务大局、突出重点，对准省委重大决策部署推进法治建设。法治建设是一个系统工程，需要全面推进，但在一个阶段内又必须重点突破。为此，浙江省人大坚持立法决策与改革发展的重大决策相结合，按照全面深化改革的要求和“根据需要与可能、突出重点、统筹兼顾、急需先立”的立法原则，结合浙江实际，提出了一个届期的人大及其常委会立法工作的重点项目，集中立法资源确保事关浙江发展和民生改善的重要地方性法规如期颁布。比如省十二届人大围绕推动经济转型发展，重点加强开发区、舟山群岛新区、温州民间融资等方面的立法；围绕加强社会民生保障，重点加强食品安全、平安建设、社会救助、养老服务、社会保险、特殊群体权益保护等方面的立法；围绕发展教育文化事业，重点加强民办教育、学前教育、公共文化服务保障方面的立法；围绕保护生态资源环境，重点加强机动车排气污染防治、水污染防治、海洋环境保护、生态补偿等方面的立法；围绕促进民主政治建设，重点加强预算审查监督、政府信息公开、行政程序、乡镇人大工作等方面的立法。省政府也紧紧围绕省委中心工作，及时向人大提出政府行政管理方面的立法建议，或者在法律授权范围内及时制定急需的政府规章，为政府管理行为提供法律依据和规则约束。在政府管理实践中，各级政府把法治建设的重点放在着力提高制度质量，着力促进严格规范、公正文明执法，着力化解社会矛盾纠纷，着力提升法律服务能力上。司法机关在做好常规司法工作为社会提供公平正义的同时，也努力围绕中心，自觉服务工作大局。如在企业转型升级的大潮中，坚持涉困企业的差异化处置；依法保障金融改革，推进民间金融体制创新；依法妥善处理“三改一拆”和重点工程建设涉案问题，为中心工作提供司法推力；支持“四大国家战略举措”和创新驱动发展战略全面实施；切实参与社会管理创新，提高社会管理的法治化水平。各级司法行政机关也紧扣转型升级、“三改一拆”“五水共治”这些中心工作，搭建服务平台，努力为促进经济社会发展提供优质高效的法律服务。

三是实行开门立法，提高立法的民主化、科学化水平。为提高立法的整体系统性和现实针对性，省人大十分注重立法项目调研，通过发函书面征求省有关部门、市、县（区）人大常委会、省人大代表、立法专家库成员对未来立法工作的意见，或者通过媒体向社会发出公告征集未来5年立法建议项目，在充分调研的基础上，编制《立法调研项目库》。除了坚持立法建议项目公开征集意见外，省人大在立法过程的各个环节都注重社会力量的民主参与，实行开门立法，鼓励社会机构参与立法，委托高校对报送批准的杭州、宁波两市的地方性法规进行合法性审查，提高合法性审查的工作质量；还采取座谈会、论证会、咨询会、网络互动、网上调查、专家审阅、媒体讨论等形式，征求不同群体尤其是利益相关群体对法规草案的意见。并且将一些专业性法规草案公布于部门或行业的专业网站，让专业人士提出意见建议。还会把一些与老百姓关系特别密切的条款单独提出来，交由公众讨论。此外，建立立法基层联系点制度，依托立法基层联系点，直接听取百姓对立法工作的意见。通过多方面、多层次、多视角、多环节、多渠道的征求意见、民主磋商，充分整合社会各界的意见，达到最大程度的共识，使地方性法规真正成为全省人民公意的体现。

四是以法治量化评估促进法治浙江建设各项工作的推进。始于杭州市余杭区的法治指数评估是基层党政机关为推进法治建设和法治社会化首创的成功经验，在全国范围内都有一定影响。中国社会科学院曾专门组织力量比较系统深入地梳理总结这一经验，称之为法治量化评估的创新实践。从实际看，法治指数评估在当地产生了法治建设工作的引导力、促进力或者驱动力，推动了整个社会对法治精神的理解和法律知识的学习，强化了党政机关、社会团体、企业法人和公民个人依法办事的观念、能力与行为习惯，促进了法治人格与法治思维的形成。2008 年，浙江省委建设“法治浙江”领导小组办公室牵头组织了创建法治县（市、区）工作先进单位考评活动。2012 年，根据省委要求，省政府法制办会同有关部门起草了《浙江省法治政府建设实施标准》和《浙江省法治政府建设考核评价体系》，建立了政府内部评价、专业机构评估和社会满意度测评三者相结合的机制，对设区的市政府和省政府直属各有关单位的法治政府建设情况按年度进行考核评价，考核评价结果按分值高低进行排名，并评出年度设区的市、县（市、区）和省政府直属各有关单位法治政府建设（依法行政）先进单位，由省政府公布排名结果和通报表彰先进单位。两个文件的出台，有力地促进了各级政府和职能部门关于依法行政和法治政府建设各项任务的完成。浙江省高级人民法院也请独立的第三方机构对全省各级人民法院的审判公开程度进行阳光指数评估，涉及 30 多个具体的量化评估指标，各项指标加权评分汇总后按总分进行排序。这对全省司法系统产生了极大激励。司法行政部门也积极开展民主法治村（社区）、诚信守法企业创建评比活动，积极推动基层法治建设向纵深发展。有的基层法院邀请第三方机构对司法公信力进行独立公正的评估。从为数还不多的法治量化评估实践经验看，内容覆盖全面、指标设定合理、样本抽检正确、操作方式规范、技术处理严谨的法治工作科学评估是法治浙江建设的重要推手。它已然并即将产生法治浙江建设的系统性激励，以评促建，推动法治浙江建设继续走在前列。

五是注重“法治社会化”这项基础性工作，为法治浙江奠定深厚的社会人文基础。法治属于国家上层建筑，其有效运作离不开社会层面的支持，离不开人们对法治的信仰与遵从。因此，一个真正致力于法治建设的国家，除了制度层面的建设努力外，还必须有社会心理、社会风尚层面的建设努力，要“突出培养公民的法治精神，在全社会树立法治信仰、形成法治风尚，努力把法治精神、法治意识、法治观念熔铸到人们的头脑之中”①，也就是要将法治社会化，这是法治建设中的一个基础性工程。多年来，浙江各级党政机关非常注重法制宣传教育，针对不同群体，根据实际需要，有选择、有侧重地进行普法宣传，不断加大对法律法规尤其是新颁布之规范性文件的宣传力度，积极宣传政府法治和依法行政工作的好经验、好做法，运用以案说理的方式方法，或者通过编写图文并茂的法律通俗读物，把法律知识、法治道理传递给人民群众，努力营造办事依法、遇事找法、解决问题用法、化解矛盾靠法的良好法治环境。更重要的是通过构建覆盖城乡的基本公共法律服务体系，通过为老百姓提供有偿或无偿的法律服务，让老百姓在每一个案件中都感受到司法的公平与正义，从而更坚定地

---

① 习近平：《干在实处 走在前列——推进浙江新发展的思考与实践》，中共中央党校出版社 2006 年版，第 386 页。

树立法治的信仰。在法制宣传教育中，浙江始终把党政机关特别是领导干部的依法执政、依法行政、公正司法的意识和能力作为法制宣传教育的着力点，切实提高领导干部运用法治思维和法治方式深化改革、推动发展、化解矛盾、维护稳定的能力，让党政干部以身作则、率身垂范，给人民群众以“依法办事、依法维权、依法提出合理诉求”的强烈环境暗示，从而形成党政机关和社会公众在信守法律、推进法治上的良性互动。

开展法治浙江建设以来的基本经验是我们继续前行的重要条件和精神财富，启示如下：

一是各级党委、政府和其他公权部门始终要有推进法治建设的理性自觉，把法治建设变成所有人的自觉理性行动；要相信法律、依赖法制、信仰法治，始终以法的精神、法治的原则来规范和约束自己的言行；要注意运用法治思维分析问题，依靠法治方式解决问题，使我们的权力行为无论在形式上还是在实质上都处于法治状态；任何时候都绝不为某些特殊的考虑或顾虑而离弃法治的轨道。只有如此，我们的法治浙江建设才能披荆斩棘、勇往直前。

二是法治浙江建设在任何时候都不能脱离“浙江”这个区域性共同体的实际。具有明显独特性的浙江经济社会与文化，是法治浙江建设的基础环境，我们必须因应这个基础环境，体会它的特殊性，体悟它基于所遭遇的特殊问题而提出的一些独特要求，更要体察它那种与生俱来的文化性格，创造性地进行法治建设的努力，并成功实现与国家法治原则的对接，这才是科学意义上的法治浙江，由此产生的法治制度安排也才具有生命力，才能被全省人民由衷地接受和认同，也才能最大程度的体现出法治对于维护公民自由与权利、维护国家与地区公共利益的巨大优势。脱离了浙江的实际，法治浙江也就成了无本之木、无源之水，长久必枯。

三是法治浙江建设是全省 5000 多万人共同的实践事业，必须要有现行宪制框架所能容纳的最大限度的开放性和公开性。法治浙江建设要始终关注民众的愿望、意见和呼声，要有制度性的民主参与渠道，要有比较健全完善的参与机制，要不断扩大参与面，逐步提高民众参与的深度和质量，让全省人民对无论是全国人大通过的法律还是地方人大通过的地方性法规都产生强烈的“我们感”，视其为“我们的法律”，进而产生对法律和地方性法规的认同与信仰。除此之外，还应该注意吸收基层法治建设的新鲜经验，从基层汲取法治浙江建设的智慧、知识和力量。

四是法治浙江建设必须深深扎根于社会与民众的心坎。法治诚然是一种上层建筑，但它的生命力恰恰在于基层，必须融入老百姓的日常生活之中，成为老百姓维护自己的合法权益、处理左邻右舍相互关系和公私事务往来之最简单也是最有效的“活法”，也就是说，我们必须让法治成为生生不息的生活实践，如此，法治之树才能常青。

（三）高水平建设法治浙江具有独特的优势资源

除了上述丰富的法治建设实践经验，高水平建设法治浙江，打造法治中国示范区，浙江还具有许多独特的优势资源。

一是习近平同志在浙江工作期间关于法治建设重要论述的思想资源。习近平同志在浙江工作期间，基于浙江经济社会发展实践，基于几千万浙江人民对法治的殷切期盼，在调查研究的基础上，推动省委作出了《关于建设“法治浙江”的决定》，并在不同场合、从不同角度、分不同层面对法治展开论述，明确指出：社会主义法治就其本质而论，是党领导人民治理国家的基本方式，其中，党的领导是社会主义法治的根本保证；法治与德治，如车之两轮、鸟之两翼，建设法治浙江必须把握法治与德治的互补性、兼容性和一致性；立法是法治的基础，要始终把提高立法质量放在首位；依法规范行政权力，全面建设法治政府，是法治浙江建设这个系统工程的关键；公正是司法的核心价值追求、是司法的生命线，而司法机关是确保公平正义的最后一道防线；法治国家和法治政府终归需要法治社会的支撑，如果人们没有法治精神、社会没有法治风尚，法治只能是无源之水、无本之木、无根之花。习近平同志在浙江工作期间关于法治的论述观点非常丰富，也非常深刻，是我们打造法治中国示范区必须注重挖掘的思想资源。

二是中国革命红船启航地、改革开放先行地和习近平新时代中国特色社会主义思想重要萌发地的政治资源。浙江一身兼具“三个地”，其内含的政治价值更是无法估量。这也要求我们始终走在改革开放和法治建设的前列，因为“红船是走在时代前列的象征，红船精神就充分体现了走在时代前列的精神”。浙江作为改革开放的先行地，发生过许多“全国第一”的标志性事件，如第一张个私企业营业执照、第一个股份合作制企业、第一个关于质量立市的地方性法规、第一起“民告官”的诉讼案件。浙江的许多重大制度创新在全国范围内产生了广泛而深远的影响，如武义县的“后陈经验”从“治村之计”上升为“治国之策”，完善了基层民主政治体系和乡村社会治理体系；首创于桐乡市的“三治合一”乡村治理体系，被党的十九大报告肯定，成为全国推广的乡村治理典范；宁海“村级权力清单三十六条”和象山的“村民说事”，也都以其在基层治理上的有效性而被中央肯定并在全国各地推广。浙江作为习近平新时代中国特色社会主义思想重要萌发地，承载了习近平同志在浙江工作期间的实践探索及其在此过程中所形成的思想观点，是习近平新时代中国特色社会主义思想的地方性实践基础和重要思想来源，两者之间既有一脉相承的渊源关系，又有内容深化、层次提升、逻辑递进的发展关系。浙江“三个地”的特色优势，赋予我们使命，寄予我们希望，给予我们指引，是我们打造法治中国示范区所需要的一份独特而又非常难得的政治资源。

三是民营工商业相对发达所积淀而成的民间自发性未成文规则资

源。法治与工商业发展密切相关，被恩格斯称之为“商品生产者社会的第一个世界性法律”的古罗马法就植根于发达的工商业商品经济基础上。自东晋以来，浙江工商业就相对比较发达，并形成了“义利并重”“工商皆本”的地域性社会文化。改革开放以后，民营工商业得到极大发展。今天，民营工商业是浙江经济的主力军，是浙江的最大特色、最大资源和最大优势，是浙江形象的金名片，对浙江经济社会文化发展具有举足轻重的影响。按照马克思主义的观点，工商业是一个社会最活跃、最革命的因素，天生就对法治有强烈诉求。发达的民营工商业对法治建设具有本源性的促进作用，既为法治建设提供了内动力和外压力，也为法治建设积累了民间自发性规则资源。历史上，任何一个国家的法治建设都有从民间、工商业汲取规则资源的做法。一些民间惯例、未成文规则、工商业行规经过正式立法程序都可以转化为正式的成文法规则，这是一个国家法治体系开放性的具体表现。浙江工商业在发展过程中所累积出来的民间自发性未成文规则资源非常深厚，值得深度挖掘。

四是“尊法律、守规矩、重诚信”的浙江精神资源。40 多年的改革开放实践，凝练出了一种独特的浙江精神。其中，“尊法律、守规矩、重诚信”一直是浙江精神的题中固有之义。浙江的市场经济之所以能够在空间广度、合作深度和时间长度三个方向上不断拓展，一代又一代的浙江商人之所以能创造大量的物质财富和精神财富，一个重要原因就是他们秉持了浙江精神中“尊法律、守规矩、重诚信”的文化基因。新一代浙商代表马云在公开场合一再申明的“不行贿、不欠薪、不逃税、不侵权”，体现的正是浙江企业家的法治精神。特别是自实施依法治省和推进法治浙江建设以来，浙江干部群众的理性精神、法治意识和“办事依法、遇事找法、解决问题用法、化解矛盾靠法”的法治风尚都显著增强，构成了浙江精神在新时代的最新内容。打造法治中国示范区也必须高度重视挖掘浙江精神资源，为新时代法治浙江建设提供强大的精神支持。

第三节 高水平推进法治浙江建设

干在实处永无止境，走在前列要谋新篇，勇立潮头方显担当。这是习近平总书记对浙江干部群众的新要求和新期待，也是浙江干部群众对习近平总书记的庄严承诺。今天，法治浙江建设已经进入新时代新阶段，浙江经济社会发展所处的“大有可为战略机遇期、干事创业发展黄金期、不进则退转型关键期”要求我们在法治建设上更进一步、更快一步，在高起点上谋划，向高水平上努力，把浙江打造成法治中国示范区，为浙江“两个高水平”建设和高水平推进省域治理现代化提供强有力的法治保障，为实现“两个一百年”奋斗目标和中华民族伟大复兴中国梦作出更大贡献，也为法治中国建设提供可以复制的浙江经验。

一、深刻认识打造法治中国示范区的重大意义

打造法治中国示范区，既是一种责任使命，也是一份无上荣誉，无论是对于浙江今后的发展，还是对于整个国家的法治建设都具有重大意义；能够向人们传递丰富的道路内涵、理论内涵、制度内涵和文化内涵。

一是法治是一种相对最优的治理范式，在法治之下才有弥足珍贵的权利与自由，才有社会的良善和谐秩序，才有经济社会与文化的持续发展与繁荣。浙江发展的初始条件并不优越，却能在改革开放之后率先发展起来，其深层原因在于浙江较其他地方较早地实现了劳动者创业自由，并在此后的法治建设实践中始终注意保护这种自由。法治

浙江的实践表明：法治是一种最有利于社会稳定持续发展的制度安排，法治以保护公民权利与自由、维护国家与社会良善公共秩序为旨归，致力于以正义的规则界定权利、划分边界、规范行为、协调关系，因而能够实现不同权利、不同目标之间的协同合作。法治通过确立“法无禁止皆可为”（针对公民）和“法无授权不可为”（针对政府公权）两项原则为公民保留下充分的发展空间，通过正义规则的约束为公民的各种权利提供健全可靠的保护。法治之下，任何人都可以有尊严地生活着，都有发展进取的积极性，个人与社会的发展由此获得强劲的动力源泉。今后，地区之间的一项重要竞争就是法治建设的竞争，那些公民自由与权利得到健全保护的地区，那些政府公权得到正义规则严格约束的地区，将是经济、社会、文化发展得相对更好的地区，将在地区竞争之中获得更多的发展可能性和更大的比较优势。

二是法治必须置于市场经济与民主政治的合力结构之内。法治浙江之所以能够在全国走在前列，从社会背景层面看，得益于浙江的市场经济和民主政治实践。市场经济应该是法治经济，和谐社会应该是法治社会。浙江的市场经济相对比较成熟，个私企业众多，民营经济发达，民间资本雄厚，社会成员的产权意识、权利意识、契约意识、规则意识和自由意识相对其他地方更早萌发，他们对以规则限制公共权力、保护公民的权利与自由有着更强烈的渴望，对政府在制度供给、执行产权契约规则、维护市场秩序方面也有更强烈的法治诉求。并且，浙江的民主政治尤其是基层民主政治起步较早，而且也比较规范。民众对现代政治中政府与人民的关系有比较清楚的理性认识，对政府有比较自觉的权利要求。与此同时，也有较强的政治效能感，他们积极参与基层社会的民主治理，并为治理法治化提供推力。从法治浙江的经验看，法治建设必须置身于市场经济的原动力和民主政治的推动力交叉形成的合力结构之中，如此才能获得不断深化发展的强大动能。

三是党中央提出的法治建设必须“坚持全面推进科学立法、严格执法、公正司法、全民守法，坚持依法治国、依法执政、依法行政共同推进，坚持法治国家、法治政府、法治社会一体建设”是一条符合中国国情、具有中国特色的马克思主义法治建设总体发展思路。总体方法论是马克思主义方法论的根本方法，既视客观世界为一总体性存在，也注重从总体上把握和改造客观世界。法治浙江的实践表明，法治建设是一个系统工程，其具有非常复杂的结构，任何一个方面都不可偏废。诚然，不同方面的建设进度有快有慢，不可能完全齐头并进，但总体上必须相互协调、协同共进、全面推进。立法要科学民主，执法要严格规范，司法要公平公正，守法要全面普遍没有例外。依法治国、依法执政和依法行政要共同推进，法治国家、法治政府、法治社会要一体建设。总之，“系统谋划、整体布局、协同整合、全面推进”是法治建设的科学方法论，是全面推进依法治国的结构嬗变之道。

四是法治建设必须紧紧围绕中心工作服务大局，从中心工作获得法治建设的外动力、突破点、生长极，并在为中心工作的服务中彰显权威与价值。浙江省委、省政府强调：服务大局是社会主义法治的重要使命。要紧紧围绕党和国家工作大局开展立法、执法、司法工作，不断强化服务大局的各项措施，为社会主义经济建设、政治建设、文化建设、社会建设提供强有力的法治保障。多年来，法治浙江建设的一大经验就是对准省委、省政府中心工作布局法治建设，在为中心工作提供保障的同时，也从中心工作中获得法治建设的外动力、突破点和生长极。2014 年，省委明确要求把党委、政府的中心工作作为法治建设的大平台、“试验田”、“试金石”、“活教材”，围绕中心工作开展法治建设，通过法治建设促进中心工作，实现中心工作与法治建设的协同共进。这在“三改一拆”“五水共治”工作中得到了最生动的体现。全省各地围绕着“三改一拆”“五水共治”进行的地方性立法、执法和司法活动，既保障了中心工作的有效开展，又有力地推进了相关领域的法治建设，促进了经济转型升级和社会良善秩序的形成，同时也大大提高了全省人民的法治意识，使“办事依法、遇事找法、解决问题用法、化解矛盾靠法”蔚然成风。

五是法治建设必须坚持改革创新与依法办事之间的统一。改革创新是活力之源、发展之道，没有改革创新就会止步不前。处于战略机遇期和风险叠加期中的我们只有坚持改革创新，才能攻坚克难突破瓶颈取得新的发展。然而，改革创新既有规律也有规则，它们是在既有法制框架内的适应性调整，犹如一艘航船，在航行过程中可以进行改革，但必须始终在这条船上，才能成功到达彼岸。因此，改革创新必须运行于法治轨道，凡属重大改革都要于法有据。在整个改革过程中，都要高度重视运用法治思维和法治方式，发挥法治的引领和推动作用，加强对相关立法工作的协调，确保在法治轨道上推进改革。法治浙江建设就比较充分地体现了这一原则的精神与要求。在提出法治浙江之初，浙江就比较重视正确处理地方法治与国家法治之间的关系，明确提出坚持法治统一。以宪法和法律为依据，紧紧围绕党和国家大政方针和重大工作部署，结合浙江实际开展立法、执法、司法工作。后来，历届省委也都强调要正确处理依法办事和开拓创新之间的关系，要求更好地运用法治思维和法治方式来深化改革、推进发展，做到全面深化改革攻坚到哪里、经济社会发展到哪里，法治建设就跟进到哪里；越是重大改革、越要法治先行，越是科学发展、越要依法办事，确保各项重大改革于法有据，确保全省经济社会各项事业发展既生机勃勃又井然有序。为此，省委对改革事项进行分类处理，对于近期要重点抓好的改革与试点工作，要加快推进；对于涉及面宽、需要中央决策的，尽快提出改革建议；对需要修改法律的，必须待中央完善相关法律后再推进。正因如此，我们的改革创新和法治建设才呈现蹄疾步稳、良性互动的状态。

二、聚焦重点难点，更进一步、更快一步推动法治浙江建设

多年以来的法治浙江建设已经为今后法治中国示范区的建设打下了非常扎实的基础，必须乘势而上。成就代表过去，努力才有未来，要重拾归零心态，看到新形势、新环境、新常态和新任务对浙江提出的新挑战，以舍我其谁的使命感、责无旁贷的责任感、时不我待的紧迫感，抖擞起精神，全身心地投入到打造法治中国示范区的建设热潮中去。

一要聚焦法治思维养成，提高依法执政能力和水平。各级领导干部是法治建设的“关键少数”，其法治意识和法律素养直接关系法治建设的进程、质量和成效。习近平总书记指出，各级领导干部在推进依法治国方面肩负着重要责任，他们的信念、决心、行动，对全面推进依法治国具有十分重要的意义。因此，全面依法治国必须抓住领导干部这个“关键少数”。要有科学系统可靠的制度安排，保证领导干部能够自觉主动地尊法、学法、守法、用法，做尊法、学法、守法和用法的模范；要有科学系统可靠的制度安排，保证把那些具有法治思维和依法办事能力的干部选拔到各级领导岗位；要有科学系统可靠的制度安排规范党委和政府及其各级领导干部的执政行为、领导行为、决策行为，让所有的领导干部都能够做到在法治之下，而不是在法治之外，更不是在法治之上想问题、作决策、办事情；还要将法治建设成效纳入政绩考核指标体系，逐步提高分值，法治建设示范地区分值权重应当不低于10%。目前，我们已经有了一些相关制度，如领导干部学法制度、考核述法制度、重大决策合法性审查制度、规范性文件备案制度、党委和政府的法律顾问制度等，但还需要系统化、权威化、精细化，形成有效规范权力行为的国家法律体系和党内法规体系，依靠制度来提升依法执政能力和水平。

二要聚焦地方中心工作，提升法治保障水平。法治建设与中心工作相互促进共同发展，是浙江法治建设的一条重要经验。一方面，我们的法治建设始终紧紧围绕省委、省政府的中心工作和重点项目，为中心工作和重点项目的有效推进提供权威保障。另一方面，中心工作和重点项目则为法治建设提供新平台和新动力，并成为了法治建设的“试验田”“试金石”和整个社会学法用法的“活教材”。当前，省委、省政府的中心工作和重点项目是“最多跑一次”改革、三大攻坚战、数字经济“一号工程”、大湾区大花园大通道大都市区建设等，法治建设要聚焦党委、政府的中心工作和重点项目，为中心工作推进和重点项目展开消除法律障碍、搭建法治平台、提供法治保障、增强法治动力。要深刻理解和领会习近平同志关于改革发展稳定离不开法治、改革开放越深化越需要法治和法治是最好的营商环境等重要论点的精神，正确处理改革与法治的关系，确保在法治轨道上推进重大改革；要在法治下推进改革，把改革纳入法治框架，重大改革要“先立后破”、于法有据；要在改革中完善法治，把改革精神渗透到法治建设的各个领域，用法治手段及时固化改革成果，正确处理发展与法治的关系；要认识到法治是最有利于发展的上层建筑的制度安排，通过法治建设，为发展提供激励、增强动能、化解阻力、扫除障碍，并从发展中获取进一步推进法治建设的信心、决心和恒心。

三要聚焦法治权威树立，深化法治实践。法律必须被信仰，否则将形同虚设。而法律信仰与法治权威密切相关，只有在一个法治享有权威的国度，法律才能被人们信仰，也才能在生活中实施，由承载价值、观念、理念的文本形态转化为活生生的充满生机与活力的现实生活样态。我们的法律是由中国共产党综合全体人民的意志并经由立法程序确定下来的国家共同体意志和地方共同体意志。法是党的主张和人民意愿的统一体现，我们党的政策和国家法律都是人民根本意志的反映，两者在本质上是一致的。这就决定了我们的法律本质上是正义的法律，是良法和善法，因其自身内在的良善与正义而享有高度权威，并被社会中的人们所信从。为此，就必须坚持科学立法、民主立法、依法立法，准确把握和遵循立法规律，防止立法“强人之所不能、禁人之所必犯”；坚持民主立法，注重听取行政相对人、利益相关方及行业协会等社会组织和民众的意见，听民意、纳民智，让法律成为人民意志的最大公约数，让法律真正成为具有逻辑理性、实践理性和价值理性的声音。正义良善的法律法规制定出来后，必须坚决地予以贯彻实施。法律的生命在于实施，法律的权威也在于实施。因此，全面推进法治中国示范区建设重点应该保证法律严格实施，做到“法立，有犯必施；令出，唯行而不返”。在实施法律过程中，政法机关和工作人员既要坚持服从党的领导，又要依法独立行使职权，要以事实为依据、以法律为准绳，准确地理解法律，忠诚地实施法律，这是贯彻党的意志、执行党的政策的最好体现；要进一步深化司法体制综合配套改革，重视正当法律程序和司法职业道德规范建设，推进案件繁简分流，提高审判质效，努力让人民群众在每一个司法案件中都感受到公平正义；要加强权力监督制约，完善廉政监督机制，在政府与社会之间、政府部门之间，建立结构合理、边界清楚、分工科学的权力监控机制；加强廉政预防，通过限定权力行使范围及方式、回避任职等方式，防止权力滥用。

四要聚焦源头依法治理，完善纠纷多元化解体系。老子有言：为之于未有，治之于未乱，防患于未然。亡羊补牢，虽未为晚，但毕竟是一种比较被动的治理样态，而源头治理、提前预防是一种最有效的治理，能够收事半功倍之效。浙江要注重运用各种各样的规则去界定权利主体的权利边界，协调权利主体的权利行为，让不同的权利行为彼此协调、和谐相容；要坚持系统治理、依法治理、综合治理、源头治理相结合，自治、法治、德治相融合的治理思路，把非诉讼纠纷解决机制挺在前面，综合运用人民调解、行政调解、行政复议、行政裁决、公证、仲裁、律师调解等方式，在矛盾纠纷的初萌阶段，借助各种力量，运用各种方式方法进行法、理、情相统一的调解，使矛盾纠纷在调解中及时得到化解。一般而言，凡属地性、民生性纠纷，依靠基层人民调解组织化解；专业性、类型化纠纷，充分利用行业性、专业性调解组织或仲裁机构的专业优势化解；重大敏感、群体性纠纷，借助基层党政机关的力量，通过行政调解等方式处置。在司法领域，要加强诉调衔接和诉源管理，从源头上减少诉讼增量，建立案件繁简分流规则，推进“分流＋调解＋速裁＋快审”机制改革，进一步优化司法资源配置，实现司法效率与司法公正的有效统一。

五要聚焦精准依法治理，深化“数字法治”建设。互联网和大数据是现代社会有效治理必须借重的技术手段，为人类打开了一个全新的生活空间，并提供了有效治理的最新利器。一些过去根本无法想象的空间结构和生活形态现在已呈现在人们面前。因此，我们必须融入互联网，拥抱大数据，运用互联网和大数据对治理结构进行改造，为治理和法治插上最先进的科学技术的翅膀。目前，数字经济已经成为浙江经济发展的方向，政府和社会也向数字化转型。在此背景下，地方治理和基层治理必须聚焦精准依法治理，大力推动“数字法治”建设，加强信息化、大数据、云计算、人工智能与法治建设的深度融合，强化数字化对法治现代化的支撑。紧扣科学性和民主性，推进大数据立法，发挥大数据分析研判的功能，实现精准立法、精准决策，强化立法、决策的互动性，解决立法和决策中民主参与不足的问题；紧扣规范化，推进大数据执法，通过大数据促进执法流程明晰化和执法尺度统一化，深入推进“互联网＋监管”，全面归集行政许可和行政处罚等数据，为规范行使自由裁量权提供基准参考，避免同类情况不同处罚；紧扣公正高效，推进大数据司法，借助大数据、人工智能等信息技术，运用随机分案、诉调对接、繁简分流、格式化案件自动生成判决书等司法辅助手段，统一裁判标准，提高审判质效；紧扣守法守信，推进大数据信用体系建设，将法律规则与信用体系建设相结合，对公民、法人信用状况进行动态监管，通过守法守信激励、违法失信惩戒机制，促进全民守法。深入实施政法数字化协同工程，推广运用刑事案件一体化办案系统，完善司法智能辅助办案系统，深化互联网法院、移动微法院和互联网司法所等建设，提升司法效率，促进公平正义。

六要聚焦弘扬法治精神、培育法治风尚，夯实法治建设的社会基础。习近平同志在浙江工作期间就曾指出：普及公民法制教育，形成全社会法治风尚，对建设“法治浙江”具有全局性、先导性、基础性、决定性作用。法治精神是法治的灵魂。人们没有法治精神，社会没有法治风尚，法治只能是无本之木、无根之花、无源之水。要求努力把法治精神、法治意识、法治观念熔铸到人们的头脑之中，体现于人们的日常行为之中。打造法治中国示范区必须高度重视普及公民法制教育、弘扬法治精神、培育法治风尚这项基础性工作，通过法制教育和法治实践，将普法与立法、执法、司法结合起来，最大限度地扩大法治社会化的效果，引导群众遇事找法、解决问题靠法，逐步改变社会上那种遇事不是找法而是找人的现象。政法机关要以自己严格执法和公正司法的行为让老百姓相信法不容情、法不阿贵、绳不挠曲的法治精神，只要是合理合法的诉求，就能通过法律程序得到合理合法的解决；要努力推进司法民主化进程，在司法过程中切实贯彻群众路线，注意倾听社会舆论和民意呼声，提高人民陪审制度的政治效果、法律效果和社会效果，使法律法规、行政决定和司法裁判更具可接受性，提高民众对法治的认同度，使普法工作更有说服力和公信力。城镇、乡村、街道、社区要因地制宜开展接地气、有特色、吸引人的法治文化创建活动，根据条件建设新时代法治乡村实践场所，如法治公园、法治长廊、法治文化场馆，推广“一村一品”，让人民群众在生活中耳濡目染，接受法治文化的熏陶，形成“珍视权利、敬畏法律、服从权威、温良谦和"的法治人格。实施农村"法律明白人"培养工程，培育一批以村干部、人民调解员为重点的"法治带头人"。深入开展民主法治示范村（社区）创建，强化创建激励，以创建促规范、促提升。

三、持之不懈推动法治浙江建设继续走在全国前列

没有创新，就没有领先，更没有领跑。开展法治浙江建设以来，浙江之所以能够在法治建设上相对领先全国，就是因为注重创新。要想保持领先优势，并变领先为领跑，就必须比过去更加注重体制机制的与时俱进。2019 年，中央改革办督察组对浙江改革任务落实情况开展全面督察，并反馈了《督察报告》。该报告充分肯定了浙江改革工作，但也指出了改革中存在的 5 个方面问题，其中，第一个问题就是再谋新篇的进取意识有所弱化，相较有的沿海省份缺少打破陈规、创新思变的激情。省委认为这份报告既是一张体检单，也是一剂清醒剂，还是一份预警书，清楚地告诉我们，如果还是自我感觉良好，满足于已有成果，放缓前进的脚步，浙江的改革先发优势将会减弱，甚至会落到别人的后面。在法治建设上也是如此，我们要与时俱进地创新工作思路和工作举措，推动法治浙江建设继续走在全国前列。

一要创新理念，以思想的力量推动法治浙江继续走在全国前列。理念和观念具有思想的强大动力。我们要不断更新自己的思想观念，要以马克思主义中国化的最新理论成果——习近平新时代中国特色社会主义思想武装头脑，深入学习习近平同志关于法治建设的一系列重要论述，不断创新理念，以思想的力量推进法治浙江建设继续走在全国前列。

二要创新思路，以开阔的眼界和清晰的思路推动法治浙江建设继续走在全国前列。思路决定出路，眼界决定境界。在推进法治浙江建

设上，我们必须不断创新思路，开阔眼界。当前，全国各地法治建设呈现百舸争流、千帆竞发之势，各个省份在法治建设上都有自己的新招、实招，有些做法具有参考价值。我们必须以海纳百川的胸襟，博采各地所长，进一步谋划法治浙江建设走在前列的思路。将法治浙江作为地方治理体系和治理能力现代化的基础性工程来定位，使法治真正成为浙江核心竞争力的重要组成部分。将法治建设与改革开放、发展稳定、中心工作和重点项目结合起来，从改革开放中汲取法治建设的强大动力，以法治的合理稳定性和公平公正性促进社会的稳定有序与和谐；将法治建设作为一项共同事业，全面动员，全民参与，拓宽法治建设议事协调机构谋划的事项范围，加强本地区经济、政治、文化、社会、生态文明等领域治理法治化重大问题的研究谋划、协调协商、参与共建，使法治建设成为全省党政军民学、东西南北中的共同行动；将法治督察与巡视巡察结合起来，加强对党政主要负责人履行法治建设第一责任人职责、重大行政决策法定程序履行、重大事件依法处置、规范性文件合法性、重大行政执法和行政协议规范化管理、行政诉讼和行政复议败诉等情况进行“法治体检”；将法治建设作为党政主要负责人的重要责任，以制度保障这一责任的落实，要完善领导干部述法制度，强化述法的独立性和内容的深度、广度，推动述法成为年终述职的独立“篇章”，把述法内容扩展至法治思维和法治方式运用情况，转变到所有行使职权的行为均应规范化、程序化、法治化的认识上来。

三要创新工作方式方法，以工具理性推进法治浙江继续走在全国前列。在法治浙江建设实践中，浙江干部群众也探索总结了许多非常有效管用的工作方式方法，如结合中心工作推进法治建设、利用互联网开门立法、普通市民旁听人大会议参与立法、教科书式执法、执法单位与媒体合作进行执法普法宣传、重大决策第三方评估、司法阳光指数评估、以法治指数评估促进法治建设、修建法治宣传长廊或法治文化公园，以及以“三治合一”推进乡村善治等。我们一定要在此基础上更进一步创新工作方式方法，发挥聪明才智，以更高的工具理性推进法治浙江建设继续走在全国前列。在当前，尤其要注意推进“数治”与法治深度融合，释放数字化转型的法治红利。利用大数据技术完整地把握民情、汇聚民意、萃取民智，求取立法上的最大公约数和最大民心认同；利用大数据技术精选执法案例，对案例进行类型化处理，明确案例的典型情节与细节，为执法者提供最具参考价值的先例，同时还要努力打造“法官（检察官、执法者）＋人工智能”的全球领先版，努力在数字法治、智慧法治建设方面领先全球；利用大数据技术构建公民学法用法的技术支撑体系和守法信息体系，便利公民学法，便利公民援用法律维护自身合法权益，同时，以守法信息体系在信息传播上的巨大优势促进公民信用信誉建设。

【思考题】

1. 开展法治浙江建设以来浙江取得了哪些基本经验?
2. 法治浙江建设为打造法治中国示范区创造了哪些有利条件?
3. 结合本地区本部门工作实际，谈谈如何打造法治中国示范区。

【参考文献】

1. 习近平：《立足当前 着眼长远 推进“法治浙江”建设》，载《浙江日报》2006 年 12 月 19 日。

2.《习近平关于全面依法治国论述摘编》，中央文献出版社 2015 年版。

3.《中共浙江省委关于建设“法治浙江”的决定》，载《浙江日报》2006 年 5 月 8 日。

4.《中共浙江省委关于全面深化法治浙江建设的决定》，载《政策瞭望》2014 年第 12 期。

第四章

努力建设文化浙江

浙江省第十四次党代会在十多年文化大省、文化强省接力建设的基础上，围绕实现“两个高水平”奋斗目标的浙江发展新方位，提出了努力建设文化浙江的新目标，在更高起点上谋划和布局浙江文化发展。努力建设文化浙江，就是要把浙江建设成为公民素质优良、社会文明进步的示范区，文化事业繁荣、文化产业发达、文化名家荟萃、文化氛围浓郁、文化印记鲜明的文化发展先行区，成为在全国具有重要影响的文化高地、文明高地。推进文化浙江建设，必须紧紧围绕巩固马克思主义在意识形态领域的指导地位、巩固全党全国人民团结奋斗的共同思想基础的根本任务，建设具有强大凝聚力和引领力的社会主义意识形态，着力完善文化管理体制，推进文化领域“最多跑一次”改革，提升文化领域治理水平，加快构建城乡一体、区域均衡、人群均等的现代公共文化服务体系，高水平推进基本公共文化服务标准化均等化，加快构建把社会效益放在首位、社会效益和经济效益相统一的体制机制，加快把浙江文化产业打造成万亿级产业。

第一节　建设文化浙江的背景和战略意义

在浙江工作期间，习近平同志把加快建设文化大省作为实施“八八战略”的重要内容，提出了文化建设的顶层设计，体现了他立足浙江、站在中国特色社会主义事业全局高度，及对先进文化发展道路先行探索与实践的高度自觉。省第十四次党代会在十多年文化大省、文化强省接力建设的基础上，围绕实现“两个高水平”奋斗目标的浙江发展新方位，提出了“在提升文化软实力上更进一步、更快一步，努力建设文化浙江”的新目标，在更高起点上谋划和布局浙江文化发展。建设文化浙江与建设文化大省、建设文化强省，既一脉相承又与时俱进，是续写“八八战略”大篇章的重要组成部分，是坚持中国特色社会主义文化发展道路在浙江实践的深化。

一、续写“八八战略”大篇章的重要组成部分

党的十八大以来，习近平总书记站在实现中华民族伟大复兴中国梦的高度，系统阐发了文化和文化建设的地位、作用和意义。他一再强调，文化是一个国家、一个民族的灵魂。文化兴则国运兴，文化强则民族强。没有高度的文化自信，没有文化的繁荣兴盛就没有中华民族的伟大复兴。“一个民族的复兴需要强大的物质力量，也需要强大的精神力量。没有先进文化的积极引领，没有人民精神世界的极大丰富，没有民族精神力量的不断增强，一个国家、一个民族不可能屹立于世界民族之林。”① 文化自信，是更基础、更广泛、更深厚的自信，

① 习近平：《在文艺工作座谈会上的讲话》，人民出版社 2015 年版，第 5 页。

是中华民族生生不息、走向复兴的深厚底蕴，是发展中国特色社会主义的精神支撑。正是基于对文化力量、对文化建设地位和作用的深入思考和认识，习近平总书记从中国特色社会主义文化建设的总体目标、指导思想、主要内容、重要部署等方面，系统地描绘了中国特色社会主义文化发展道路的蓝图，在新的历史方位上提出了文化建设的新构思，集中体现了在新的时代条件下对中华民族优秀文化、革命文化和社会主义先进文化的传承弘扬和创新发展，为全球文化发展贡献了中国智慧、中国方案。

习近平总书记关于中国特色社会主义文化建设的论述有其深刻的历史逻辑、理论逻辑和实践逻辑。这些论述中的很多重要观点和论断，都源于他在浙江工作期间的思考与实践，都能够在浙江发现原点、找到根源。他从人民群众改革开放的生动实践中，深刻认识到了滋育着浙江生命力、催生着浙江凝聚力、激发着浙江创造力、培植着浙江竞争力的文化力量。改革开放以来，浙江在政策并无特殊、陆域资源并不丰富的情况下，赢得了经济发展和体制创新的先发优势，成为全国经济发展最好最快和最富有活力的省份之一，其深层原因，就在于浙江深厚的文化底蕴、能较好适应市场经济的文化传统，与当代精神、社会主义先进文化的有机结合。文化的力量最终可以转化为物质的力量，文化软实力最终可以转化为物质硬实力。文化不仅为群体生活提供规范、方式和环境，文化的传承还会为社会进步发挥基础作用，促进或制约经济乃至整个社会的发展。文化要素是综合竞争力的核心要素。“文化的力量，或者我们称之为构成综合竞争力的文化软实力，总是‘润物细无声’地融入经济力量、政治力量、社会力量之中，成为经济发展的‘助推器’、政治文明的‘导航灯’、社会和谐的

‘黏合剂’。”[①]

不同的经济社会发展阶段，必然会对精神文化提出不同的要求。马克思说：“要研究精神生产和物质生产之间的联系，首先必须把这种物质生产本身不是当作一般范畴来考察……例如，与资本主义生产方式相适应的精神生产，就和与中世纪生产方式相适应的精神生产不同。如果物质生产本身不从它的特殊的历史形式来看，那就不可能理解与它相适应的精神生产的特征以及这两种生产的相互作用。”[②] 浙江发展的条件已经发生了深刻的变化，经过多年的快速增长，至21世纪初，主要经济指标位居全国前列，与此同时，“成长中的烦恼”也逐渐暴露了出来。浙江经济发展方式面临由主要依靠增加物质资源消耗向主要依靠科技进步、劳动者素质提高、科技创新转变的新目标和新任务。产业能否尽快升级，主产业能否尽快转向高附加值领域，成为浙江经济社会发展面临的严峻考验。时任省委书记习近平认识到，在新的历史条件下，浙江能否破解发展瓶颈，实现新的“突围”，不断增强综合实力和国际竞争力，继续走在全国前列，很大程度上取决于是否有对发展先进文化的深刻认识和高度自觉，取决于推进文化建设的力度。推动浙江新一轮发展，打造新的“文化支撑力”，迫切需要进一步发掘和弘扬浙江深厚的历史文化传统，不断丰富其现实内涵，使之与时代要求更加紧密地结合在一起，从而不断增强区域发展的文化软实力，不断创造发展的新优势。

不仅如此，中央对浙江落实科学发展观、走在全国前列，也提出了文化建设方面的新要求。党的十六大以来，党中央提出了推动科学发展、社会和谐的新理念新战略，统筹谋划经济建设、政治建设、文

① 习近平：《干在实处 走在前列——推进浙江新发展的思考与实践》，中共中央党校出版社2006年版，第289页。

② 《马克思恩格斯全集》（第33卷），人民出版社2004年版，第346页。

化建设、社会建设的现代化总体布局，依靠经济力量、政治力量、文化力量和社会力量的共同作用，全面推进中国特色社会主义伟大事业，不断取得新的胜利。实现经济社会发展从以追求生产总值增长为主向探索和践行科学发展转变，在落实科学发展观方面走在全国前列，要求浙江用战略的思维、时代的要求、发展的眼光来审视文化建设，根据社会发展战略的变化及时调整和更新文化发展战略。

所谓社会发展观就是看待社会发展的眼光，文化发展观就是看待文化发展的眼光。不同的社会发展观必然会伴随相应的文化发展观。与以物为中心、以经济增长为中心的发展观相对应的，是作为经济建设附庸的文化发展观，文化仅仅为“经济唱戏”搭台。科学发展观要求用发展、以人为本、全面协调可持续、统筹兼顾等全新的眼光，重新审视整个社会的发展，也要求以全新的眼光审视作为社会发展重要组成部分的文化发展，以全新的眼光审视文化的力量。落实科学发展观，“不仅要发展先进生产力，而且要发展先进文化，真正体现以人为本，实现经济社会全面协调可持续发展，切实维护人民群众各方面的利益”①。以人为本的科学发展理念，“明确经济发展以社会发展为目的，社会发展以人的发展为归宿，人的发展以精神文化为内核。文化与教育、科技、卫生、体育等事业，集中体现了社会全面进步和人的全面发展的要求”②。

2003 年 7 月，浙江省委把“进一步发挥浙江人文优势，加快建设文化大省”作为“八八战略”的重要内容，将文化建设纳入社会主义现代化总体布局中予以通盘谋划和部署，从“八八战略”大布局中提出了浙江文化建设的顶层设计。2005 年 7 月，省委十一届八次全体

① 习近平：《干在实处 走在前列——推进浙江新发展的思考与实践》，中共中央党校出版社 2006 年版，第 290 页。

② 同上，第 291 页。

（扩大）会议通过《关于加快建设文化大省的决定》，全面阐述了加快建设文化大省的时代背景、战略意义、指导思想、总体目标、主要任务和保障措施，提出了“3＋8＋4”的浙江文化建设核心内容和基本框架：“3”，就是增强先进文化凝聚力、解放和发展文化生产力、提高社会公共服务能力等“三大着力点”；“8”，就是重点实施文明素质工程、文化精品工程、文化研究工程、文化保护工程、文化产业促进工程、文化阵地工程、文化传播工程、文化人才工程等“八项工程”；“4”，就是加快建设教育强省、科技强省、卫生强省、体育强省等“四个强省”。这就把“八八战略”中关于“加快建设文化大省战略”的内容具体化和系统化了，成为指导未来浙江文化发展的宏伟蓝图和顶层设计，成为贯穿从加快建设文化大省、文化强省到努力建设文化浙江的基本架构和行动指南，历届省委、省政府率领全省干部群众添砖加瓦，不断地推动中国特色社会主义文化在浙江的繁荣发展。

在谋划和部署加快建设文化大省战略的同时，省委从践行与时俱进的马克思主义理论品质、推动浙江“干在实处、走在前列”的新实践出发，提出要坚持和发展“自强不息、坚韧不拔、勇于创新、讲求实效”的浙江精神，与时俱进地培育和弘扬“求真务实，诚信和谐，开放图强”的精神。加快建设文化大省和与时俱进地弘扬浙江精神两者都聚焦于推动浙江新一轮发展、继续走在全国前列这个目标，打造新的“文化支撑力”、更好地满足人民群众精神文化需要；都聚焦于“始终坚持发展这个第一要务，充分发挥浙江的人文优势，积极推进文化与经济的互促共进，不断提高浙江人民的思想道德素质、科学文化素质和健康素质”①。

习近平同志在浙江工作期间，浙江文化建设加快推进。中国特色

① 习近平：《干在实处 走在前列——推进浙江新发展的思考与实践》，中共中央党校出版社2006年版，第291页。

社会主义思想更加深入人心，文化体制机制不断健全，公共文化服务体系不断完善，服务水平和效率显著提高，文化产业呈加速发展的态势，从业人员数、年营业收入、实现增加值和增加值占地区生产总值的比重等文化产业发展主要指标都名列全国前茅，文艺精品不断涌现，文化遗产保护工作取得了显著的成效。更重要的是，习近平同志对浙江文化建设的思考和实践，不仅拓展了浙江文化发展的新境界，而且为新时代中国特色社会主义文化建设新理念新思想提供了活水源头。

在浙江工作期间，习近平同志自觉地肩负起了“干在实处、走在前列”的使命。他说，浙江作为沿海发达省份，有责任、有条件走在全国前列。“我们要实现的发展，不但要在速度上快于全国，而且要在质量和水平上高于全国，在统筹协调上领先于全国。”① 正因如此，习近平同志对浙江发展的思考和实践，总是既立足于浙江同时又站在党和国家全局的高度。他对浙江文化建设的思考和实践，也鲜明地体现了这一特点。他既从“干在实处、走在前列”的角度，提出要与时俱进地弘扬浙江精神推动浙江又快又好发展，又站在传承和弘扬中华文化的高度思考浙江精神，把弘扬浙江精神作为弘扬中华优秀文化的重要组成部分，作为弘扬以爱国主义为核心的民族精神、以改革创新为核心的时代精神在浙江的生动体现。他既希望通过梳理和发掘底蕴深厚的浙江区域历史传统和文化资源，繁荣和丰富当代先进文化，加快建设文化大省，同时又从中华文化的高度思考浙江区域文化，强调浙江区域文化是在中国文化共同价值取向下，以自身独特个性支撑着、引领着本地经济社会的发展。他希望通过对浙江区域文化底蕴的深入挖掘，既能够促进浙江优秀历史文化的传承和发展、加快推动文化大省建设，也能够成为深入研究和了解中国文化、传承和弘扬中国

① 习近平：《干在实处 走在前列——推进浙江新发展的思考与实践》，中共中央党校出版社 2006 年版，第 48 页。

文化、创新和发展中国文化的重要途径。他更希望通过对浙江区域文化建设规律的探索和实践，能够为世界各国特别是发展中国家提供一条区别于西方资本主义国家文化发展道路的“中国方案”贡献浙江的经验和智慧。“用带有浙江特点的优秀文化丰富中华文化内涵，用具有中华民族特性的先进文化丰富世界文化宝库，同时更好地吸收世界优秀文化成果，发展具有时代特征的先进文化，不断增强中华文化的竞争力和影响力。”① 正因如此，在谋划、布局和部署加快建设文化大省战略的同时，习近平通知自觉地肩负起了弘扬中华传统文化、发展中国特色社会主义先行探索先行实践的责任，既从中国特色社会主义文化建设高度思考浙江文化建设实践，又从浙江文化建设实践出发思考中国特色社会主义文化建设，形成了丰富的实践成果和思想成果。

实施加快建设文化大省战略以来，历届省委坚持一张蓝图绘到底，一任接着一任干，从加快建设文化大省、文化强省到努力建设文化浙江，既一脉相承又与时俱进，在不同的历史条件下，不断推动浙江文化建设跃上新的台阶。

2007 年 10 月，党的十七大对兴起文化建设新高潮、推动文化大发展大繁荣做出了新的战略部署。2008 年 6 月，省委工作会议通过《浙江省推动文化大发展大繁荣纲要（2008—2012)》，不仅延续了 2005 年《关于加快建设文化大省的决定》关于加快建设“八项工程”等内容，而且提出了加快建设社会主义核心价值体系、公共文化服务体系、文化产业发展体系等“三大体系”的新目标，在新的历史起点上，对浙江文化建设做出了布局和部署。

2011 年 10 月，党的十七届六中全会通过《关于深化文化体制改革推动社会主义文化大发展大繁荣若干重大问题的决定》，标志着党

① 习近平：《干在实处 走在前列——推进浙江新发展的思考与实践》，中共中央党校出版社 2006 年版，第 290 页。

对文化建设认识的新高度。同年11月，省委十二届十次全体（扩大）会议通过《关于贯彻十七届六中全会精神推进文化强省建设的决定》，首次对就加快推动文化大省向文化强省迈进做出了谋划和布局，不仅延续了加快建设“八项工程”和“三大体系”等内容，而且进一步提出要重点实施中国特色社会主义理论体系普及计划等“十大计划”，在新的历史条件下开拓浙江文化发展的新境界。

从文化大省迈向文化强省，是浙江省委对“八八战略”中“发挥浙江人文优势，加快建设文化大省”顶层设计的进一步具体对接和发展，是又一次围绕深入实施“八八战略”，为浙江文化改革发展制定了具体清晰的路线图。

党的十八大以来，浙江省委率领全省广大干部群众在更高的时代起点上兴起文化建设新高潮。2012年12月，省委十三届二次全体（扩大）会议强调，要深化文化体制改革，加快建设文化强省。2013年11月，省委十三届四次全体（扩大）会议通过的《关于认真学习贯彻党的十八届三中全会精神 全面深化改革再创体制机制新优势的决定》再次强调，要着眼于开拓文化发展新境界，倡导和培育社会主义核心价值观，加强和改进文化管理，完善文化事业和文化产业发展机制，牢牢把握舆论特别是网络舆论主动权，不断增强文化软实力，加快建设文化强省。2014年5月，省委十三届五次全会通过《关于建设美丽浙江创造美好生活的决定》，着眼于“建设美丽浙江、创造美好生活”的战略目标，对加快建设文化强省提出了新内容和新要求。

2017年6月，省第十四次党代会着眼于浙江发展的新方位，将建设文化浙江与建设富强浙江、法治浙江、平安浙江、美丽浙江、清廉浙江一起作为落实“两个高水平”奋斗目标的六个具体目标之一，提出了“在提升文化软实力上更进一步、更快一步，努力建设文化浙江”的新目标。建设文化浙江旨在文化大省、文化强省接力建设的基础上，增强文化自信、激发文化活力、提升文化软实力的新目标载体，是新的时代条件下对“八八战略”中加快建设文化大省顶层设计的进一步具体对接和发展，是继从文化大省迈向文化强省具体布局和部署之后，又一次围绕深入实施“八八战略”，对浙江开拓文化发展新境界、推动文化建设取得新成就而制定的具体清晰的路线图和重大举措。2017 年 11 月，省委、省政府发布《关于推进文化浙江建设的意见》（以下简称《意见》），提出了今后 5 年浙江将通过实施马克思主义理论研究和建设、社会主义核心价值观引领和公民文明素质提升、优秀传统文化传承发展、媒体融合发展、文艺繁荣发展和高峰攀登、万亿级文化产业推进、网络内容建设、基本公共文化服务提升、文化走出去、文化人才和文化名家培育等十大工程，把浙江建设成为公民素质优良、社会文明进步的示范区，文化事业繁荣、文化产业发达、文化名家荟萃、文化氛围浓郁、文化印记鲜明的文化发展先行区，成为在全国具有重要影响的文化高地、文明高地。这就进一步将省第十四次党代会提出的建设文化浙江目标具体化、可操作化了。

从加快建设文化大省、文化强省到努力建设文化浙江，历届省委坚持一张蓝图绘到底，一任接着一任干，不动摇、不停步、不懈怠、不折腾，把“干在实处、走在前列”的要求一贯到底，不断推动文化的繁荣兴盛，不仅有效地丰富了人民群众的文化生活，而且发挥了先进文化的支撑和引擎作用，激发、凝聚了全省人民群众从事改革开放和现代化建设的智慧、热情和勇气，巩固了全省人民团结奋斗的思想基础。

二、落实习近平总书记对浙江新期待新要求的重要举措

改革开放以来特别是实施“八八战略”以来，浙江发展先进文化的生动实践及其取得的丰硕成果，不仅为增强中国特色社会主义文化自信，扎实推进社会主义文化强国建设，走出一条具有中国特色、民族特征和时代特点的中国特色社会主义文化发展道路发挥了先行探

索、先行实践的作用，提供了一个具有原创性、典型性、成功性意义的“浙江样本”，而且为我国向全球发展中国家提供一个区别于西方资本主义国家传统文化发展模式、体现中国智慧的文化建设“中国方案”贡献了浙江力量、浙江元素、浙江经验。

2015年5月，习近平总书记在浙江调研时强调，“干在实处永无止境，走在前列要谋新篇”，要深入贯彻党的十八大和十八届三中、四中全会精神，协调推进全面建成小康社会、全面深化改革、全面依法治国、全面从严治党进程，切实解决改革发展中的突出矛盾和问题，努力实现经济社会持续健康发展。他希望浙江努力在提高全面建成小康社会水平上更进一步，在推进改革开放和社会主义现代化建设中更快一步，继续发挥先行和示范作用。习近平总书记的重要讲话，着眼于浙江实际，把准了浙江经济社会的深层脉动，指明了浙江未来前进的航向，为浙江发展赋予了新使命、描绘了新蓝图、确立了新坐标、指明了新方向，是浙江工作的根本遵循。

“干在实处永无止境，走在前列要谋新篇”必然需要相应的文化条件、精神支撑。在这次调研中，习近平总书记不仅对浙江经济社会发展提出了更高的总要求，也赋予了浙江加快文化发展新的使命任务。文化是国家和民族的精神支撑，实现中华民族的伟大复兴必然包括实现中华文化的伟大复兴。浙江历史文化丰厚，历史上文化名人群星璀璨。只要传承历史、守正出新，海纳百川、兼收并蓄，就一定能够实现建设文化强省的目标。他强调，文化建设要有魂，这个魂就是社会主义核心价值观。培育和践行社会主义核心价值观是具体生动的，有投入、有载体、有活动、有检查、有评价、有奖惩，不能满足于一般口号，要发挥党员先锋作用，发挥高知识群体、民营企业家、网络重点人士的作用；要把弘扬浙江精神同培育和践行社会主义核心价值观紧密结合起来，使培育和践行社会主义核心价值观更具感召力。文化的主要功能在化人、引人入胜，养人心智、育人情操，要让广大群众参与文化、弘扬文化、创造文化、享受文化，要大力发展公共文化服务、文化产业，不断丰富人民群众的精神文化生活。

习近平总书记的新思想新论断新要求，着眼于建设社会主义文化强国的战略部署、浙江加快建设文化强省的新实践，把准了浙江文化建设的深层脉动，赋予了浙江发展社会主义先进文化的新使命。在这一新的时代背景下，2015 年 11 月 27 日，省委十三届七次全体（扩大）会议，着眼于新使命，以永无止境的追求、要谋新篇的作为，坚持和深化“八八战略”，推进“四个全面”战略思想和战略布局在浙江的生动实践，不断开辟中国特色社会主义在浙江实践的新境界，围绕把“两富”浙江、“两美”浙江的宏伟蓝图描绘得更加绚丽多彩，提出了紧扣培育和践行社会主义核心价值观，传承历史、守正出新，海纳百川、兼收并蓄，加快建设文化强省的新要求。

建设文化浙江是对习近平总书记对浙江提出的“在提高全面建成小康社会水平上更进一步，在推进改革开放和社会主义现代化建设中更快一步，继续发挥先行和示范作用”要求在文化建设领域的回应。建设文化浙江体现了浙江在文化建设领域“秉持浙江精神，干在实处、走在前列、勇立潮头”的新使命新要求，体现了浙江推动文化发展继往开来、再创辉煌的担当作为，体现了浙江发展中国特色社会主义先进文化先行探索先行实践的高度自觉。

三、浙江文化建设的更高阶段和升级版本

实施“八八战略”以来，省委率领全省干部群众坚持以“八八战略”为总纲，全力打好转型升级系列组合拳，统筹抓好法治浙江、文化大省和文化强省、平安浙江、美丽浙江和党的建设，下大气力补齐科技创新、交通基础设施、生态环境、公共服务有效供给、低收入农户增收致富、改革落地等短板，扎实推进“两富”“两美”浙江建设，

各方面工作取得重大成就，新旧动能加快转换，高新技术产业、现代服务业加速发展，改革开放全面深化，城乡区域发展更加协调，法治建设平安建设有序推进，文化建设成果丰硕，民生福祉全面增进，全面从严治党成效显著。

在这一大背景下，浙江文化发展不断跃上新台阶，社会主义核心价值观更加深入人心，公共文化服务体系日益完善，文化产业不断发展壮大，全省人民文化生活不断丰富、文明素质不断提升，为在接力建设文化大省、文化强省基础上加快推动文化浙江建设创造了重要的条件。

一是社会主义核心价值体系和核心价值观更加深入人心。实施“八八战略”以来特别是党的十八大以来，省委坚持把社会主义核心价值体系建设、社会主义核心价值观的培育和践行，作为加快建设文化大省、文化强省的重中之重，作为凝魂聚气、强基固本的基础工程，在落细落小落实上下功夫，社会主义核心价值体系和核心价值观更加深入人心。浙江出台了《浙江省培育和践行社会主义核心价值观的实施方案》等，通过深入实施社会主义核心价值观普及、优秀文化传承、文化礼堂推进、最美风尚培育、网络空间“清朗”、诚信建设推进等“六大行动”，推动核心价值观落细落小落实。从 2013 年全面部署建设文化礼堂开始，至 2018 年底，全省已经建成农村文化礼堂 11059 家，在全省 500 人以上的行政村覆盖率为 52.4%，共开展“我们的村晚”“我们的节日”等活动近 3 万场次，组织科普等各类服务 10 万场次。“三个倡导”24 个字和当代浙江人共同价值观 4 个核心词普遍地在全省各地文化礼堂上墙入室。通过教育教化、乡愁乡风、礼仪礼节、文化文艺等“四进”礼堂，通过以设置一个“善行义举”榜、组织创作一首“村歌”、制定一则“村训”、每年举办一台“村晚”、开展一次以上“文化走亲”活动、张贴一幅“村民笑脸集成照”、建设一支以上“宣传文体队伍”等“七个一”为重点的文化内容建设，文化礼堂已成为宣传和展示社会主义核心价值观的重要红色殿堂。

二是马克思主义指导地位更加巩固。积极引导干部群众掌握马克思主义立场、观点、方法，提高分析和解决问题能力，坚定理想信念。结合中国梦在浙江的生动实践，联系干部群众思想实际和社会热点难点问题，作出有说服力的回答。大力加强和改进大学生思想政治教育，推动中国特色社会主义理论体系进教材、进课堂、进头脑。扎实开展形势、政策、国情、国防、中国近现代史特别是党的历史、改革开放等主题教育活动。大力弘扬民族精神和时代精神，积极引导干部群众“秉持浙江精神，干在实处、走在前列、勇立潮头”。马克思主义的指导地位、人民群众团结奋斗的共同思想基础更加巩固。

三是公民思想道德水平不断提升。深入开展“诚信”“友善”“勤俭”等主题实践活动，积极组织“邻里守望”“万朵鲜花送雷锋”等活动，深入实施文明出行、文明旅游、文明餐桌、文明用水“四项行动”，深入开展“寻找不文明陋习”活动，引导全社会营造文明新风，着力开展政风、行风建设，深入开展科普教育、廉政文化建设，营造风清气正的社会环境，公民思想道德素质不断提升。

四是公共文化服务体系日益完善。实施“八八战略”以来，特别是党的十八大以来，省委把增强公共文化服务能力作为建设文化大省、文化强省的重要内容，予以高度重视并积极谋划和布局，浙江的重大文化设施建设加快推进，公共文化设施网络不断完善，文化惠民能力和水平不断提升。至2018年底，全省共有公共图书馆103个，文化馆101个，文化站1374个，博物馆337个，隶属文化部门的艺术表演团体64个；广播、电视人口综合覆盖率分别为99.73%和99.80%；共有影视制作机构3368家，其中上市公司26家；全年制作电视剧52部2358集，动画片54部19393分钟；制作影片117部，电影票房收入48.9亿元；图书出版社14家；公开发行报纸95种，出版期刊233种；新闻出版营业收入23.4亿元；乡镇综合文化站、村级文化活动室基本实现全覆盖。浙江公共文化服务治理结构日益优化，文体场馆实行企业化运作、转企改制、委托管理等改革不断深入，政府主导、市场化运作、社会力量参与的更优公共文化服务发展机制加快形成，公共文化服务效率不断提升、服务能力不断增强。

五是文化遗产保护成效明显。实施“八八战略”以来，浙江加大了历史文化遗产保护力度，创造了文化遗产保护的浙江模式、浙江现象、浙江经验，取得了令人瞩目的成绩。至2017年底，全省拥有3处世界文化遗产、10项人类非物质文化遗产、231处全国重点文物保护单位、217项国家级非物质文化遗产、10处国家级历史文化名城、10处省级历史文化名城、274处国家（省）级历史文化名镇和名村（街区）。省级以上历史文化名镇名村涉及47个县（市），其中，国家历史文化名城名镇名村总数均居全国第一。浙江是全国第一个在全省范围开展历史文化村落保护利用工作的省份。2007—2018年，国家文化主管部门认定了5批共3068名国家级非物质文化遗产代表性传承人，其中浙江有196人入选，总数位居全国第一。2016年10月，总规模20亿元的浙江省古村落保护利用基金正式成立，这是全国第一个专项用于传统村落活态保护和历史文化传承的基金。自2012年开展中国传统村落认定工作以来至2019年，国家有关部门已先后公布了5批6819个中国传统村落，其中浙江省有636个村落入选，居贵州、云南、湖南之后列全国第4位。

六是文化精品不断涌现。全省哲学社会科学界围绕重大理论和现实问题，积极开展哲学社会科学理论和应用研究，取得了一批高质量的研究成果，在传承发展优秀传统文化、服务浙江改革开放和现代化建设等方面发挥了重要作用。文艺领域也呈现出了蓬勃发展的生动景象，一批内容精湛、制作精良的文学、电影、戏剧、动漫、美术、书法、音乐、舞蹈力作不断涌现，全省各个艺术门类繁荣发展，工作机制不断完善，在“高原”之上再创“高峰”，打造全国文艺重镇，满足人民群众日益增长的精神文化需求，推动浙江文艺继续走在前列。

七是文化产业不断发展壮大。实施“八八战略”以来，省委顺应浙江发展新趋势，对发展文化产业做出了新的布局和部署，文化产业发展政策环境不断优化。党的十八大以来，浙江深入实施文化强省战略、文化产业倍增计划，出台了《关于进一步加快文化产业发展的若干意见》《关于进一步推动我省文化产业加快发展的实施意见》《浙江省深化文化体制改革实施方案》等政策性文件，为加快推动文化产业发展营造了良好的政策环境。文化产业要素支撑不断增强，文化产业不断发展壮大。2017 年，全省文化及相关特色产业增加值 3744.68 亿元，占地区生产总值比重达 7.23%，总产出约 1.22 万亿元，成为浙江国民经济支柱性产业，综合实力位居全国第 4 位。文化产业特色优势、集聚发展态势加快形成。广播影视、新闻出版、动漫游戏、文化演艺和文化产品制造等领域优势凸显，文化与新媒体新技术融合日趋深入，文化产品交易市场更加活跃、“走出去”步伐明显加快。

八是文化体制改革进一步深化。省委、省政府积极谋划和布局文化体制改革，逐步完善文化政策法规，加快转变政府职能，增强文化治理能力，有效提升文化法治水平，为文化发展营造了良好的政策和社会环境。党的十八大以来，出台了《浙江省深化文化体制改革实施方案》和《浙江省深化文化体制改革重点举措及工作项目》，确定了培育社会主义核心价值体系、理顺文化宏观管理体系、优化文化微观运营体系、完善现代文化市场体系、构建现代公共文化服务体系、拓展传统文化传承和对外传播体系 6 个方面的改革任务和 30 个重点改革项目，确定了深化文化体制改革的路线图和时间表。宏观管理体制日益完善，微观层面改革稳步推进。政府部门由办文化向管文化转变。简政放权、文化审批制度改革等步伐进一步加快，行政许可审批效率得到有效提升。党委、政府监管国有文化资产的管理体制、主流媒体管理和运行体制、网络安全与信息化领导和管理体制等进一步完善。公益性文化事业单位用人、分配、社会保障等内部体制不断完善，机构活力、服务水平明显提高。经营性文化单位转企改制日益深化，公司法人治理结构进一步完善；制播分离、宣传业务和经营业务两分开等改革步伐加快；文化企业跨地区、跨行业、跨所有制兼并重组和股份制改造日益深入，投资主体日趋多元化。

2017 年 12 月，由省委宣传部、省统计局编制的浙江省文化发展指数（CDI）2016 年度评价报告正式发布。数据显示，以 2015 年全省文化发展指数为基准值 100 计算，2016 年浙江省文化发展指数为 112.30，比 2015 年提高了 12.30。这是浙江省文化发展指数继 2014 年提升 13.89、2015 年提升 10.30，连续第三年实现两位数的增长。在设定的六大评价领域中，“文化资源支撑力”指数为 106.23，“文化价值引领力”指数为 103.88，“公共文化服务力”指数为 127.23，“文化产业竞争力”指数为 115.94，“区域文化创新力”指数为 113.25，“公众评价”指数为 104.63。

2017 年 6 月，省第十四次党代会召开。这次会议对浙江所处的新历史方位作出了全面的判断。当前世界多极化、经济全球化、社会信息化、文化多样化深入发展，变革创新的步伐持续向前，中国经济发展新常态的特征更加明显。会议指出，这些大趋势、大变革、大逻辑总体上有利于浙江实现持续健康发展，特别是“一带一路”和长江经济带建设在浙江交汇，以贸易投资、海洋经济、中国制造、信息经济、创新驱动、金融发展等为主题的众多国家级改革试点在浙江叠加，为浙江深化改革、扩大开放、强化创新提供了难得的历史契机。同时，会议也指出，外部的诸多风险挑战、国内的改革发展稳定难题与浙江转型发展的矛盾问题相互交织，宏观形势更加错综复杂。会议强调，今后 5 年是浙江大有可为的战略机遇期、干事创业的发展黄金期、不进则退的转型关键期。

基于对浙江历史方位的客观分析和准确把握，省第十四次党代会提出了今后 5 年的奋斗目标：确保到 2020 年高水平全面建成小康社会，并在此基础上，高水平推进社会主义现代化建设，以“两个高水平”的优异成绩，谱写实现“两个一百年”奋斗目标在浙江的崭新篇章。省第十四次党代会将建设文化浙江与建设富强浙江、法治浙江、平安浙江、美丽浙江、清廉浙江一起作为落实“两个高水平”奋斗目标的6个具体目标之一，强调要在提升文化软实力上更进一步、更快一步，努力建设文化浙江。文化自信进一步坚定，中国梦和社会主义核心价值观深入人心，红船精神、浙江精神广泛弘扬，优秀传统文化得到有效保护和传承，公共文化服务体系更加完善，文化产业成为万亿级产业，人民精神文化生活更加丰富，公民文明素质和社会文明程度明显提高，文化创造力传播力影响力显著增强。

努力建设文化浙江是在努力实现“两个高水平”奋斗目标大背景下浙江文化建设的更高阶段和升级版本。努力建设文化浙江，就是要使浙江成为文化创造活力更加迸发、人文精神更加高尚、文化事业更加繁荣、文化产业更加发达、文化氛围更加浓郁、文化形象更加鲜明、文化生活更加丰富多彩的全国文化高地、文明高地。努力建设文化浙江与加快建设文化大省、文化强省具有内在联系，是在文化大省、文化强省接力建设基础上，增强文化自信、激发文化活力、提升文化软实力的新目标载体，是新的时代条件下对“八八战略”中加快建设文化大省顶层设计的进一步具体对接和发展，是继从文化大省迈向文化强省具体布局和部署之后，又一次围绕深入实施“八八战略”，对浙江开拓文化发展新境界、推动文化建设取得新成就制定具体清晰的路线图和重大举措。从加快建设文化大省、文化强省到努力建设文化浙江，都是中国特色社会主义先进文化发展道路在浙江的具体实践。

第二节　文化浙江建设的目标和布局

2017年11月29日，《意见》在明确建设文化浙江的总体目标和具体目标的基础上指出，浙江将通过实施马克思主义理论研究和建设、社会主义核心价值观引领和公民文明素质提升、优秀传统文化传承发展、媒体融合发展、文艺繁荣发展和高峰攀登、万亿级文化产业推进、网络内容建设、基本公共文化服务提升、文化走出去、文化人才和文化名家培育十大工程，从加强组织领导、完善政策保障、强化管理考核等方面为建设文化浙江提供有力支撑，把浙江建设成为公民素质优良、社会文明进步的示范区，文化事业繁荣、文化产业发达、文化名家荟萃、文化氛围浓郁、文化印记鲜明的文化发展先行区，成为在全国具有重要影响的文化高地、文明高地。以实施十大工程为方式和载体，将省第十四次党代会提出的建设文化浙江目标具体化、可操作化。

一、文化浙江建设的主要目标

《意见》提出了关于推进文化浙江建设总体目标，不仅明确了推进文化浙江建设的主要抓手、文化改革发展的目标，而且也描绘了推进文化浙江建设的美丽蓝图和美好愿景。

首先明确了将实施文化浙江十大工程，搭建一批文化大平台、做强一批文化大企业、培育一批文化新品牌、打造一批文化新标识、抓好一批重点文化项目作为推进文化浙江建设的主要抓手。其次，明确了通过着力提升浙江文化的引领力、创造力、传播力、服务力、竞争力，使浙江文化改革发展各项主要指标走在全国前列，这个推进文化浙江建设“可量化”的目标。再次，描绘了在文化大省、文化强省接力建设基础上、“两个高水平”浙江建设背景下推进文化浙江建设的美丽蓝图和美好愿景，确立了“文化改革发展各项主要指标走在全国前列”“公民素质优良、社会文明进步的示范区”“文化事业繁荣、文化产业发达、文化名家荟萃、文化氛围浓郁、文化印记鲜明的文化发展先行区”“在全国具有重要影响的文化高地、文明高地”等目标。

这就明确了在“两个高水平”建设新历史方位下浙江文化建设的新使命、新要求，是浙江沿着“八八战略”指引的路子，发展中国特色社会主义的先行探索、先行实践和继往开来、再创辉煌的担当作为，体现了浙江文化建设与全国历史进程同步、发展水平更高的不懈追求。

二、文化浙江建设的具体目标

围绕使浙江文化改革发展各项主要指标走在全国前列，建设成为公民素质优良、社会文明进步的示范区，文化事业繁荣、文化产业发达、文化名家荟萃、文化氛围浓郁、文化印记鲜明的文化发展先行区，在全国具有重要影响的文化高地、文明高地这个总目标，《意见》从进一步提升浙江文化的引领力、创造力、传播力、服务力、竞争力这几个方面，明确了推进文化浙江建设的具体目标。

一是文化引领力进一步提升。要使习近平新时代中国特色社会主义思想学习宣传贯彻扎实有效，中国梦和社会主义核心价值观深入人心，红船精神、浙江精神广泛弘扬，广大干部群众“四个自信”更加坚定。这明确了浙江省建设具有强大凝聚力和引领力的社会主义意识形态的目标。

二是文化创造力进一步提升。要使文化体制机制改革向纵深推进，优秀传统文化实现创造性转化和创新性发展，优秀文化人才脱颖而出，文化创造源泉充分涌流，文艺精品佳作竞相涌现。这从体制机制改革、优秀传统文化传承与弘扬、优秀文化人才和作品产生等角度明确了浙江省激发文化创新创造活力的目标。

三是文化传播力进一步提升。要推动媒体深度融合发展取得实质性成果，主流舆论持续巩固壮大，网络空间更加“清朗”；文化走出去成效明显，浙江故事广泛传播，浙江文化印记、文化符号更加鲜明，文化影响力持续扩大。这从省内外、国内外等角度明确了浙江省扩大文化影响力和提升文化传播力的目标。

四是文化服务力进一步提升。要使公共文化服务体系日益完善，文化产品服务精准供给水平明显提高，基本公共文化服务标准化均等化高水平实现，人民群众文化获得感显著增强。这从完善公共文化服务体系、提高公共文化服务和产品供给水平、公共文化服务均等化等角度明确了浙江省提升公共文化服务水平的目标。

五是文化竞争力进一步提升。要使文化产业跻身万亿级产业，成为国民经济的重要支柱性产业；现代文化产业体系和市场体系日臻成熟，文化市场主体实力大为增强，文化整体竞争力显著提升。这从加快发展文化产业、完善文化产业体系和市场体系、增强文化市场主体实力等角度明确了浙江省提升文化竞争力的目标。

三、文化浙江建设的战略任务

《意见》提出的文化浙江建设重点任务，是实施马克思主义理论研究和建设、社会主义核心价值观引领和公民文明素质提升、优秀传统文化传承发展、媒体融合发展、文艺繁荣发展和高峰攀登、万亿级文化产业推进、网络内容建设、基本公共文化服务提升、文化走出去、文化人才和文化名家培育十大工程。这就将文化改革发展各项主要指标走在全国前列，公民素质优良、社会文明进步的示范区，文化事业繁荣、文化产业发达、文化名家荟萃、文化氛围浓郁、文化印记鲜明的文化发展先行区，在全国具有重要影响的文化高地、文明高地等总目标和进一步提升浙江文化的引领力、创造力、传播力、服务力、竞争力等具体目标，以实施十大工程的方式具体化、可操作化了。

实施这十大工程既是推进文化浙江建设的有效载体，同时也是在接力实施加快建设文化大省“八项工程”、加快建设文化强省“八项工程”“十大计划”基础上，在新的时代条件下推动浙江文化繁荣兴盛的重大任务和举措。2005 年 7 月，省委十一届八次全体（扩大）会议通过《关于加快建设文化大省的决定》，首次提出，要从增强先进文化凝聚力、解放和发展文化生产力、提高社会公共服务能力“三个力”入手，重点实施文明素质工程、文化精品工程、文化研究工程、文化保护工程、文化产业促进工程、文化阵地工程、文化传播工程、文化人才工程“八项工程”，加快建设教育强省、科技强省、卫生强省、体育强省“四个强省”。《关于加快建设文化大省的决定》要求有关部门结合研究制定“十一五”规划，制定完善文化建设“八项工程”实施意见，制定完善以建设一批重点文化设施、发展一批重点文化产业、培育一批重点产业区块、壮大一批重点文化企业为内容的“四个一批”规划配套措施，突出发展重点，抓好项目落实。2005 年 8 月，省委下发《关于印发〈浙江省文明素质工程〉等八项工程实施方案的通知》，对“八项工程”作了具体安排和部署。

“八项工程”实施后，取得了辉煌的成就。特别值得一提的是，习近平同志担任第一任指导委员会主任，一直高度关心、重视并指导、谋划和布局文化研究工程的实施。2005 年 8 月 30 日，指导委员会第一次会议召开，这标志着文化研究工程正式启动。2006 年，习近平同志为“浙江文化研究工程成果”文库作总序，在工程实施过程中多次作指示、出题目。浙江文化研究工程重点对今、古、人、文四个方面，并对浙江当代发展研究、浙江历史文化专题研究、浙江名人研究、浙江历史文献整理四大板块开展系统研究。经过十年持之以恒的努力和积累，第一期浙江文化研究工程圆满完成了规划任务，出版学术专著 1000 多部，产生的一批学术精品，得到了国家和地方各级领导的重视和批示，赢得了国内外学术界的广泛认可。在圆满完成第一期浙江文化研究工程规划任务的基础上，2017 年 1 月 19 日，省委办公厅、省政府办公厅发布《关于印发〈浙江文化研究工程（第二期）实施方案〉的通知》，标志着第二期浙江文化研究工程正式启动。第二期延续了第一期的四大板块，重点突出当代发展研究、历史文化研究和浙学文化研究，具体设置了五大类共 26 项研究任务。

2011 年 11 月 18 日，省委十二届十次全体（扩大）会议通过的《关于认真贯彻党的十七届六中全会精神大力推进文化强省建设的决定》进一步提出，要在巩固文化大省建设成果的基础上，继续深入推进社会主义核心价值体系、公共文化服务体系、文化产业发展体系等“三大体系”建设，深入推进文明素质工程、文化精品工程、文化研究工程、文化保护工程、文化产业促进工程、文化阵地工程、文化传播工程、文化人才工程等“八项工程”，重点实施中国特色社会主义理论体系普及计划、公民道德养成计划、文艺精品打造计划、网络文化和现代媒体建设计划、重大文化设施建设计划、基本公共文化服务提升计划、文化遗产传承计划、文化产业倍增计划、对外文化拓展计划、文化名家造就计划等“十大计划”，以更高层次、更宽视野、更大力度推动浙江文化建设，把浙江建设成为人文精神高尚、文化事业繁荣、文化产业发达、文化氛围浓郁、文化形象鲜明的文化强省。这在深入实施“八项工程”的基础上，进一步提出了建设文化强省的“十大计划”。

推进文化浙江建设的十大工程与加快建设文化大省的“八项工程”、建设文化强省的“十大计划”一脉相承，是进一步提升浙江文化的引领力、创造力、传播力、服务力、竞争力的新目标载体，是新的时代条件下对“八八战略”中加快建设文化大省顶层设计的进一步具体对接和发展，既有继承同时又有与时俱进的开拓与创新。

第三节　加快推进文化浙江建设

加快推进文化浙江建设，必须紧紧围绕巩固马克思主义在意识形态领域的指导地位、巩固全党全国人民团结奋斗的共同思想基础这个根本任务，建设具有强大凝聚力和引领力的社会主义意识形态，大力弘扬红船精神和浙江精神，使全体人民在理想信念、价值理念、道德观念上紧紧团结在一起；着力完善文化管理体制，着力推进文化领域“最多跑一次”改革，加快构建把社会效益放在首位、社会效益和经济效益相统一的体制机制，提升文化领域治理水平；加快构建城乡一体、区域均衡、人群均等的现代公共文化服务体系，高水平推进基本公共文化服务标准化均等化，加快把浙江文化产业打造成万亿级产业。

一、建设具有强大凝聚力和引领力的社会主义意识形态

紧紧围绕建设具有强大凝聚力和引领力的社会主义意识形态目标，强化习近平新时代中国特色社会主义思想的学习宣传研究，使红船精神、浙江精神内化为全省上下的价值认同和精神追求，以培养担当民族复兴大任的时代新人为着眼点，强化教育引导、实践养成、制度保障，把社会主义核心价值观融入浙江社会发展各方面，转化为人们的情感认同和行为习惯，大力提升公民文明素质，使全体人民在理想信念、价值理念、道德观念上紧紧团结在一起。

（一）要强化习近平新时代中国特色社会主义思想的学习宣传研究

要强化习近平新时代中国特色社会主义思想的学习宣传研究，从历史和现实相贯通、国际和国内相关联、理论和实际相结合的宽广视角，深刻把握习近平新时代中国特色社会主义思想的深邃理论源泉、深厚文化底蕴、丰富实践基础、强大真理和人格力量，深刻把握这一重要思想的时代意义、理论意义、实践意义、世界意义，深刻把握“八个明确”“十四个坚持”的科学体系和丰富内涵，深刻把握贯穿其中的马克思主义立场观点方法，不断提高马克思主义水平和政治理论素养，不断提高运用科学理论解决实际问题的能力，全面贯彻党的基

本理论、基本路线、基本方略。要充分发挥浙江是习近平新时代中国特色社会主义思想重要萌发地的优势，全面系统开展习近平新时代中国特色社会主义思想丰富内涵和在浙江生动实践的研究，为推动马克思主义中国化、时代化贡献浙江智慧。加强对“两个高水平”“六个浙江”“四个强省”“最多跑一次”改革及打造“一带一路”枢纽等重大课题的研究。

在大力开展习近平新时代中国特色社会主义思想教育培训的同时，组织全省广大干部深入学习马克思列宁主义、毛泽东思想、邓小平理论、“三个代表”重要思想、科学发展观，原原本本学习和研读经典著作，学习掌握马克思主义哲学、政治经济学、科学社会主义，学习掌握中国特色社会主义理论体系，学习掌握贯穿其中的马克思主义立场观点方法，不断深化对共产党执政规律、社会主义建设规律、人类社会发展规律的认识，自觉坚持和运用辩证唯物主义和历史唯物主义世界观、方法论分析解决问题，增强战略思维、创新思维、辩证思维、法治思维、底线思维能力，真正做到真学真懂真信真用。要坚持马克思主义在哲学社会科学领域的指导地位，统筹推进哲学社会科学学术、学科、教材、话语四大体系建设。实施浙江优势学科培育计划，抓好省人文社科重点优势学科扶持重大项目，支持建设一批全国乃至国际一流的重点学科。加大对省级社科规划课题的资助力度，保持国家社科基金项目总数位居全国第一方阵。实施新型智库建设计划，建设若干在国内有较高知名度、致力于研究和阐述重大发展战略的高端智库，培育一批自主创新能力强、独特优势明显的各领域专业智库，支持和规范各类社会智库建设。

（二）大力弘扬红船精神和浙江精神

浙江是中国革命红船的起航地、中国改革开放的先行地，红船精神、浙江精神是引领浙江革命、建设和改革发展的强大精神力量。大力弘扬“首创、奋斗、奉献”的红船精神和“求真务实、诚信和谐、开放图强”的浙江精神，在全社会唱响实干和创新的时代强音，使红船精神、浙江精神内化为全省上下的价值认同和精神追求，对于加快推动浙江“两个高水平”建设具有重要意义。

2005年6月21日，习近平同志在《光明日报》上发表了《弘扬“红船精神” 走在时代前列》一文，首次阐述了以“开天辟地、敢为人先的首创精神，坚定理想、百折不挠的奋斗精神，立党为公、忠诚为民的奉献精神”为主要内涵的红船精神。他认为，红船精神与井冈山精神、长征精神、延安精神、西柏坡精神等，伴随中国革命的光辉历程，共同构成了中国共产党在前进道路上战胜各种困难和风险、不断夺取新胜利的强大精神力量和宝贵精神财富。他说，要在新的实践中继承和弘扬红船精神，在红船精神的激励和鼓舞下，不断强化前列意识，切实把“走在前列”的要求体现到精神状态上，贯彻到衡量标准上，落实到各项工作上，再接再厉，乘势而上，努力为全国大局作出积极的贡献。

要结合时代特点，深入学习贯彻习近平同志关于红船精神以及关于传承红色基因、弘扬革命精神的重要论述，把红船精神和井冈山精神、延安精神、西柏坡精神等革命精神贯通起来，把弘扬红船精神与宣示中国共产党人的坚定政治信念结合起来、与走好新时代长征路结合起来、与加快推进浙江“两个高水平”建设结合起来，在认识把握红船精神上更深一层，在学习弘扬红船精神上更进一步，努力当好红船精神的忠实守护者、坚定传承者和自觉践行者。

2006年初，习近平同志在《浙江日报》发表署名文章，明确提出要与时俱进地培育和弘扬“求真务实、诚信和谐、开放图强”的浙江精神。这12个字淬炼了浙江优秀传统文化，集浙江精神传承和研究之大成；放大了浙江精神的视野和格局，是对伟大民族精神、红船精神的生动诠释；回答了浙江破除成长烦恼的时代之问，是浙江人高度文化自省、文化自觉、文化自信的集中体现；锚定了浙江发展的精神坐标，是“八八战略”的重要组成部分；体现了“干在实处、走在前列、勇立潮头”的内在要求，是践行习近平总书记赋予浙江新期望的动力源泉。

浙江精神是浙江的根和魂，蕴含着强大生命力和无穷创造力，过去是、现在是、将来仍然是推动浙江发展、应对各种挑战的根本动力。浙江要肩负起“三个地”的责任担当，就必须在新时代大力弘扬浙江精神，为加快“两个高水平”建设提供强大精神力量。要大力弘扬求真精神，遵循规律干事创业、尊重实际谋划发展，重点要在学懂弄通做实习近平新时代中国特色社会主义思想上下更大功夫，在掌握实情、按客观规律办事上下更大功夫。要大力弘扬务实精神，始终把重实干、办实事、求实效作为座右铭，树立起实干者吃香、担当者光荣的鲜明导向。要大力弘扬诚信精神，个人诚信建设要久久为功、努力成风化俗，“信用浙江”要花大心思、出硬招实招，党委、政府在诚信建设上要当好标杆、注重引领，推动诚实守信成为浙江最美的风景线、最好的竞争力。要大力弘扬和谐精神，培育和美与共的情怀、和谐创业的氛围、和悦自适的情操，让浙江的山更绿、水更清、天更蓝，社会充满正气、充满温暖、充满平安，下力气解决好群众的操心事烦心事揪心事。要大力弘扬开放精神，有大开放的格局和修养，以全局视野抢抓机遇、以世界胸襟推进发展。要大力弘扬“图强”精神，把创新的大旗举得更高，再鼓解难破难的斗志，保持奔竞不息、再上层楼的追求，走好新时代的图强之路。

（三）大力提升公民文明素质

历史和现实都表明，具有强大感召力的核心价值观，利于社会和谐稳定，利于国家长治久安。一个国家的文化软实力，从根本上说，取决于其核心价值观的生命力、凝聚力、感召力。培育和弘扬核心价值观，有效整合社会意识，是社会系统得以正常运转、社会秩序得以有效维护的重要途径，也是国家治理体系和治理能力的重要方面。要以培养担当民族复兴大任的时代新人为着眼点，强化教育引导、实践养成、制度保障，把社会主义核心价值观融入社会发展各方面，转化为人们的情感认同和行为习惯，提高人民的思想觉悟、道德水准、文明素养，提高全社会的文明程度。

要充分运用各类媒体、文艺作品、公益广告和群众性文化活动等开展宣传教育，推动社会主义核心价值观宣传全覆盖。宣传普及以务实、守信、崇学、向善为内涵的当代浙江人共同价值观。加强爱国主义、集体主义、社会主义教育，引导人们树立正确的历史观、民族观、国家观、文化观。围绕立德树人，将社会主义核心价值观贯穿国民教育全过程，构建以社会主义核心价值观为引领的大中小幼一体化德育体系，从家庭做起，从娃娃抓起。将社会主义核心价值观融入法治浙江建设，弘扬社会主义法治精神。建立重大公共政策道德风险评估和纠偏机制，强化公共政策价值导向。加强对文化名人、体育明星、知名企业家等的教育引导，发挥其正向示范效应。加强企业文化建设，培育企业精神。加强清廉文化建设，推动党员干部廉洁从政修身，争做核心价值观的模范践行者，以优良党风政风促进社风民风持续改善。

要深入实施公民道德建设工程，推进社会公德、职业道德、家庭美德、个人品德建设，激励人们向上向善、孝老爱亲、忠于祖国、忠于人民。以提升公民文明素质和社会文明程度为导向，完善测评体系，创新方式方法，深化群众性精神文明创建活动。立足崇德向善、文化厚重、和谐宜居，加强和改进文明城市创建管理，培育城市精神。加强农村精神文明建设。创新发展乡贤文化，培育区域道德文化品牌。广泛开展文明单位、文明家庭、文明校园创建，激活文明细胞，筑牢文明基础。深化推进好家风建设，推动好家训好家风代代相传。持续推进文明出行、文明旅游、文明就餐主题实践活动。组织开展移风易俗、弘扬时代新风行动，抵制腐朽落后文化的侵蚀。深化“书香浙江”建设，加强全民阅读推广。深入开展社科普及周、浙江人文大讲堂、浙江艺术讲堂等活动。抓好垃圾分类宣传教育，倡导文明卫生的生活方式。广泛开展全民健身活动。扎实推进“信用浙江”建设，全面提升政务诚信、商务诚信、社会诚信、司法公信建设水平。建立志愿服务综合评价体系，推动学雷锋志愿服务常态化、制度化。

要深化“最美浙江人”主题宣传活动。实施“最美浙江人”品牌提升行动，健全“最美浙江人”发现、选树、宣传、褒奖长效机制，分类开展时代楷模、道德模范、感动人物、身边好人等“最美浙江人”选树宣传，深入开展“最美家庭”“最美行业”“最美群体”选树活动，建设“最美浙江人”人物馆，完善“最美浙江人”发布平台。推动县（市、区）建立健全道德模范关爱机制，使学习“最美”、争做“最美”成为风尚。

二、创新文化发展的体制机制

《意见》明确了全面深化文化体制改革的目标，提出要着力推进文化领域“最多跑一次”改革，提升文化领域治理水平，完善文化管理体制；加快构建把社会效益放在首位、社会效益和经济效益相统一的体制机制；健全管人管事管资产管导向相统一的国有文化资产管理体制；加快文化领域供给侧结构性改革步伐，推动文化产品和服务优化升级；推动出版、发行、影视、演艺等领域国有文化企业进一步完善法人治理结构，建立健全有文化特色的现代企业制度；推进浙江出版联合集团、东海电影集团等国有重点文化企业股份制改造，加快浙江时代院线、浙江出版传媒等上市步伐；分类推进文化事业单位改革，深化人事、收入分配、社会保障、经费保障等制度改革；推动公共文化馆、图书馆、博物馆、美术馆等建立事业单位法人治理结构。从宏观和微观的角度，对浙江文化体制改革做出了新的安排和部署。

推动浙江文化体制改革，必须正确地处理好文化改革和文化发展的关系。文化体制改革和文化发展具有辩证的关系，两者构成了相互联系、相互作用、相互依存、互为条件、互相制约的有机统一整体。一方面，经济发展是硬道理，文化发展也是硬道理。当前，解决人民群众日益增长的文化需求与文化发展不平衡不充分矛盾的关键是文化发展。另一方面，文化体制改革是文化发展的强大动力，是为了完善文化发展的体制机制，进一步解放和发展文化生产力。实施“八八战略”以来，浙江文化建设的巨大成就是在推动文化体制改革中实现的。实现文化浙江建设战略目标，关键仍在于深化文化体制改革。只有不断深化改革，才能不断破解文化发展中面临的新问题，在实践中找到适合推动文化发展的方式方法。因此，推动文化浙江建设，必须始终将发展和改革这两个基本环节紧扣在一起，从整体上把握两者之间的内在关系，做到相互协调，相互促进。

推动浙江文化体制改革，必须适应社会主义市场经济发展方向。文化发展体系并非是与经济体制无关的自足体系。经济体制是约束人们行为及其相互关系的一套行为规则，是一个严密的逻辑整体，确立经济和社会的激励和约束机制，引导人们采取可预测的且有秩序的行为。不同的经济体制既会导致不同的经济资源配置方式和不同的经济领域激励和约束机制，也会形成不同的文化资源配置方式和不同的文化领域激励约束机制，从而形成不同的文化发展模式。市场化取向的改革，有其内在发展逻辑和客观必然性。经济体制转换，必然要求突破大包大揽的传统“文化事业”发展体制，按照社会主义市场经济规律重构文化发展模式，积极构建符合社会主义市场经济体制要求的现代文化市场体系。把握社会主义市场经济发展方向、尊重市场规律，是浙江文化体制机制改革创新中必须遵守的一项基本原则。

推动浙江文化体制改革，必须牢牢把握先进文化的前进方向。实践表明，市场机制既有推动文化繁荣兴盛、促进文化产品社会效益和经济效益相统一的一面，又有导致文化产品两种效益相矛盾的一面。正如马克思所说：“流通成了巨大的社会蒸馏器，一切东西抛到里面去，再出来时都成为货币的结晶……正如商品的一切质的差别在货币上消灭了一样，货币作为激进的平均主义者把一切差别都消灭了。”①在社会主义市场经济条件下，如何充分发挥市场机制促进文化繁荣以及文化产品社会效益和经济效益相统一的有利一面，同时避免矛盾、消极一面，摆正市场在文化发展中的位置、处理好文化与市场的关系，是文化体制改革面临的一个重大现实课题。这就意味着在顺应市场经济规律的同时，文化体制改革必须遵循社会主义精神文明建设的特点和规律，不仅需要确立促进文化发展的激励机制，更需要确立监督、约束机制，从而使文化企业积极有益的生产和经营活动得到鼓励，消极有害的生产和经营活动受到限制和约束。我们要在继续大胆推进改革、推动文化事业全面繁荣和文化产业快速发展、建设社会主义文化强国的同时，把握好意识形态属性和产业属性、社会效益和经济效益的关系，始终坚持社会主义先进文化前进方向，始终把社会效益放在首位。无论改什么、怎么改，导向不能改，阵地不能丢。”坚持文化体制改革的正确方向，关键是要实现三个统一，即社会主义市场经济规律要求和社会主义精神文明建设要求两个要求相统一、社会效益和经济效益两个效益相统一、宏观管理和微观搞活相统一。

推动浙江文化体制改革，必须坚持区别对待、分类指导的原则。作为一个市场经济的先发省份，浙江不仅先于其他多数省份遭遇在市场经济条件下文化发展方式的重构问题，也获得了先于其他多数省份打破传统大包大揽文化发展模式的特殊机遇。从基本脉络看，改革开

① 《马克思恩格斯全集》(第44卷)，人民出版社2001年版，第155页。

放以来，浙江在文化领域先于全国经历了从传统的由公共财政大包大揽发展文化事业的模式，到不加区分地把将包括图书馆、博物馆、美术馆等公益性文化机构在内的所有文化机构推向市场、在市场化的压力下通过“以文助文”“多业助文”等方式被动地开展“生产自救”，再到把公益性文化事业和经营性文化产业从大包大揽的文化事业中剥离出来，先于全国实行分类对待、分类指导、分类发展的原则，进而逐步实现了从传统文化事业到新型公共文化服务体系、文化产业发展体系的转变。坚持对公益性文化事业和经营性文化产业区别对待、分类指导，是浙江文化体制改革必须坚持的一条重要原则。

在经营性文化产业领域，加快培育文化市场主体和文化市场体系是改革的重要目标。培育文化市场主体，就是要深化国有文化单位改革，重塑一批国有或国有控股的文化企业；发挥民营经济作用，发展一批民营文化企业；引进一批外资或合资文化企业，形成以公有制为主体、多种所有制共同发展的文化产业格局。其中，难点和突破点在于推动国有文化单位改革，亮点在于推动民营文化企业的发展。培育和规范文化市场体系，就是要加快建立健全统一、开放、竞争、有序的现代文化市场体系，发展现代流通方式，促进文化商品和生产要素在统一市场中合理流动。关键是要打破制约文化产业发展的行业垄断、条块分割和所有制界限，充分发挥市场在资源配置中的作用，实现优势互补，促进资产、人才、技术等生产要素的优化组合。市场主体和市场体系具有一种辩证的关系，“在市场经济中互为依存，不可分割。没有数量众多、发育充分的市场主体，市场体系难以为体系；没有健全、完善的市场体系，市场主体也就难以在市场中生存”①。因此，两者在改革中同等重要。此外，推动文化产业领域的改革还包括

① 习近平：《干在实处 走在前列——推进浙江新发展的思考与实践》，中共中央党校出版社 2006 年版，第 326 页。

把文化体制改革目标与全球贸易规则衔接起来，与国家现行法律衔接起来，理顺文化行政管理部门与企事业单位、中介组织的关系，强化政府政策调节、市场监管、社会管理和公共服务职能。

与经营性文化产业领域不同，公益性文化领域改革的重点，则是公益性文化事业单位内部机制改革，以全新的理念和方式加快构建公共文化服务体系。按照结构合理、网络健全、运行有效、惠及全民的要求，把公共文化服务体系建设纳入经济社会发展总体规划，从整合公共文化服务资源、完善服务网络、创新服务机制、增加服务手段、丰富活动形式等方面入手，积极尝试创新公共文化服务内容和方式，建立以公众需求为导向、优质高效、普遍均等的新型城乡公共文化服务机制，形成城乡公共文化产品和服务“超市式”供给、“菜单化”服务的模式，满足公众基本文化需求。要扎实推进公益性文化事业单位人事、收入分配和社会保障制度改革。要把加大公共文化服务领域的投入力度与改进投入方式结合起来，采取建立基金、项目补贴、定向资助、贷款贴息等方式，提高财政资金使用效率。要按照社会主义市场经济发展规律和政府转换职能要求，创新公共文化设施和服务管理与运作机制，借助市场机制、引入社会力量参与公共文化服务体系建设，实现政府与市场、社会的多元合作、互动互补，破解市场经济条件下公共文化服务的发展难题，形成“政府主导、市场化运作、社会力量参与”的更优公共文化服务治理结构和更优公共文化服务发展模式，提高公共文化产品和服务的生产和供给效率，更好更有效地保障公众的基本文化权利。

三、加快推动公共文化服务体系建设

推动浙江公共文化服务体系建设，必须明确重点任务，着力健全公共文化设施网络、提升公共文化服务水平、创新公共文化服务机制；既坚持平等性原则，又坚持效率性原则，把平等性和效率性辩证地统一在一起，更好地满足人民群众的精神文化需要。

（一）明确公共文化服务体系建设重点任务

《意见》明确了加快构建城乡一体、区域均衡、人群均等的现代公共文化服务体系，高水平推进基本公共文化服务标准化均等化的公共文化服务发展目标，并从健全公共文化设施网络、提升公共文化服务水平、创新公共文化服务机制等方面，明确了推动浙江公共文化服务体系建设的重点任务。

一要健全公共文化设施网络。大力推进之江文化中心、浙江自然博物园、浙江小百花艺术中心、浙江电影科技城、浙江方志馆等重大文化设施建设。鼓励各地加快建设重点文化设施和基本公共文化服务设施，实现市有五馆（文化馆、图书馆、博物馆、非遗馆、美术馆）、县有四馆（文化馆、图书馆、博物馆、“非遗”馆或展示场所）、乡镇（街道）建有综合性文化服务中心，推进以县级图书馆、文化馆为中心的总分馆制。推进公共文化设施免费开放和无障碍设施改造。大力推进农村文化礼堂“建管用育”长效机制建设，全省建成1万个以上高水平农村文化礼堂，覆盖全省80％以上的农村人口，构筑农民精神家园。扎实推进社区文化家园、城市文化公园、企业文化俱乐部等文化阵地建设，形成基层文化阵地集群。深入实施应急广播工程，加强乡镇广播电视站建设。

二要提升公共文化服务水平。实施高水平推进基本公共文化服务标准化均等化行动计划和文化惠民工程，全面落实浙江省基本公共文化服务标准，推进国家、省公共文化服务体系示范区（项目）创建，稳步提升公共文化服务水平。实施公共文化服务重点县及薄弱乡村文化建设“十百千”工程，补齐公共文化区域短板。县级以上政府设立公共文化服务体系、建设扶持资金。组建全省图书馆联盟、文化馆联盟、美术馆联盟和博物馆联盟等平台，常态化开展“送文化”“种文化”“赛文化”活动，丰富群众性文化活动。将外来务工人员文化供给纳入当地公共文化服务体系。推进公共数字文化建设转型升级，支持数字化公共文化服务互联互通，加快开发特色数字文化产品。

三要创新公共文化服务运行机制。深入推进公共文化服务标准化、公共文化机构法人治理、基层综合性文化服务中心建设、农村电影发行放映体制改革四项全国改革试点。建立基本公共文化服务标准化均等化建设评价机制，完善公共文化机构绩效考评制度。完善政府购买公共文化服务机制，拓宽政府购买公共文化服务范围。建立农村电影放映长效机制。探索推进重大文化设施项目所有权与经营权分离，鼓励引导社会组织和企业采用 PPP 等形式参与公共文化设施投资建设、提升改造、运营管理，促进公共文化服务提供主体和方式多元化。

（二）坚持公共文化服务的平等性原则

推动浙江公共文化服务体系建设必须坚持平等性原则。政府在提供公共文化产品和服务时，必须惠及全民，不应存在任何地域、城乡、种族、身份等的歧视，即所谓地不分南北、人不分老幼、身份不分高低贵贱，均有权享受到同样的、质量稳定的、程序公平的对待，所有公民都应享有平等的文化服务。任何公民都应当拥有广泛的文化权利，包括享受图书馆、博物馆、文化馆等各种公共文化基础设施以及公益性文化服务的权利，享有平等参与文化活动、从事文化创造的机会。当然，公共文化服务的平等性原则在不同空间和区域、不同经济社会发展阶段具有不同的内涵和具体实现形式，是机会和效果的大体平等，而不是内容的完全均一。坚持公共文化服务平等性原则的目的，是消除因经济社会发展水平差异和个人天赋差别而对社会成员享有基本文化权利和权益的影响和制约，而不是抹杀社会差异，忽视文化需求的多样性。当然，公共文化服务的平等性，要求政府尽可能地将公共文化服务的差距控制在人们可以接受的范围，并最大限度满足人们日益增长的公共文化需求。

（三）坚持公共文化服务的效率性原则

推动浙江公共文化服务体系建设必须坚持效率性原则。实施“八八战略”以来，浙江不少地方从整合公共文化服务资源、完善服务网络、创新服务机制、增加服务手段、丰富活动形式等方面入手，积极尝试创新公共文化服务内容和方式，建立以公众需求为导向、优质高效、普遍均等的新型城乡公共文化服务机制，形成城乡公共文化产品和服务“超市式”供给、“菜单化”服务的模式，满足公众基本文化需求，保障公众基本文化权益。这些做法和经验，预示了未来浙江和全国公共文化发展方向，对于探索市场经济大背景下公共文化服务体系建设规律，破解市场经济条件下公共文化服务发展难题，形成更优的公共文化服务治理结构和公共文化发展模式，提高公共文化产品和服务的生产和供给效率，更有效地保障公众基本文化权利、满足公众基本文化需求，具有重要的示范、参考和借鉴价值。

一是文化发展总是在一定经济体制和行政体制下进行的，不同的经济体制和行政体制会给文化发展打上不同的烙印。当社会主义市场经济已经成为一种基本经济制度时，不仅发展经营性文化产业必须充分运用市场机制，发展公益性公共文化事业也必须借助市场经济手段以提高效率。与此同时，随着政府职能从全能向有限转变，既无必要也不可能继续统包统揽公共文化发展事务，只能围绕自身优势发挥自身的功能。

二是以符合市场经济规律、政府职能转变要求的全新理念和全新方式建设公共文化服务体系。这不是要改变公共文化服务的公益性质以及保障人民群众基本权益这一根本宗旨，而是要通过引入市场机制和社会力量，优化公共文化服务的微观主体，弥补政府的不足或功能缺陷。把政府权威与市场交换的功能优势有机地组合在一起，实现公共文化产品和服务从传统的单中心提供模式向多中心、多层次、协同合作的提供模式转变，以解决政府在公共文化领域投入不足、管理不善、资源浪费、效益低下等问题，形成更优的公共文化服务体系建设模式，加快发展步伐，从而更有效地推动公共文化服务均等化，更好地保障人民的基本文化权益。

三是历史已经表明，过去那种由政府大包大揽的文化事业发展方式，不仅缺乏活力和效率，且无法使政府有效地履行政府保障公众基本文化权益的责任。在新的模式和机制下，公共文化服务治理并不必然由政府垄断或操纵，民营部门、社会组织等都可以参与；政府的责任是遵循和利用市场经济规律、按照转变自身职能的要求来促进公共文化事业发展。这样，不仅可以解决传统公共文化事业发展中因统得过死而缺乏效率的问题，而且也使政府将更多的精力集中于公共文化领域的管理，从而更好地履行自身的公共文化服务职能。

四、加快推动文化产业发展

《意见》从做大做强文化市场主体、大力发展新兴文化业态、打造文化产业发展支撑平台等方面，提出了浙江文化产业发展的战略举措。

（一）做大做强文化市场主体

加快把浙江文化产业打造成万亿级产业，不仅要做大做强文化市场国有主体，而且要做大做强文化市场民营主体。改革开放以来，正是国有经济和民营经济相辅相成、共同成长，才促成了浙江经济又好又快的发展。一方面，国有经济凭借其雄厚的资本实力、规模效益、技术优势、规范管理和基础产业、先导行业和经济命脉地位支撑着经济的发展，辐射、引导和带动着整个经济的增长；另一方面，民营经济以其灵活的机制、顽强的生命力，在众多竞争性行业生根、开花、结果，填补了在一些竞争性行业国有经济留下的空白，并使之更加富有生机和活力，并在客观上促成了国有经济必须改革、只有改革才有出路的环境，从而有力地促进了国有经济经营机制的转换和竞争力提升。与经济领域一样，改革开放以来浙江文化产业领域的变革，也是民间力量推动的增量改革与国有文化企业等存量改革相互作用的结果。民间力量推动的文化产业领域的增量改革、民营文化企业的孕育和发展，不仅有效突破了原先大包大揽的堡垒，逐步扩大了文化产业资源增量部分的比重，而且也有效触动了仍然保留的存量部分（国有文化企业）的改革，形成了国有文化企业的存量资源和民营文化企业的增量资源共同推动文化产业发展的局面。

推动文化浙江建设，加快把浙江文化产业打造成万亿级产业，必须以更加自觉、有为的精神，通过实施一系列改革举措，有效释放国有文化企业和民营文化企业的活力，做大做强文化市场国有主体和民营主体，加快培育和打造文化产业主力军，进一步形成文化市场国有主体和民营主体共同加快推动浙江文化产业发展的生动局面。

做大做强文化市场国有主体和民营主体，必须推动浙江重点龙头文化企业跨地区、跨行业、跨所有制兼并重组，打造一批主业突出、核心竞争力强、市场占有率高的“文化航母”，培育一批行业知名、特色鲜明的骨干文化企业，扶持一批“专精特新”成长型文化企业。要加快组建省级文化产业发展集团，鼓励各地成立文化产业投资（发展）公司（集团）。发挥浙江市场机制灵活、民营资本充裕的优势，降低社会资本准入门槛，鼓励引导非公有制和混合所有制文化企业发展。要放手引导、吸引社会资金，积极鼓励民营企业在政策许可范围内，通过产权交易、共同投资、联合开发等途径参与国有文化单位改革，鼓励民营文化企业以投资、参股、兼并、收购、承包、租赁等形式，参与转制国有文化单位的资产重组活动和国有文化企业的产权结构调整，参与国有文艺表演团体、演出场所等文化单位的公司制改造，从而助推国有文化单位体制机制的创新，促进投资主体的多元化。要推动建设众创空间，扶持文化创客，增强发展活力。

（二）大力发展新兴文化业态

2017年9月，省委、省政府发布的《关于加快把文化产业打造成为万亿级产业的意见》提出了八大计划，即影视演艺产业发展计划、数字内容产业打造计划、文化创意设计产业提升计划、文化新兴业态促进计划、工艺美术产业升级计划、文化制造业转型计划、文化旅游融合发展计划、文化体育产业推进计划。这八大计划的关键动词，即提升、升级、转型、促进、发展、融合等，都聚焦于改造提升传统文化产业，发展新兴文化业态，推动文化产业转型发展。

现代科技是文化产业发展的基本动力之一。现代印刷技术的进步，广播、电影、电视、网络空间等的诞生，都对文化产业发展产生了革命性的作用。现代文化产业是一个与现代技术日益融合的产业。新一代信息技术革命催生了文化产业新变革。新一轮科技革命和产业革命浪潮兴起，大数据、云计算、移动互联网、虚拟现实和人工智能等新一代信息技术广泛应用，给文化产业的内容生产、表现形式、商业模式带来了深刻变革。“互联网＋”是互联网对传统行业的渗透和融合，但并非两者的简单相加，也并非传统行业简单触网即可完成渗透与融合，而是通过互联网平台、互联网思维，对传统行业进行思维模式和经营模式的颠覆，进而让互联网与传统行业进行深度融合，创造新的生态和整体机遇。互联网为文化产业创新发展，提供了便捷、经济、多渠道的技术平台，互联网行业主动向传统文化产业渗透，对传统文化产业业务发展模式和思维方式进行颠覆，进而实现互联网与传统文化产业的主动深度融合；以创意和新技术为特征的文化产业新内容、新业态层出不穷，数字内容产业呈现爆炸式增长。以互联网为代表的新媒体、新技术不仅为浙江经济发展植入了新的基因，也为文化产业的创新创业带来了广阔空间。

加快推动浙江文化产业发展，必须适应新媒体新技术发展趋势，加强内容和技术装备协同创新，以高新技术发展高新文化产业、改造提升传统文化产业、发展新兴文化业态，大力推动新一代技术特别是信息技术与文化产业的融合发展，不断扩大全省文化服务业规模，加快发展新兴文化业态，加快推动浙江文化业逐步向“微笑曲线”两端转型。要深入实施影视演艺产业发展、数字内容产业打造、文化创意设计提升、文化新兴产业促进等产业发展计划，形成一批具有全国影响力的行业品牌。树立“文化＋”“互联网＋”理念，推动文化产业与科技、金融、制造、旅游、体育等相关产业深入融合，增加产业的文化含量和附加值，把文化资源优势转化为产业和市场优势。大力发展网络视听、数字出版、数字教育、动漫游戏等新兴文化业态。大力支持杭州、宁波、横店等国家级文化和科技融合示范基地建设，培育一批高新技术文化企业。加快推动出版发行、工艺美术、文化娱乐、文化制造、印刷复制等传统产业转型升级，鼓励演出、娱乐、艺术品展览等传统业态实现线上线下融合。深入挖掘历史经典产业文化内涵，提升质量效益，建设一批产业园区和创意街区，形成一批特色知名品牌。

（三）加快打造文化产业发展支撑平台

区块、园区、基地等是加快文化产业发展的重要支撑平台。改革开放以来，浙江文化产业发展经历了从区块到园区、基地等的发展过程。这一过程也是浙江文化产业发展从自发到自觉、从民间内生到政府助力的过程，是浙江文化产业发展集聚效应和辐射效应越来越凸显的过程。实践表明，特色文化产业区块、园区和基地等发展模式对于文化产业发展具有集聚和辐射的双重作用。文化产业生产要素在区块、园区和基地的集聚，有助于扩大市场规模，降低运输费用，促进文化企业间的交流与学习，促进基础设施和公用事业的建设与充分利用，并让大量高素质的文化产业创新创业人才集中。以区块、园区和基地等方式发展文化产业，是浙江文化产业发展的一个重要特点，是提升浙江文化产业规模化、集约化、专业化水平的重要抓手，是浙江文化产业整体竞争力不断提高的一个重要秘密。

2017 年 11 月，省委、省政府发布的《关于加快把文化产业打造成为万亿级产业的意见》进一步强调，要依托钱塘江两岸的文化、人才、科技、金融等资源优势，规划建设数字文化产业基地、动漫游戏产业基地、影视文化产业基地、艺术创作产业基地等，打造在全国具有示范引领意义的之江文化产业带，深入挖掘运河文化资源，充分利用两岸现有旧民居、旧厂房、旧办公楼、旧码头、旧仓库等发展文化产业园区，培育和引进一批文化企业，为大运河文化带建设提供产业支撑，大力发展浙报集团富春云大数据中心、浙江广电国际影视中心、浙江数字出版印刷中心、宁波文创港和音乐港、海盐山水六旗、湖州龙之梦乐园等重点文化产业项目，推动之江文化中心、浙江自然博物园核心馆区、浙江省考古遗产展示园等省级重点文化设施建设，加快推进文化产业重点县（市、区）、文化类特色小镇、重点文化产业园区、文化创意街区和重点文化企业等产业发展平台建设，示范带动全省文化产业发展。2018 年 6 月，浙江省政府印发的《之江文化产业带建设规划》，提出了“一带一核五极多组团”的之江文化产业带空间开发格局。“一带”，即之江文化产业带。“一核”，即之江发展核，包括之江转塘及紧邻的富阳银湖区块，将聚力打造高能级的数字文化产业平台，加快集聚文化产业龙头企业，大力发展数字内容、影视文化、演艺娱乐、艺术创作等产业，使之成为之江文化产业带的核心引擎和抢占全球数字文化产业发展制高点的重大平台。“五极”，即滨江（白马湖）、奥体（湘湖）、上城、九乔、富春五大发展极，是之江文化产业带沿江扩展的重要支撑点和发展增长极。同时，整合沿江重大平台和重大项目，串点成面，围绕四大基地建设，谋划建设具有全国乃至国际影响力的11个特色文化产业组团，包括之江数字文化产业组团、世纪城数字音乐产业组团、之江—西溪国际影视产业组团、转塘艺创小镇产业组团、馒头山影视产业组团、白马湖—湘湖动漫游戏产业组团、之江演艺娱乐产业组团等。这些规划的制定和实施，标志着浙江文化产业区块化和园区化发展进入了新的历史阶段。

加快推动浙江文化产业发展，必须加快规划建设由数字文化产业基地、动漫游戏产业基地、影视文化产业基地、艺术创作产业基地等组成的之江文化产业带，引领全省文化产业发展。做强横店影视文化产业实验区、中国（浙江）影视产业国际合作实验区等一批文化产业大平台。继续培育打造文化产业重点县（市、区）、文化类特色小镇、重点文化产业园区、文化创意街区。实施一批重大文化产业项目，储备和招引一批重大项目，建立全省重大文化产业项目数据库。

金融是经济发展运行的血液，是现代经济的核心，也是推动文化产业市场化、专业化、资本化发展的关键要素。同时，文化产业巨大的增长潜力和广阔的发展空间，也为金融业提供了新的业务领域和利润来源。综观日本、韩国、美国、英国等国，金融支持政策对文化产业的发展起到了关键性作用。推动文化与金融融合发展，是推动文化产业转型升级的重要途径。要扩大省转型升级产业基金规模，加大对文化产业的扶持力度。推动银行设立文化产业支行、文创产业专营机构，支持文化企业开办投融资平台。做大做强有关文化会展活动。以杭州、宁波等国家文化消费试点城市建设为契机，支持举办浙江文化消费季活动，培育一批线上线下融合的文化消费综合体。

【思考题】

1. 如何理解努力建设文化浙江的背景和意义?
2. 建设文化浙江的主要目标和具体目标是什么?
3. 如何加快推动浙江公共文化服务体系建设?
4. 如何加快推动浙江文化产业发展?

【参考文献】

1. 习近平:《与时俱进的浙江精神》,载《浙江日报》2006年2月5日。

2.《习近平关于社会主义文化建设论述摘编》,中央文献出版社2017年版。

3. 李景源、张晓明主编:《浙江经验与中国发展(文化卷)——科学发展观与和谐社会建设在浙江》,社会科学文献出版社2007年版。

4. 谢地坤主编:《中国梦与浙江实践·文化卷》,社会科学文献出版社2015年版。

5. 陈立旭:《文化发展:浙江的探索与实践》,中国社会科学出版社2018年版。

第五章

努力建设平安浙江

习近平同志在浙江工作期间擘画的平安浙江建设的宏伟蓝图，为全省上下同心同德、真抓实干，奠定了思想、政治、组织等各方面的牢固基础。历届浙江省委坚持一张蓝图绘到底，一任接着一任干，不断把平安浙江建设引向深入，取得了丰硕的实践成果、有效的制度成果和与时俱进的理论成果。2004 年以来，浙江奋力谱写了经济持续健康发展、社会持续安全稳定两大奇迹的浙江篇章——人民群众安全感满意率达到 96.84%，刑事发案数、信访总量、生产安全事故总量连续保持“零增长”；城镇、农村常住居民人均可支配收入连年保持全国各省（自治区）之首。安居乐业、富裕起来的浙江人民心里更踏实、笑容更灿烂。难夺的平安金鼎，也在浙江各地有了 72 座。2013 年 11 月，党的十八届三中全会提出“全面推进平安中国建设”。2019 年 10 月，党的十九届四中全会提出“建设更高水平的平安中国”。从一定意义上说，平安浙江是平安中国在省域层面的先期探索和生动实践，在方向目标、内涵要求、方法途径上具有内在相通性。

第一节　平安浙江建设的背景和战略地位

21世纪初，浙江较早遭遇“成长中的烦恼”。面对经济快速发展、人均生产总值接近3000美元这一门槛，“求富”和“求安”如何共进，成为重大课题。敢为人先的浙江人，率先踏上探索之路。2004年5月，省委十一届六次全体（扩大）会议通过了《关于建设“平安浙江”促进社会和谐稳定的决定》，确立了平安浙江战略，浙江成为全国最早提出并全面部署“大平安”建设战略的省份。

一、平安浙江建设是深入实施“八八战略”的重要举措

平安浙江是在一定的时代背景下提出的，具有重大的理论和实践意义。这一点从平安浙江与“八八战略”的关系中能够得到充分说明。在浙江工作期间，习近平同志强调指出：“建设‘平安浙江’，既是‘八八战略’的深化、细化、具体化，又是深入实施‘八八战略’的重要保证。”① 他明确指出，平安浙江中的“平安”，不是狭义的“平安”，而是涵盖了经济、政治、文化和社会各方面宽领域、大范围、多层面的广义“平安”。② 2004年1月，习近平同志在浙江省委理论中心组学习会上提出建设平安浙江的战略构想，并在当年5月召开的省委十一届六次全体（扩大）会议上作了全面部署。安全是人们生活的基本需要，浙江各级党委和政府深知这个道理，因此，在浙江

① 习近平：《之江新语》，浙江人民出版社2007年版，第52页。

② 习近平：《干在实处 走在前列——推进浙江新发展的思考与实践》，中共中央党校出版社2006年版，第235页。

的经济社会发展大局中谋划平安建设，提出“大平安”设想，把平安建设作为浙江经济社会发展中的基础性工程，并延伸到经济社会生活的方方面面。历届省委把平安浙江作为实施“八八战略”的一个重要抓手，始终坚持“大平安”理念，从统筹经济社会发展的高度来谋划。

一方面，切实把平安浙江贯穿于“五位一体”总体布局来谋划、来推进。平安融入经济领域：围绕经济高质量发展开展一系列专项整治行动，科学发展有了最坚实的基础。平安融入政治领域：通过民主选举、民主恳谈、村务监督等创新实践，基层民主有了最有力的保障。平安融入文化领域：注重培育和践行社会主义核心价值观，开展“发现最美浙江人，争做最美浙江人”等主题实践活动，在人民群众中激发出强大的正能量。平安融入社会领域：拿出70%以上的省级新增财力用于改善民生，群众利益有了最坚实的依靠。平安融入生态领域：围绕“美丽浙江”目标开展一系列环境整治行动，幸福家园有了最美好的期盼。

另一方面，“四个全面”战略布局，不管是战略目标，还是战略举措，都与平安建设密切相关。因此，要切实把平安浙江贯穿于“四个全面”战略布局来谋划、来推进。深化平安浙江建设，必须坚持以全面建成小康社会为奋斗目标，牢固树立“大平安”理念，把平安建设延伸到经济、政治、文化、社会和生态文明建设各个方面，以全面平安推动建成全面小康；必须坚持以全面深化改革为动力源泉，着力破解平安建设中的体制机制性障碍，推进治理体系和治理能力现代化；必须坚持以法治为重要保障，以法治思维谋划平安建设，以法治方式破解平安建设中的难题，助推平安建设法治化、现代化；必须坚持以全面从严治党为坚强保证，切实加强各级党委、政府对平安建设的领导，不断提升党领导平安建设的能力和水平。把群众对平安的需求作为努力方向，平安建设的过程让群众参与、成效让群众评判、成果让群众共享。

二、建设平安浙江是落实富民安民政治责任的重要途径

在平安浙江建设的组织体系中突出党政主要领导，确立党政主要领导抓平安建设的主体责任。平安浙江建设是人民的事业，社会当中的任何组织、任何个人都肩负着不可推卸的责任。然而，在众多的责任主体中，党政机关和党政领导，是平安浙江建设的关键少数，起着领导和主导的作用。只有他们真正重视平安建设，平安浙江才有坚实可靠的政治基础和政治保障。为此，浙江省委要求把平安浙江建设作为“一把手”工程，党政“一把手”负主责、亲自抓。浙江各级党政主要领导手中，每月必备经济和平安两张报表。党政换届、人员变动，平安责任与经济责任“双交接”，因未办理交接手续或交接不清造成平安建设工作重大失误或严重不良影响的都将被追责。同时交接的，还有平安建设的主要举措和成功经验、可能影响平安稳定的重要案件和事件等，确保党政领导干部“一手拿经济报表，一手拿平安报表，真正做到‘两手抓，两手都要硬’”。

浙江牢牢抓住“一把手抓、抓一把手”这个关键，健全完善平安建设领导责任制、部门责任制，细化各级平安建设的任务、责任、追责三张清单，进一步压实各级党政领导保一方平安的责任。从“两张报表”里，浙江建立了“条块结合、横向到边、纵向到底”的平安建设组织领导、责任和考核评价体系，经济社会发展到哪个阶段，平安建设就提升到哪个水平；影响平安的问题出现在哪里，平安建设就延伸到哪里。一个细节就能看出平安的分量——许多市委书记、县委书记随身带着平安报表。他们说，辖区内发生了什么事，第一反应就是对照平安报表，看看哪里做得不到位。每逢重大决策，都要先过社会风险评估关。

三、平安浙江建设是解决影响社会和谐稳定深层次问题的重要手段

广大人民群众的利益始终是平安浙江建设的出发点和落脚点。平安浙江抓的是突出问题。“安而不忘危，存而不忘亡，治而不忘乱。”建设更高质量、更高水平的平安浙江，要抓住关键处、打开突破口。始终坚持问题导向，从解决群众反映强烈的突出问题入手，什么问题突出就解决什么问题，哪里问题复杂就集中整治哪里，标本兼治、重在治本。2018 年 11 月，浙江从群众反响最强烈的问题入手，陆续部署开展安全生产、消防安全、道路交通安全、电动自行车安全、社会治安、食品药品安全、网络游戏赌博、民间借贷八个领域的专项整治。平安浙江建设启动以来，浙江坚持标本兼治、综合施策，把专项整治突出问题与推动完善政策制度相结合，着力解决影响社会和谐稳定的深层次问题。例如，在矛盾防范化解方面，建立县、乡、村三级矛盾纠纷多元化解平台，不断完善调解、仲裁、行政裁决、行政复议、诉讼等衔接机制，发展各类调委会 4.15 万个、调解员 15.5 万人、行业性专业调委会 1800 余个，全省年均排查矛盾纠纷近 70 万件，化解率达 98%以上；在社会治安方面，建立立体化治安防控体系，打击各类刑事犯罪活动，深入开展侵犯财产案件、电信网络诈骗、道路交通安全等系列严打整治专项行动，强化社会治安重点地区排查整治。2018 年以来，扫黑除恶专项斗争深入开展，深挖彻查、打“伞”破“网”，有力地净化了社会治安环境；在公共安全监管方面，提升公共安全主体责任、监管责任、监管手段等短板，预防各类安全事故，率先实现寄递物流、瓶装燃气、客运购票、移动手机、出租房等重点领域实名制管理，强化风险源控制。

四、建设平安浙江是践行党的群众路线的具体体现

群众路线是党的生命线和根本工作路线，中国共产党在长期斗争中形成了一切为了群众，一切依靠群众和从群众中来、到群众中去的群众路线。坚持党的群众路线，是党在长期革命和建设中克敌制胜的法宝，要在新形势下发扬光大。要把解决好群众的利益问题作为坚持群众路线的重要内容，维护好群众的合法利益。平安浙江建设坚持依靠和发动群众，让人民群众成为最重要的实践参与者、成效评价者和成果享有者。20 世纪 60 年代，诸暨枫桥镇干部群众创造的“枫桥经验”，就以“小事不出村、大事不出镇、矛盾不上交”的治理优势得到毛主席肯定，并在全国推广。2003 年 11 月，时任浙江省委书记习近平在纪念毛泽东同志批示“枫桥经验”40 周年大会上明确提出，要牢固树立“发展是硬道理、稳定是硬任务”的政治意识，充分珍惜“枫桥经验”，大力推广“枫桥经验”，不断创新“枫桥经验”，切实维护社会稳定。2013 年 10 月，为纪念毛泽东同志批示“枫桥经验”50 周年，习近平总书记对坚持和发展“枫桥经验”再次做出重要指示，强调各级党委和政府要充分认识“枫桥经验”的重大意义，发扬优良作风，适应时代要求，创新群众工作方法，善于运用法治思维和法治方式解决涉及群众切身利益的矛盾和问题，把“枫桥经验”坚持好、发展好，把党的群众路线坚持好、贯彻好。

“枫桥经验”形成于社会主义建设时期，发展于改革开放时期，创新于中国特色社会主义新时代，内涵不断丰富，重点不断调整，随着时代的变迁而发展，随着理念的进步而创新，但是其坚持党的领导，坚持法治思维，走群众路线，以人为本，团结大多数人维护社会和谐稳定的实质没有变。“枫桥经验”之所以能够长盛不衰、历久弥新，是因为它始终遵循着“变”与“不变”。“变”的是根据不同时期

的形势任务，主动适应新的形势发展需要，不断赋予“枫桥经验”新的时代内涵。理念上由管理向治理转变、方法上由传统向智能转变、领域上由线下为主向线上线下融合转变。“不变”的是，为了群众、发动群众这一核心灵魂。始终坚持贴近群众的作风不变、坚持依靠群众的方法不变、坚持服务群众的宗旨不变。浙江把创新发展“枫桥经验”贯穿于平安浙江建设之中，“枫桥经验”也因此不断开拓创新与升级，功能不断拓展、效果不断显现。

五、建设平安浙江是抓基层打基础的重要措施

习近平同志在浙江工作期间强调指出，“基层既是产生利益冲突和社会矛盾的‘源头’，也是协调利益关系和疏导社会矛盾的‘茬口’”①，“各级党委特别是领导干部一定要认识到基层干部工作的极端重要性，认识到基层干部在整个党的事业中具有重要的战略地位，发挥着谁也替代不了的重要作用”②。由此，推进平安浙江建设，关键在基层，关键在基础，关键在落实。一直以来，浙江始终坚持抓基层打基础，以“功成不必在我”的理念夯实平安和谐根基，努力把矛盾纠纷解决在基层、化解在萌芽状态。深化平安建设，重点在基层，难点在基层，希望也在基层。2004 年以来，浙江把固本强基作为一项根本性、战略性任务，而不断健全完善的城乡基层社会治理体系使平安建设的根基坚如磐石。从 2007 年舟山普陀区探索“网格化管理、组团式服务”，到 2014 年全省建立“一张网”网格体系；从 2016 年台州打造“全科网格”到 2018 年全省规范提升，30 万余名网格员活跃在 6.9 万

---

① 习近平：《之江新语》，浙江人民出版社 2007 年版，第 239 页。

② 习近平：《干在实处 走在前列——推进浙江新发展的思考与实践》，中共中央党校出版社 2006 年版，第 433 页。

个网格中，排查安全隐患、调解矛盾纠纷、提供便民服务，及时把基层情况上传。2018 年以来，浙江更是全面推动基层治理经验做法从“盆景”变成“风景”。“全科网格”规范提升工程和“三治融合”基层社会治理体系建设推广工程、社会组织参与社会治理规范提升工程等，被列为总结提升推广新时代“枫桥经验”六大工程。乡镇（街道）创新联合治理机制，统筹条块力量，建立“基层治理四平台”，大力推动基层社会治理现代化。

六、建设平安浙江是维护广大人民群众根本利益的民心工程

浙江在平安浙江建设的考核评估中，始终坚持“平安不平安，人民群众说了算”，立足于回应群众的实际需求，反映群众的真实感受，把群众知晓率、参与度、满意度作为平安考核的主要依据，群众关注什么就重点考核什么，群众怎么评价就怎么考核计分，将群众是否满意作为决定考核是否通过的依据，真正把话语权、评判权、决定权交给群众，努力建设群众满意的平安浙江。经过 15 年的实践，平安浙江已经成为维护广大人民群众根本利益、为人民群众所期盼的民心工程。

2005 年 7 月，浙江省委、省政府出台《浙江省平安市、县（市、区）考核办法》，拉开了平安浙江考评的序幕。浙江通过科学设置考核体系、严格规范考评程序、逐年优化考核办法和加强考评结果应用等路径，提升平安浙江考评的科学化水平，强化平安建设的主体责任，着力构建“一把手抓、抓一把手”的平安建设工作机制，确保了平安建设各项政策措施的有效落地，持续推动了平安浙江建设。在科学设置考评指标方面，目前浙江已经建立了以人民群众的平安需求为导向，涵盖政治稳定、社会治安、经济秩序、安全生产、食药安全、生态保护、基层治理和人民生活八个维度共 100 项指标的平安浙江考

评指标体系；在严格规范考评程序方面，在不断实践探索和总结经验的基础上，浙江借鉴和吸纳国内外绩效考评程序的有效做法，建立了包括对结果性指标、过程性指标、民意性调查指标，以及暗访性调查指标四类不同考评指标的规范化和科学化考评程序，确保了平安浙江考评结果的科学性和权威性，有效地推动了平安浙江建设；在逐年优化考评方法方面，2015 年，浙江省平安办委托浙江大学专家学者开展“平安浙江考评体系的优化方案设计”研究，通过研究创立了由自我评估、认同度评估、社会公众评估和第三方评估“四位一体”的考评办法，较好地解决了考评主体和考评对象之间信息不对称、自我评估与他人评估相互割裂和考评结果缺乏解释能力等绩效考评缺陷，增强了平安浙江考评的针对性、有效性和可操作性；在强化考评结果的应用方面，浙江省委、省政府根据动态优化的考评体系，每年对全省市、县（市、区）的平安建设实施成效进行考评，并把考评结果与党政领导干部实绩考核紧密挂钩。连续 3 年被评为平安市、县（市、区）的，才能被授予平安鼎；连续 6 年的被授予“平安铜鼎”；连续 9 年的被授予“平安银鼎”；连续 12 年的被授予“平安金鼎”。

第二节　平安浙江建设的目标和特征

2004 年 5 月，省委十一届六次全体（扩大）会议通过的《关于建设“平安浙江” 促进社会和谐稳定的决定》，确立了平安浙江战略，率先开启了平安中国建设在省域层面的实践探索。2004 年以来，浙江始终坚定不移沿着“八八战略”指引的路子走下去，把平安浙江建设作为推进社会治理现代化的总抓手，一张蓝图绘到底、一任接着一任干，不断把平安浙江建设引向深入，谱写了经济持续健康发展、社会持续安全稳定的浙江篇章。2003—2018 年，浙江年地区生产总值从

9200亿元增加到56197亿元，年人均生产总值从19730元增加到98643元；刑事案件量从每年的42万多起下降到33万多起，命案从每年的1400余起下降到317起，谱写了经济社会逐年发展、社会不安定因素逐年降低的漂亮“X线”。浙江也被公认为全国最安全、最公平、最具有活力的省份之一。

一、平安浙江建设的目标

2004年，习近平同志就明确指出，“平安浙江中的‘平安’，不是狭义的‘平安’，而是涵盖了经济、政治、文化和社会各方面宽领域、大范围、多层面的广义‘平安’”①。同时，“广义的‘平安’不是泛化的‘平安’，不能理解为把经济、政治、文化建设都包含在‘平安浙江’建设之内，大而化之地把它作为一个框，而是着眼于经济、政治、文化、社会建设之间的有机统一和内在联系，综合考虑各方面对社会和谐稳定的影响，使之统筹兼顾，同步推进”②。围绕平安浙江建设，省委十一届六次全体（扩大）会议提出了“五个更加”的总体目标和“六个确保”的具体目标，即经济更加发展、政治更加稳定、文化更加繁荣、社会更加和谐、人民生活更加安康，确保社会政治稳定、确保治安状况良好、确保经济运行稳健、确保安全生产状况稳定好转、确保社会公共安全、确保人民安居乐业。“五个更加”的总体目标和“六个确保”的具体目标，凸显了平安浙江建设的整体性部署和系统性推进路径。“六个确保”的具体目标包括以下几个方面。

一是确保社会政治稳定。全面贯彻党的基本理论、基本路线、基

① 习近平：《干在实处 走在前列——推进浙江新发展的思考与实践》，中共中央党校出版社2006年版，第235页。

② 同上，第238页。

本纲领和基本经验，坚定不移地与党中央保持高度一致，使全省广大干部群众的政治意识、大局意识、法治意识明显增强；政治文明建设进一步加强，依法治省各项工作深入推进，基层基础工作扎实有效；政治体制改革稳步进行，权力的运行、制约和监督机制逐步完善，公民有序的政治参与进一步扩大；及时化解和妥善处理各类人民内部矛盾，减少各类群体性事件，力争不发生在全国造成重大影响的群体性事件；进一步依法规范信访秩序，做到有访必接、有信必复，切实提高信访按时办结率、当事人息诉率和群众满意率，重复访、越级访、集体访上升特别是来省去京人员增多趋势得到有效遏制；纠正损害群众利益的不正之风取得明显成效，党风廉政建设和反腐败斗争不断向纵深推进。

二是确保治安状况良好。全省刑事案件高发势头得到有效遏制，多发性、可防性案件上升幅度明显下降，黑恶势力受到毁灭性打击；反恐怖斗争组织健全、预案完善、措施得力；对杀人、绑架、伤害等严重犯罪案件力争“命案必破，挂牌全破”，盗窃、抢劫等多发性案件得到有效遏制；走私贩私、偷税骗税、金融诈骗、制假售假等各类经济犯罪大案、要案总量下降，严重经济犯罪得到有效防范和打击；社会治安综合治理各项措施全面落实，重点整治地区和行业社会治安有明显改善，社会治安综合治理评估和人民群众安全感继续保持全国前列。

三是确保经济运行稳健。经济发展的协调性和安全性进一步增强，宏观调控和市场监管的各项措施落到实处，经济领域的不稳定因素能够及时消除，经济增长方式进一步转变；生产要素配置不断优化，资源、能源、交通等影响经济发展的要素制约有效缓解；确保必要的粮食播种面积、生产总量和储备规模，粮食市场供应平稳、价格合理；金融安全得到有效保证，各级财政收支保持平衡；对外开放各项工作有序、稳健、安全，回避和应对国际经济风险的措施得力；市场经济秩序进一步规范，各种严重危害市场经济秩序的犯罪活动得到有力打击，全社会信用体系不断完善。

四是确保安全生产状况稳定好转。安全生产的法律意识和责任意识进一步增强，安全生产责任制进一步落实，各项安全生产规章和措施进一步强化，各类事故高发多发的态势和重特大事故进一步得到遏制；全省道路交通、建筑施工、工矿企业、火灾等事故总量和重特大事故造成的死亡人数，低于国务院有关部门下达的控制指标；全省建立起较为完善的安全生产监管体系，工矿企业事故死亡人数逐年下降，道路交通运输万车死亡率指标达到或低于全国平均水平，力争使亿元生产总值死亡率、10 万人死亡率等指标达到全国先进水平。

五是确保社会公共安全。社会公共管理薄弱的状况明显改变，防范和处置自然灾害、事故灾难、公共卫生事件、社会安全事件等公共安全重大突发事件的能力和水平得到提高；各类公共突发事件应急预案完善，预警和应急工作机制健全，应急指挥系统顺畅，应急资源准备充分；应急处置工作反应灵敏、快速有效，应急处置保障措施到位，公共突发性事件对整个社会正常秩序、公共安全的威胁和影响能够及时消除化解，确保最大限度地避免和减少此类事件造成的人员伤亡、财产损失和社会动荡，维护公众的生命财产安全和国家安全。

六是确保人民安居乐业。2005—2007 年，全省每年新增城镇就业岗位 50 万个以上，城镇登记失业率控制在 4.5%以下，“千万农村劳动力素质培训工程”扎实推进；城乡居民收入不断增加，贫富差距扩大的势头得到遏制；人民居住条件不断改善，全省城乡人均居住面积继续位于全国前列；社会保障制度更加完善，覆盖城乡的最低生活保障和养老、失业、医疗等社会保障制度更加健全，失地农民基本生活保障以及困难群众救助的长效机制规范运行；公民的合法权益切实得到保护，人民物质文化生活水平不断提高。

2018 年，浙江全面实施《高水平建设平安浙江打造平安中国示范区三年行动计划（2018—2020年）》。该行动计划明确了打造平安中国示范区“三个走在前列”的具体目标。明确了需要完成的三大任务，即高水平建设风险防范化解体系、高水平建设基层社会治理体系、高水平建设民生权益保障体系。明确了十大重点工程建设，即政治安全风险防范化解工程、社会治安风险防范化解工程、公共安全风险防范化解工程、经济金融风险防范化解工程、社会矛盾风险防范化解工程、网络安全风险防范化解工程、新时代“枫桥经验”总结提升推广工程、司法体制改革工程、重点民生权益保障工程、政法数字化协同工程。明确了实施食品药品安全保障、交通安全管理能力提升等40个重点项目。

开展平安浙江建设以来，历届浙江省委始终牢记习近平总书记的嘱托，以“经济更加发展、政治更加稳定、文化更加繁荣、社会更加和谐、人民生活更加安康”为总体目标，始终把“确保社会政治稳定、确保治安状况良好、确保经济运行稳健、确保安全生产状况稳定好转、确保社会公共安全、确保人民安居乐业”作为第一责任，一张蓝图绘到底，一任接着一任干，令建设平安浙江大道越走越宽阔。

二、平安浙江建设的特征

浙江多年的实践证明，平安浙江建设是浙江推进治理体系和治理能力现代化的重要推力，是关系浙江改革发展稳定大局的战略性举措。

（一）以人民为中心是平安浙江建设的基本立场

人民是我们党的工作的最高裁决者和最终评判者。我们一切工作的成效，最终都要由人民来检验。以人民为中心的发展思想，与我们党“全心全意为人民服务”的根本宗旨和优良作风一脉相承，体现了一以贯之的人民性，开辟了“人民立场”“人民主体”的新境界，具有鲜明的时代性和强大的感召力。坚持以人民为中心的发展思想，既是一个重大的理论问题，更是一个重大的实践问题。民心是最大的政治，人民是最大的靠山，脱离群众是最大的危险，为人民服务是最大的担当，群众满意是最大的标准。

发展为了人民，发展依靠人民。必须要从浙江的客观实际和人民群众的现实需要出发，必须要依靠全省人民的同心同德、团结奋斗。要顺应广大群众日益增强的参与社会事务管理的愿望和要求，畅通社情民意表达渠道，充分调动广大群众的积极性，使群众更好地实现自我教育、自我管理、自我约束、自我服务。在推进平安浙江建设进程中，要将人民群众的安危冷暖放在心中，始终把为人民群众解决问题作为头等大事。特别把关心和帮助困难群众作为各级党委、政府的重要工作。关心和帮助困难群众，是我们党的优良传统，也是我们工作的重中之重。在平安浙江建设中必须着眼于人的全面发展，切实保障人民群众的经济、政治、文化权益，不断满足人民群众日益增长的物质文化需要。

在平安浙江建设中，历届浙江省委都高度重视以人民为中心的发展思想。强调以人民为中心，就要对人民负责，要求全省党员干部都必须牢固树立人民至上的观念，把群众的安危顶在头上，把群众的冷暖挂在心头，在群众需要的时候随时冲得上去、豁得出去、扛得下来，在关键时发挥关键作用。要坚持“群众想什么、我们就干什么”，紧扣群众的期待，拿出更多硬招、实招、真招为群众办事，要当群众带头人，党员干部特别是领导干部在面临重大选择的关口，一定要有担当、有定力，会算大账、算长远账、算战略账，把得住发展的大方向大趋势，在权衡利弊中趋利避害、在统筹协调中精心谋划，为最广大群众作出最为有利的战略决策。要做到群众在哪里、党旗就飘扬在哪里，持之以恒正作风，更加广泛、更加密切地联系群众，更加深入、更加持久地扎根群众。要选用群众信赖的干部，在换届中坚持群众路线，把实干导向和群众满意导向树立起来，真正“换”出心齐气顺的干事环境，“换”出政治生态上的绿水青山。

（二）增进更多民生福祉是平安浙江建设的基本目标

“大道之行也，天下为公。”公平，这是人类社会于发展过程中，始终努力追求的目标。习近平同志在浙江工作期间指出，要坚持实施积极的就业政策，加快完善社会保障体系，合理调节收入分配关系，致力于解决关系群众切身利益的突出问题，不断维护和实现社会公平和正义。他多次强调，一个地区的发展，不是仅仅看其长处，更要看其短板。正像经济学中的“木桶理论”，一只木桶的装水容量不是取决于这只木桶中最长的那块板，而是取决于最短的那块板。在补短板中，要更加突出民生短板，把改善人民生活水平和质量作为重点，使人民群众都能共享改革发展的成果。民生和民安之间存在着紧密联系，浙江省第十四次党代会报告提出了“在提升人民群众获得感上更进一步、更快一步，努力建设平安浙江”这一奋斗目标。这一目标聚焦群众获得感，关注民生福祉，充分体现了在平安建设中以民生促民安的治本之策。因此，解决好民生问题是平安建设的基础所在。浙江坚持每年落实民生实事，精准扶贫脱贫，以公共服务均等化推进社会事业创新发展。2004—2016 年，全省财政民生投入年均增幅 10.6%。

党的十八大以来，习近平总书记针对促进社会公平正义作了一系列重要论述，主要集中在发展、改革、制度、司法等方面，切中了我国当前维护和促进社会公平正义的重点、难点和着力点。2016 年 9 月 3 日，习近平主席在二十国集团工商峰会开幕式上发表主旨演讲时强调，我们将更加注重公平公正，在做大发展蛋糕的同时分好蛋糕，从人民最关心最直接最现实的利益问题出发，让老百姓有更多成就感和获得感。党的十九大报告强调，必须多谋民生之利、多解民生之忧，在发展中补齐民生短板、促进社会公平正义，通过深化司法体制综合配套改革，全面落实司法责任制，努力让人民群众在每一个司法案件中感受到公平正义。

在平安浙江建设中，历届浙江省委都强调，要聚焦重点，坚持问题导向、需求导向、法治导向、效果导向，切实把老百姓关心、关切的社会治安、社会保障、公共安全、权益维护、公平正义等问题解决好，把民生实事办好。当前，平安浙江建设正站在一个新的历史起点上，有了新的奋斗目标。浙江省第十四次党代会提出了建设平安中国示范区的奋斗目标，要在提升人民群众获得感上更进一步、更快一步，努力建设平安浙江，并提出了群众普遍拥有更稳定的工作、更满意的收入、更舒适的居住条件、更安全的生活环境，优质教育和医疗卫生服务共享水平进一步提高，社会保障全面覆盖、更趋公平，社会养老服务质量明显提升等具体目标。这些都能更好地“增进更多民生福祉”。

（三）实现共建共享是平安浙江建设的基本方向

在中国共产党的领导下，人民群众是改革发展成果的创造者，也是改革发展成果的享有者。共同建设是全体社会成员的共同责任，共享发展成果是人民群众的应有权利。共建是共享的前提，共享是共建的目的。从广大人民群众和社会各界来看，大家对平安浙江建设的关注度、参与度、满意度不断提高，共建共享平安和谐的社会氛围日益浓厚，建设平安浙江已经成为全省人民的共同事业和追求。“我们深化‘平安浙江’建设，推进构建和谐社会，主要着力点还是要围绕社会和人的全面发展，加强社会建设和管理，大力发展社会事业，促进社会全面进步。”① 要积极为人民群众创造平等发展、安居乐业、和谐

① 习近平：《之江新语》，浙江人民出版社 2007 年版，第 225 页。

稳定、能够充分发挥聪明才智的社会环境，真正让改革发展的成果惠及最广大人民群众，使广大人民群众既成为社会和谐稳定的受益者，又成为平安浙江的建设者。要强化各方责任、调动各方积极性、形成建设平安浙江的整体合力、让人民群众共享平安建设成果。这些都蕴含着丰富的共建共享思维，是平安浙江建设的基本方向。

党的十八大以来，习近平总书记提出了“社会建设要以共建共享为基本原则”“发展为了人民、发展依靠人民、发展成果由人民共享，作出更有效的制度安排，使全体人民在共建共享发展中有更多获得感”等重要论断。党的十九大报告进一步提出“打造共建共治共享的社会治理格局”，对新时代社会治理格局和实现路径作出了系统设计和战略谋划，成为“平安中国”建设的重要内容。这些都为平安浙江建设指明了更加清晰的发展方向。在平安浙江建设中，历届浙江省委都强调，平安浙江建设是一项系统工程，是相对的、动态的，必须以全面的观点、系统的思维、整体的理念、强大的合力来共同推进。要坚持重结果、动态性，进一步发挥平安考核导向作用，充分调动各地各部门各单位的积极性、主动性和创造性，形成共建共享平安的整体合力。平安浙江建设开展以来，浙江全省上下众志成城、久久为功，充分发动群众、依靠群众，逐步改变包揽一切和单干、封闭、独享的思维方式和行为方式，确立合作、互通、共享理念，激发社会自治、能动、协同力量，致力于打造平安建设人人有责、人人尽责的命运共同体，构建起了共建共享的平安浙江建设格局。

（四）稳定性和谐性是平安浙江建设的基本原则

平安浙江建设一直强调突出和谐性，两者之间有着密不可分的联系。平安是和谐的前提，社会不平安则和谐社会就无从谈起，和谐又是平安的深化，是内在的、可持续的平安。2003 年，浙江省人均生产总值 2434 美元，呈现出经济快速发展、人民安居乐业的良好局面，但作为经济较为发达的东部省份和市场经济的先发地区，浙江也更早地感受到一些新的带有普遍性的矛盾和问题，率先遭遇“成长中的烦恼”。教育、科技、医疗、卫生、文化、环境等发展相对滞后，社会治安、公共安全不断出现新情况，由各类矛盾纠纷引发的群体性事件呈多发态势，经济高速增长所付出的社会成本和代价不断上升。国际经验表明，人均生产总值处于1000—3000美元阶段，既是加快发展的黄金时期，也是各类矛盾的凸显时期，我们一定要站在政治和全局的高度充分认识促进社会和谐稳定的重大现实意义。只有社会和谐稳定，国家才能长治久安，人民才能安居乐业。人民群众企盼生活幸福，但幸福生活首先必须保证社会和谐稳定。深入实施“八八战略”，必须深化改革、促进发展；而无论是改革还是发展，都需要和谐稳定的社会环境。没有和谐稳定的社会环境，改革不可能深化，发展更无从谈起。

平安浙江是在我国由计划经济体制向社会主义市场经济体制转轨、经济社会转型的历史背景下，从切实加强党的能力建设、维护改革发展稳定的大局出发，站在政治和全局的高度提出的，时任省委书记习近平要求全省上下务必保持清醒和坚定，牢固树立新的改革观、发展观和稳定观。并多次强调指出，“富裕与安定是人民群众的根本利益，致富与治安是领导干部的政治责任”①，“要正确处理改革发展稳定的关系，既坚持稳定压倒一切的方针，又坚持发展这个第一要务”②，“不能以为我们现在强调‘平安’，改革与发展就可以放松了；更不能以为在改革与发展的过程中出现了一些影响‘平安’的问题，就因噎废食，不事改革，不抓发展”③，“如果不注重‘社会更加和

---

① 习近平：《之江新语》，浙江人民出版社2007年版，第52页。

② 同上，第53页。

③ 习近平：《干在实处 走在前列——推进浙江新发展的思考与实践》，中共中央党校出版社2006年版，第274页。

谐’，就不可能实现更高水平的全面小康，更谈不上现代化。所以，我们一定要坚持‘两手过硬’，学会‘十指弹琴’，把促进社会和谐稳定放在十分突出的重要位置”①。浙江全省上下将建设平安社会、促进社会和谐放到了更加重要的位置，坚持发展与稳定并重、富民与安民共进，扎实推进平安浙江建设，促进了社会长期和谐稳定。

党的十八届三中全会指出，创新社会治理，必须着眼于维护最广大人民根本利益，最大限度增加和谐因素，增强社会发展活力，提高社会治理水平，全面推进平安中国建设，维护国家安全，确保人民安居乐业、社会安定有序。2017 年 9 月 19 日，习近平总书记在会见全国社会治安综合治理表彰大会与会代表时强调，发展是硬道理，稳定也是硬道理，抓发展、抓稳定两手都要硬。党的十九大报告把维护社会稳定作为“平安中国”建设的基本目标。在平安浙江建设中，历届浙江省委多次强调，要坚持问题导向，把当前存在的各种问题找准摸清，真正点准穴位、对症下药，通过解决问题来进一步提高维护浙江社会和谐稳定的能力，确保做好各项安保维稳工作，真正打造平安的铜墙铁壁。要更加注重解决影响社会和谐稳定的突出问题，着力加强社会治安工作、改进流动人口服务管理、强化安全生产监管、化解社会矛盾纠纷、保障国家安全，切实维护社会大局稳定。

第三节　高水平推进平安浙江建设

省第十四次党代会以来，新一届省委立足于浙江作为中国革命红船起航地、改革开放先行地、习近平新时代中国特色社会主义思想重

① 习近平：《干在实处 走在前列——推进浙江新发展的思考与实践》，中共中央党校出版社 2006 年版，第 236 页。

要萌发地的政治优势，积极响应习近平总书记对浙江提出的“干在实处永无止境，走在前列要谋新篇，勇立潮头方显担当”的新期待，提出了建设更高水平平安浙江、打造平安中国示范区的战略目标。2018年，省委启动实施《高水平建设平安浙江打造平安中国示范区三年行动计划（2018—2020年）》，重点实施十大工程，着力抓好40个重点建设项目，推动平安浙江建设继续走在全国前列。2019年3月，省委召开全省建设平安浙江工作会议，部署深化平安浙江建设各项工作。会议强调，必须站在平安浙江建设15周年新起点上再出发，拉高标杆、砥砺奋进，努力建设更高质量、更高水平的平安浙江。当前和今后一个时期，平安浙江建设的主要目标任务就是“聚焦一个目标、突出七项工作、强化三个保障”，为浙江实现高质量发展和长治久安提供重要保障。

一、坚持不懈打好防范化解重大风险攻坚战

敢于直面问题、强化风险意识，是党中央在战略上的清醒认识、在战略上的主动出击，也是我们从战略上主动防范化解重大风险的内在要求。稳中求进是党中央确定的工作总基调，也是我们防范化解重大风险必须遵循的重要原则。党的十八大以来，以习近平同志为核心的党中央高度重视防范化解重大风险工作。习近平总书记就防范化解重大风险问题发表了一系列重要讲话，深入回答了防范化解重大风险的方向性、根本性、战略性问题，给全党上了深刻生动的形势判断政治动员课、底线思维专题辅导课、风险防范斗争艺术课。特别是习近平总书记在2019年1月省部级主要领导干部坚持底线思维着力防范化解重大风险专题研讨班上，就防范化解政治、意识形态、经济、科技、社会、外部环境、党的建设等领域重大风险作出了深刻分析，提出了明确要求。他强调，我们必须始终保持高度警惕，既要高度警惕

“黑天鹅”事件，也要防范“灰犀牛”事件；既要有防范风险的先手，也要有应对和化解风险挑战的高招；既要打好防范和抵御风险的有准备之战，也要打好化险为夷、转危为机的战略主动战。

浙江学深悟透习近平总书记的重要论述精神，拿起历史望远镜来深刻把握“为什么要防范化解重大风险”，对标战略实施路线图来深刻把握“我们遇到的重大风险是什么”，用好实践教科书来深刻把握“如何防范化解重大风险”，对照政治责任状来深刻把握“以怎样的使命担当防范化解重大风险”，不断增强防风险、守底线的思想自觉和行动自觉。

近年来，浙江在防范化解重大风险上进行了积极的探索和实践，积累了宝贵经验、深化了规律性认识，主要体现在“八个坚持”上。

一是坚持把发展作为防范化解重大风险的首要前提。抓发展和防风险是一对辩证关系，发展越好，防范化解重大风险的基础就越牢固；重大风险防范化解越好，发展就越好。用发展的办法防范化解重大风险，最重要的是坚持走高质量发展之路。浙江坚决打破拖累转型升级的“坛坛罐罐”，下力气“腾笼换鸟”“凤凰涅槃”，有力破解经济社会发展中的深层次矛盾和问题，努力走出一条质量更高、效益更好、结构更优、后劲更足的发展新路。

二是坚持把抓基层、打基础作为防范化解重大风险的重中之重。防范化解重大风险的最好办法和最优选择，就是将矛盾消解在基层，将问题化解于未然。近年来，浙江充分发挥基层党建的统领作用，全面夯实基层基础，稳住防范化解重大风险的阵地。不断完善推广各地在创新基层治理中的好经验好做法，以乡村振兴筑牢“三农”工作压舱石，持续推动防范化解重大风险重心下移、力量下沉、保障下倾，把工作触角延伸到城市社区、农村、企业等各行各业、千家万户。

三是坚持把源头治理作为防范化解重大风险的有效抓手。古人云：“防为上，救次之，戒为下。”这就启示我们，抓早抓小抓苗头，从源头上减少风险的产生、削弱风险的影响，往往会取得事半功倍的效果。浙江始终树立关口前移的超前意识，把着眼点放在前置防线、前瞻治理、前端控制、前期处置上，加快建立健全各领域各方面的风险监测防控平台，全面落实决策风险源头管控责任制，做到管决策必须管风险、有风险必须有预案。

四是坚持把健全体制机制作为防范化解重大风险的固本之策。近年来，浙江建立健全风险研判机制、决策风险评估机制、风险防控协同机制、风险防控责任机制，努力实现对风险的发生诱因与事前防范、风险的事中演进与有效控制、风险的化解与事后治理等进行全方位管理、全过程监控，加快推进重大风险防范化解工作制度化、规范化、科学化。

五是坚持把现代科技作为防范化解重大风险的强大支撑。5G移动通信技术、大数据、云计算、全息投影、增强现实、区块链、人工智能等新技术的应用，为防范化解重大风险提供了更多办法和手段。有着数字经济先发优势、信息技术比较发达优势的浙江，充分运用科技理念、科技手段、科技成果来织密防范化解重大风险的科技防控网，推动从“互联网+”到“智能+”的转变，更好地发挥现代科技在防范化解重大风险中的强大支撑作用。

六是坚持把以人民为中心作为防范化解重大风险的出发点和落脚点。浙江始终保持一颗为民的初心，以对人民群众极端负责的态度，将推动防范化解重大风险的过程变为保障人民群众各项权益的过程，变为让人民群众过上美好生活的过程，不断提升人民群众的获得感、幸福感、安全感。同时，广大人民群众是防范化解重大风险最可靠的后盾、最深厚的力量源泉。浙江广泛动员社会的力量、企业的力量、群众的力量，共唱一台戏，不断激发群众防风险的积极性、主动性、创造性，不断提高广大群众和社会组织防范化解风险的意识和本领，真正打好防范化解重大风险的人民战争。

七是坚持把党员干部的担当有为作为防范化解重大风险的关键所在。打铁还需自身硬，铁肩才能担道义。浙江的党员干部始终把防范化解重大风险的政治责任，记在心中、扛在肩上、抓在手里，主动把自己摆进去、把职责摆进去、把问题摆进去，以“逢山开路、遇水架桥”的干劲和巧劲，以“踏平坎坷成大道，斗罢艰险又出发”的顽强意志，讲方法、讲策略、求实效，强弱项、补短板，学真本领，练真功夫，切实提高防范和化解重大风险的能力，做好各个领域风险防范和处置工作。

八是坚持把党的领导作为防范化解重大风险的根本保证。中国共产党是中国特色社会主义事业的领导核心。在打好防范化解重大风险攻坚战中，浙江始终发挥党统揽全局、协调各方的政治领导核心作用。全省各级党委切实担起主体责任，把风险防控好，把风险防范在早、控制在小，化解在当地、消灭在萌芽状态。对相关领域的重大风险做到有一本家底明白账、一张解决时间表、一份分工落实军令状，真正把防范化解重大风险落到实处。

二、推动扫黑除恶专项斗争向纵深发展

2018 年 1 月，中共中央、国务院发出《关于开展扫黑除恶专项斗争的通知》，为期三年的扫黑除恶专项斗争在全国范围内启动。开展扫黑除恶专项斗争，是以习近平同志为核心的党中央在全面建成小康社会决胜阶段、中国特色社会主义进入新时代的关键时期作出的一项重大决策部署，事关社会大局稳定和国家长治久安，事关人心向背和基层政权巩固，事关进行伟大斗争、建设伟大工程、推进伟大事业、实现伟大梦想。在 2019 年 1 月召开的中央政法工作会议上，习近平总书记强调，黑恶势力是社会毒瘤，严重破坏经济社会秩序，侵蚀党的执政根基。要咬定三年为期目标不放松，分阶段、分领域完善策略方

法，调整主攻方向，保持强大攻势。要紧盯涉黑涉恶重大案件、黑恶势力经济基础、背后“关系网”“保护伞”不放，在打防并举、标本兼治上下真功夫、细功夫，确保取得实效、长效。习近平总书记关于扫黑除恶专项斗争的系列重要讲话和重要指示，思想深邃、论述深刻、指导性强，为我们深入推进专项斗争指明了前进方向、提供了根本遵循。

浙江深入学习贯彻习近平总书记关于扫黑除恶专项斗争的重要指示精神，按照中央和省委的决策部署，敢于担当、勇于斗争、善于斗争，扎实开展扫黑除恶专项斗争，真正在深化打击、深挖幕后、依法惩治、综合整治、固本强基、督促指导等六个方面狠下功夫，确保专项斗争取得突破性成效。并将建章立制作为扫黑除恶的治本之策，先后出台了十余个长效机制，涵盖了法律法规、内部运行、线索排查、专案侦办等多个方面。按照“五个走在前列”“五个绝不允许”要求，细化制定专门工作方案，进一步明确主攻方向、重点任务、方法策略，确保有序有力推进。重点抓好以下三个方面工作。其一，抓联动融合。坚持和完善好经验好做法，进一步推动形成党委（党组）统一领导、领导小组牵头抓总、有关部门协同并进、社会力量共同参与的工作格局。其二，抓宣传发动。创新引导发动、举报奖励、群众反馈机制，营造“人人参与、人人喊打”的浓厚氛围，打一场扫黑除恶的人民战争。其三，抓督导推动。聚焦薄弱环节、重点领域，发现问题、传导压力、推动落实，以“硬碰硬”的督导考核确保“实打实”的工作成效。

为深入推进扫黑除恶专项斗争，维护社会大局平安稳定，浙江公安机关通过制定《全省公安机关涉黑涉恶线索排摸核查工作规范》《涉黑涉恶线索分级分类处置办法》《浙江省公安机关涉黑涉恶线索提级、异地、限期核查工作机制》等一系列规范，全警发动，集中警力，持续发力，对黑恶势力形成强大震慑。全省公安机关建立省、市、县三级扫黑除恶专业队，同时选调在法律实务、审查攻坚、信息研判等方面有特长的民警，组建省级扫黑除恶专业团队，为提级侦办、异地用警、重大案件攻坚提供有力支撑。为深入打击黑恶势力犯罪，全省各地检察机关边办案边总结，边治理边创新。其中，“智能排查＋人工审查＋深入调查＋移送侦查”，是浙江检察机关创造的检察监督新模式，成为深入打击黑恶势力犯罪的又一利器。如2018年3月，绍兴市检察院运用自行开发的“智慧民行”软件（民事裁判文书智慧监督系统）发现，彭某在一年内陆续提起70余件借贷纠纷诉讼，存在虚假诉讼行为，便将线索移交公安机关立案侦查。随后，一个长期以敲诈勒索、非法拘禁、虚假诉讼等手段暴力讨债的“套路贷”团伙渐渐浮出水面。经深挖彻查，该团伙被整个捣毁。扫黑必打“伞”，浙江检察机关坚持扫黑与打“伞”并举，深挖彻查黑恶势力背后的“关系网”“保护伞”，彻底铲除黑恶势力滋生的土壤。全省三级检察机关全面推行“审查留痕”制度，在讯问犯罪嫌疑人、询问证人时就案件是否涉及“保护伞”情况进行核查，如实记录。对涉及“保护伞”线索的，一律以书面形式移送并附卷备查。省检察院还牵头制定《关于对重大黑恶案件实行异地管辖的规定》，明确对涉黑案件、有“保护伞”的涉恶案件、其他重大涉恶案件，在侦查、起诉、审判各环节均实行异地管辖，从制度上保证涉黑涉恶案件办案质量。浙江法院坚持以“零容忍”的态度，重拳打击黑恶势力犯罪，依法严惩相关首要分子、骨干成员。重点打击农村黑恶势力及操纵、经营“黄赌毒”、非法高利放贷、“套路贷”、暴力讨债等危害民生的违法犯罪活动。贯彻执行宽严相济的刑事政策。在从严惩处的同时，强调以审判为中心，充分保障被告人合法权益和诉讼权利，充分保障律师的执业权利，律师辩护覆盖率达到83.78％，对黑恶势力的一般成员、对侦破案件起关键作用的被告人，依法酌情从宽处理。精心组织庭审，周密做好庭审各项准备或预案，顺利完成多个黑恶案件的庭审任务。对被告人依法积极适用财产刑、资格刑，铲除黑恶势力经济基础。敢于刀刃向内，深挖黑恶势力“保护伞”“关系网”线索。

2018 年 1 月至 2019 年 10 月，浙江省围绕扫黑除恶三年目标，强力推动专项斗争不断向纵深发展。全省共打掉黑恶团伙 2900 余个，其中，黑社会性质组织 137 个，抓获各类团伙成员 3 万余名，侦破案件 2.5 万余起，查封、冻结、扣押涉案资产 80 多亿元，涉黑涉恶案件起诉 1174 件 7000 余人、一审判决 747 件 4600 余人、二审判决 295 件 2500 余人。社会治安形势持续向好，群众安全感满意度明显提升，政治生态不断进化，经济社会发展环境更加优化。2019 年 1—9 月，全省刑事发案率同比下降 10%，99.36%的群众认为黑恶犯罪现象明显减少。

三、从根本上遏制案件事故的高发态势

随着经济社会的不断发展，浙江已经进入一个风险社会，各种案件事故频繁发生的特征日益凸显。浙江始终保持高压态势，从根本上遏制道路交通事故、毒品案件、“坑老骗老”等案件事故的高发态势，按照“项目化推进、清单式管理”要求，一个问题一个问题解决，一件一件抓好落实，努力实现发案减少、事故下降、秩序良好、社会稳定、群众满意的目标。

浙江的道路交通事故整治突出“五个强化”：强化现场查处，增强警示和震慑作用；强化科技应用，以信息化、大数据研判实施精准打击；强化联动整治，加强与路政、运管等多部门协作联动，形成“一路多方”工作合力；强化夜间和恶劣天气管控，严密勤务部署，加大“降速、控距、亮尾”工作力度；强化曝光力度，集中公布一批严重违法重点车辆、驾驶人，公告一批终身禁驾名单，曝光一批主体责任不落实的运输企业，实实在在打出声势、打出效果，切实规范重点高速公路通行秩序。

坚持精准打击毒品犯罪，强化大案攻坚，推广应用特色高质量集群打击技战法，逐步形成压倒性打击优势和最大化打击效果；强化专项打击，提升缉毒打击的针对性和效能。力争到2020年率先形成依法治理、科学治理、系统治理、综合治理新格局，努力为全国毒品治理能力现代化打造“浙江样板”、贡献“浙江经验”。截至2018年底，全省现有吸毒人数同比下降17.6%，戒断三年以上未复吸13.9万人，同比上升23%。

保健品市场的“骗老坑老”“骗病坑病”现象，严重危害了人民群众的健康，扰乱了市场秩序。为此，浙江省委政法委、省市场监督管理局等七部门联合于2019年1月开始开展为期半年的保健品市场乱象专项整治行动，打击保健品市场欺诈营销和虚假宣传违法犯罪行为。整治行动聚焦浙江保健品市场非法添加、虚假标识、非法营销以及虚假广告宣传等乱象，重点整治宣传能预防治疗疾病的保健品，包括保健食品、功能食品、保健医疗器械等产品。其中，重点检查以中老年人、病人为推销对象的食品、保健食品和医疗器械。此外，整治行动还紧盯大中型社区、城乡接合部、乡镇、村居等保健品非法销售人员经常出没的重点区域，重点查处以健康养生讲座、专家咨询、免费旅游体验、免费体检义诊等形式进行的虚假宣传（虚假广告和标识标签）和欺诈销售（非法添加、虚高价格）行为，以及利用网络、电视、广播、电话和报刊为载体的非法营销。自2017年7月浙江省开展食品、保健食品欺诈和虚假宣传整治以来，共侦办涉食品、保健食品安全犯罪案件826起，刑事打击2289人，罚没款1.36亿元，保健品市场欺诈乱象得到一定程度的遏制。

四、不断提高维护公共安全能力水平

习近平总书记强调，当前，公共安全事件易发多发，维护公共安全任务繁重。政法综治战线要主动适应新形势，增强风险意识，坚持多方参与、合作共享、风险共担，坚持科技引领、法治保障、文化支撑，创新理念思路、体制机制、方法手段，推进公共安全工作精细化、信息化、法治化，不断提高维护公共安全能力水平，有效防范、化解、管控各类风险，努力建设平安中国。浙江对公共安全领域的普遍性问题警钟长鸣，按照不重痕迹重实绩、不靠突击靠平时、不要应付要用心的要求，抓好风险隐患大排查，推动公共安全领域的监管工作做到位，实现重要指标明显下降。落实公共安全重点区域、重点领域、重点行业常态化严管机制，实行表格化管理，精细精准管控，立说立行改进，确保社会安全稳定。同时，为扎实推进公共安全视频监控建设联网应用工作，充分发挥视频信息在治安防控、打击犯罪、社会管理、服务民生等方面的重要作用，构建立体化的社会治安防控体系，深化平安浙江建设，浙江根据国家发展改革委等九部委《关于加强公共安全视频监控建设联网应用工作的若干意见》和省委办公厅、省政府办公厅《关于加强社会治安防控体系建设的实施意见》要求，制定了《浙江省公共安全视频监控建设联网应用工作实施方案（2016—2020年）》。

浙江着力抓好风险隐患大排查，推动公共安全领域的监管工作做到位。例如，2018年，为了吸取泰国普吉游船翻沉事故的深刻教训，着手在全省范围开展旅游安全隐患大排查，全力做好旅游安全工作，关闭安全要求未达标的景区。2019年，江苏响水天嘉宜化工有限公司爆炸事故，再次敲响环境安全的警钟。为全力防范和遏制突发环境事件发生，严守生态环境安全底线，浙江省生态环境厅迅速制定印发《关于开展全省化工企业环境安全隐患排查整治专项行动的紧急通知》，第一时间部署开展了为期2个月的专项行动。2019年，浙江省住房和城乡建设厅按照《住房和城乡建设部办公厅关于组织开展住房和城乡建设领域安全生产隐患大排查的紧急通知》要求，建立健全完善风险管控和隐患排查治理双重预防机制。以各项专项治理行动为抓手，开展隐患常态化排查整改，对重大安全隐患项目严格执行停工、追踪和挂牌督办制度，确保隐患及时闭环整改。

五、大力推动基层社会治理现代化

党的十八大以来，以习近平同志为核心的党中央提出了一系列社会治理的新理念新思想新战略，特别是对坚持发展“枫桥经验”作出重要指示，要求把“枫桥经验”坚持好、发展好，把党的群众路线坚持好、贯彻好。新时代“枫桥经验”是习近平新时代中国特色社会主义思想在社会治理领域结出的一大成果，正从实践经验升华为基层治理理论。在新的历史起点上，浙江与时俱进地把“枫桥经验”坚持好、发展好，大力提升基层治理的社会化、法治化、智能化、专业化水平，努力谱写坚持发展新时代“枫桥经验”的新篇章。新时代“枫桥经验”的主要内容体现在五个坚持上。

一是坚持党建统领。群雁高飞靠头雁，船载万斤靠舵手。党建统领是新时代“枫桥经验”的政治灵魂，也是新时代“枫桥经验”的最大优势，是基层治理的定海神针。浙江把基层治理和基层党建结合起来，牢固树立一切工作到支部的鲜明导向，高标准落实农村基层党建“浙江二十条”，积极探索“党建＋市域治理”“党建＋网格”“党建＋市场治理”“党建＋流动人口管理服务”等做法，不断推动党组织的服务管理触角延伸到社会的每个末梢，基层党组织在基层治理中的战斗堡垒作用得到充分显现。

二是坚持人民主体。不忘初心、方得始终。一切为了群众、一切依靠群众，是新时代“枫桥经验”的初心所在、力量所系。浙江深入践行党的群众路线，时刻以群众需求为导向，以群众满意为追求。浙江还全面实施了领导干部接访、下访等创新举措，并通过推广群众安全感第三方评估、满意度公开测评等方式，较好地实现了治理过程让群众参与、治理成效让群众评判、治理成果让群众共享。

三是坚持“三治融合”。自治、法治、德治“三治融合”，是新时代“枫桥经验”的重大创新，是基层治理现代化的发展方向。浙江不断健全完善民主恳谈、“村民说事”等基层协商民主方式，扎实推进村规民约和社区公约、百姓议事会、乡贤参事会、百事服务团、法律服务团等建设，全面推行村级“小微权力清单”制度，深入开展民主法治村建设，一个自治、法治、德治相辅相成、相得益彰的基层治理体系已经基本形成。目前，全省已建成“三治融合”示范村（社区）2000个。

四是坚持“四防并举”。人防、物防、技防、心防“四防并举”，是新时代“枫桥经验”实现网上和网下相衔接、传统与科技相结合的题中应有之义，也是提高风险防控预见性、精准性、高效性的重要手段。浙江大力推进“雪亮工程”、大数据运用、互联网法院等信息化建设，全面推进“基层治理四平台”建设，全面实施重点领域实名制管理，加快“全科网格”建设，积极构建起具有浙江特点的风险预测预警预防体系，最大限度地降低了全社会各类风险发生的概率，最大限度地减少了风险造成的损失。

五是坚持共建共享。新时代“枫桥经验”打开了共建共享的通道，体现了大社会观和大治理观。浙江在全省范围内全面推行民生实事项目代表票决制，按照“群众提、代表定、政府办、人大评”的办法确定每年要办的十个方面民生实事，充分发挥代表的民主主渠道作用。浙江围绕“党委领导、政府负责、社会协同、公众参与、法治保障”，着力建立健全多元主体对话、协商、合作机制，大力培育发展社会组织和各类志愿者队伍，涌现了“武林大妈”“乌镇管家”“义乌勇士”等诸多优秀典型，他们在矛盾化解、社区矫正、帮扶救助、慈善公益等领域发挥了积极作用，为共建共享不断注入新内容。

六、有效应对互联网环境下的新问题

互联网在给我们带来了便利的同时，也带来了诸多社会难题。比如较为突出的网约车难题。网约车的难题在于传统社会的属地治理和互联网平台的冲突。因此，在平安浙江建设中尤其需要高度关注互联网环境下产生的新问题。

浙江有效应对互联网环境下的新问题，重点抓好涉网贷平台投资受损引发的问题和网络赌博、电信网络诈骗等问题，做到防范在早、控制在小。浙江全面排查 P2P 网贷风险，按照“保留一批、清退一批、取缔一批”原则，分类制订风险处置方案，严禁增量、严控存量、严打违法，建立机构动态监测清单、重点风险管控清单以及协同推进工作机制，切实打好 P2P 网贷风险专项整治攻坚战。

2019 年，省委政法委等九部门联合下发通知，决定在全省范围内开展为期半年的网络赌博专项整治行动，依法打击整治网络赌博违法犯罪，不断净化网络空间。专项整治行动期间，九部门严厉打击一批人民群众反映强烈的虚假赌博网站和开设赌场犯罪组织，深挖打击一批为网络赌博提供资金结算、技术支撑的违法违规机构，强力清理一批违法网络直播等有害信息，强力整治一批违法犯罪信息集中的互联网企业、网站和应用服务。九部门还建立健全打击整治网络赌博违法犯罪长效工作机制，创新完善网络社会打击防控赌博犯罪治理体系，全面遏制网络赌博犯罪，为浙江“两个高水平”建设创造良好社会环境。

电信网络诈骗这种新型违法犯罪严重危害广大群众的财产安全，浙江历来高度重视，严密防范、严厉打击。全省 11 个市建立了反诈中心，初步形成省、市两级反诈防范联动架构，联手通信管理部门、基础电信企业，运用大数据、人工智能等先进技术，构筑技术防控网，实现诈骗号码识别拦截、疑号短信推送提醒等功能。浙江坚持“打防结合、以防为主”的指导思想，重拳打击防范电信网络诈骗犯罪。不断创新打击技战法和策略，实施全链条打击，努力做到连根拔、一窝端，不断巩固专项行动成果。按照宣传防范电信网络诈骗犯罪进社区（村居）、进企业、进学校、进家庭、进单位“五进”要求，充分利用媒体揭露诈骗手段、提示防范要点，拓宽社会群众知晓面，筑牢人民群众心理防线。积极联动省联席会议各成员单位，进一步落实监管责任，完善监管机制，坚决整治黑灰产业链，斩断诈骗犯罪链条，堵塞安全漏洞，从源头上遏制案件高发势头。2017 年，全省共受理此类案件 8.02 万起，同比下降 18.85%，降幅居全国前列，共侦破电信网络新型犯罪案件 4.22 万起，刑事拘留犯罪嫌疑人 1.48 万人，通过及时有效打击，为群众止损 7000 余万元。

七、加快推进社会治理与现代科技深度融合

现代社会的平安建设离不开科技支持。习近平总书记在党的十九大报告中强调，提高社会治理社会化、法治化、智能化、专业化水平，并多次在重要讲话中特别强调，要利用好互联网和网络信息技术，提升社会治理的智能化水平。信息化浪潮带来前所未有的社会变革，融入百姓生活的方方面面，也成为推进社会治理现代化、智能化的重要引擎。社会治理智能化是在大数据时代背景下，以网络化和网络平台为基础，运用大数据、云计算、物联网等信息技术，实现社会治理精准分析、精准服务、精准治理、精准监督、精准反馈的机制和过程。

随着“互联网＋”时代的到来，基层社会治理也越来越智慧化。不少地方也由“人海战术”向“智慧监管”转型，让有限的基层力量“精准”投入智慧网格中。在平安浙江建设过程中，浙江积极探索

“互联网＋”的治理模式，重视引进和运用先进科学技术，从“天网工程”“雪亮工程”到“一张网”“一朵云”“一条路”和“城市数据大脑”，平安浙江的电子化、智能化、数字化水平不断提升。目前，浙江已建成全省联网的平安建设信息系统，系统终端覆盖省、市、县三级4000多个部门，覆盖所有市、县（市、区）、乡镇（街道）和村（社区）；全省视联网已建成1640个终端，实现了省、市、县、乡四级全覆盖；浙江省综治办、信访局、教育厅、民政厅等12个省级部门联合下发平安建设信息系统数据整合暂行规定，明确规定互通共享的数据种类和方法，将综治相关信息整合到一个大数据平台。全省“雪亮工程”建设正在同步推进，已建成公共视频监控探头184万个，重点公共区域视频监控联网率达70％以上。

省公安机关在此基础上深化视频信息应用，开发建设省、市、县三级视频图像信息实战应用平台，将全省案（事）件结构化信息与随案实践采集的视频图像非结构化信息进行关联存储、建立索引、标注说明，在此基础上提供信息查询检索、同类合并、分析研判等服务。法院系统依托全面覆盖的数字法庭，自2014年开始试行以庭审录音录像取代传统庭审书面记录的改革，同时引入人工智能语音识别技术，逐步升级使用智能语音识别系统自动生成庭审笔录，目前语音识别正确率已达95％以上，配合高清数字法庭系统形成了“视频＋音频＋文字”的全链路、多层安全、同步识别的智能记录体系，有力促进了庭审质效提升。省高级人民法院还与阿里巴巴集团合作建设智慧法院，实现网上预约立案、诉前在线调解、网络平台递交司法确认申请、数字化远程在线办案、大数据监管互联网“老赖”等功能。检察系统坚持把科技强侦作为提升检察工作的关键，全面加强检察信息技术中心建设，完善综合信息查询、电子物证检验、文检文证审查、司法会计鉴定、心理测试等功能，形成由信息引导和主导侦查的办案新模式。

浙江努力建设完善统一指挥、反应灵敏、运转高效的基层治理信息系统，按照需求和应用来推进智能化建设，并创造了浙江政务云“最多跑一次”、杭州“城市大脑”等智能化社会治理的新模式和经验。“各自为政、条块分割、烟囱林立、信息孤岛”是长期困扰政府信息化建设的问题。浙江通过“最多跑一次”改革，大力推进政府信息系统互联互通，推动政务信息跨地区、跨层级、跨部门互认共享，打破信息孤岛，初步形成了“用数据决策、用数据管理、用数据服务”的公共管理与服务机制。基于阿里云搭建的浙江政务云是“最多跑一次”的关键支撑。浙江政务云实现了对散落在不同政府部门数据的全打通，运行在政务云上的浙江政务服务网因此才能够让百姓像逛淘宝一样办事。目前，浙江省各市、县的3300余个部门、6万余项审批事项都已经纳入浙江政务服务网，并按照个人办事、法人办事、便民服务等主题分类导航。

在2016年云栖大会上，杭州城市数据大脑（以下简称“城市大脑”）项目正式启动，这不仅仅是技术创新，更是社会创新、社会治理模式的创新。城市大脑以交通领域为突破口，开启了利用大数据改善城市交通的探索，如今已迈出了从治堵向治城跨越的步伐，取得了许多阶段性的成果。城市大脑一方面以经济、政治、文化、社会、生态五大领域为根目录，进行顶层设计，每个根目录又派生出二级目录、三级目录和四级目录等。另一方面，构建了纵向到区（县、市），横向到各部门的组织架构，纵向延伸到区（县）的称为平台，如杭州城市大脑·上城平台、杭州城市大脑·萧山平台，目前已有15个平台；横向扩展的称为系统，如杭州城市大脑·城管系统、杭州城市大脑·卫健系统，目前已有50余个系统。杭州城市大脑从惠民利民的一些小事切入，打造了一个个丰富多彩的应用场景。如卫健系统的“舒心就医”，原来到医院就诊，挂号、放射检查、化验、配药每个环节都要往返付费，但在城市大脑的协同下，在杭州市参加医保且信用良好的病人，就医全程无须先付费，只要就诊结束后48小时内通过自助机、手机等方式一次性支付即可，实现“最多付一次”。这一系统目前已在220多家医疗机构推行，医院的收费窗口减少了一半以上，大大节约了管理成本。又如城管系统的便捷泊车，App扫码一次，终身绑定，全城通停，并实现“先离场后付费”。已开通场库1857个，开通泊位总数30.3万余个。此项服务注册用户总数已达22万，平均每天新开通用户4000个，日均支付笔数1万多笔。更进一步，推出“无杆”停车，已有75个政府投资的公共停车场取消栏杆，自由进出。再如文旅系统的应用场景已让“10秒找房、30秒入住、20秒入园”成为现实，在西湖景区的景点和四星级以上酒店做到了全覆盖。到2019年底，城市大脑上线的应用场景已达到48个。

【思考题】

1. 如何理解平安浙江建设的背景和意义?
2. 平安浙江建设的目标和特征有哪些?
3. 如何更好地推进平安浙江建设?

【参考文献】

1. 中共浙江省委政法委课题组，宋光宝：《平安浙江建设的实践与思考》，载《公安学刊（浙江警察学院学报）》2013年第4期。

2. 马以主编：《平安中国的浙江实践》，浙江人民出版社2017年版。

3. 浙江省中国特色社会主义理论体系研究中心：《从“平安浙江”到“平安中国”》，载《浙江日报》2018年7月25日。

第六章

努力建设美丽浙江

浙江省第十四次党代会继续坚持将生态文明建设作为一项重要工作，并对生态文明建设的战略部署进行了总结提升，把美丽浙江建设作为“六个浙江”建设的重要内容之一，对生态文明建设提出了更进一步、更快一步的明确要求和战略部署。美丽浙江建设紧扣浙江“两个高水平”建设总体战略目标，以“开辟绿水青山就是金山银山的新境界”作为战略指引，牢固树立和深入践行“两山”理念，把生态文明建设作为千年大计，制订实施优美环境行动计划，积极创建国家可持续发展议程创新示范区，建设美丽中国示范区，为人民创造良好的生产生活环境；积极推进绿色发展，坚决打好污染防治攻坚战，以更大力度推进生态建设和保护，深化生态文明体制改革，深入推进省域生态治理能力和治理体系现代化建设，提高生态保护和生态治理效能。

第一节　美丽浙江建设的背景和战略意义

在浙江工作期间，习近平同志把建设“生态省”、推动浙江生态文明建设、处理好资源环境可持续发展问题作为“八八战略”的重要组成部分。浙江省第十四次党代会在以往生态文明建设实践的基础上，围绕“两个高水平”建设的奋斗目标和浙江发展新方位，提出“在提升生态环境质量上更进一步、更快一步，努力建设美丽浙江”的战略目标。建设美丽浙江是浙江推进“八八战略”再深化、改革开放再出发的重要战略举措，是新的历史时期推进浙江生态文明建设，探索生态治理能力和治理体系现代化的重要战略途径。

一、续写“八八战略”大篇章的生态文明建设新篇章

党的十八大以来，习近平总书记从国家可持续发展和中华民族永续发展的高度定位生态文明建设，突出了生态文明建设在党中央治国理政总体格局中的地位和作用，提出了许多具有指导意义的新思想新论断，形成了习近平生态文明思想。干净的水、清洁的空气、良好的生态环境，既是人民群众的期待，也是党委和政府的重要责任。以习近平同志为核心的党中央从新时代的战略高度，全面反思生态文明建设中遇到的重大理论和实践课题，提出将生态文明建设全面融入经济建设、政治建设、文化建设、社会建设以及党的建设的全过程和始终的思想，从“五位一体”战略布局高度，统筹谋划生态文明建设，将提升国家生态治理能力和治理体系作为生态文明建设的重要战略目标，将坚持和完善社会主义生态文明发展道路，建设系统完备的生态文明制度体系和治理体系作为重要目标，制定了一系列的具体改革举措，形成了新时代中国特色社会主义生态文明建设的总体战略格局，为建设“美丽中国”提供了强大的思想指引和精神动力。

习近平生态文明思想的形成与浙江实践有着密不可分的关系。习近平同志在浙江工作期间，对浙江发展取得的成就和遇到的问题，有着清醒的认识，对浙江作为先发省区所遇到的生态资源环境压力和制

约有着深刻的认识。改革开放以来，浙江经济社会迅速发展，城乡面貌发生巨大变化，人民生活水平显著提高。在21世纪初，浙江的主要经济指标增长幅度都高于全国平均水平，浙江经济发展走在全国前列，但是，也面临“成长中的烦恼”，其中突出的一个，就是资源与生态环境问题集中显露。浙江是资源小省，不仅体现在有形资源上，也体现在环境容量上。就地理环境而言，浙江“七山一水两分田”，平原面积仅为2.2万平方千米左右，环境容纳能力十分有限。随着经济社会发展，人民生活水平快速提升，浙江资源小省的矛盾日益凸显。工业化、城市化快速发展，也使浙江率先在全国面临诸如水污染、大气污染、噪声污染、土壤贫瘠化、水资源短缺、土地供应紧张、垃圾围城等系列生态问题。生态环境问题日益成为公众普遍关注的热点，其中水污染、空气污染、噪声污染的投诉呈逐年上升的趋势，因生态环境问题引发的纠纷逐渐增多，群众性对立和冲突不断出现和蔓延，社会稳定受到严重威胁。

2003年7月，浙江省委十一届四次全体（扩大）会议召开，时任浙江省委书记习近平在代表省委作的报告中明确提出了发挥“八大优势”，推进“八项举措”的战略。针对生态文明建设，明确提出“进一步发挥浙江的生态优势，创建生态省，打造‘绿色浙江’”，把生态省建设放在更加突出和重要的位置。与此同时，浙江被列为国务院全国生态省试点，浙江省成立生态省建设领导小组，习近平同志担任领导小组组长。省生态省建设领导小组会议每年召开，总结生态省建设经验，谋划下一步生态省建设的内容和要点。总之，通过生态省试点建设，全面提升了浙江生态文明建设水平，推动了生态治理体系和治理能力的现代化。

在“八八战略”指引下，2010年6月底，浙江省委召开省委十二届七次全体（扩大）会议专题研究生态文明建设，会议通过的《关于推进生态文明建设的决定》标志着浙江生态文明建设上了一个新台阶，从新视野筹划浙江生态文明建设。会议更进一步突出强调了生态文明建设对于浙江转型发展的重要性，从根本上转变经济发展方式，坚持绿色增长、绿色发展，推进生态文明建设，既把握了浙江发展的历史方位，又找到了浙江转型发展的战略途径；既回应了人民群众对美好生活的现实期待，又丰富了深入推进浙江“两创”总战略的具体实践。这次会议明确了浙江生态文明建设的重点任务，即大力发展生态经济，不断优化生态环境，着力提高资源利用效率，积极发展生态科技，加快生态文化建设，加快形成节约能源资源和保护生态环境的产业结构、增长方式和消费模式，努力实现经济社会可持续发展。生态浙江建设的提出，强调了生态立省的战略定位，更加凸现了生态文明建设对浙江转型发展的极端重要性，同时，浙江省委把生态浙江建设作为实现“物质富裕、精神富有”的“两富”浙江建设的重要内容，与人民群众的幸福生活联系起来，并提出了建设“富饶秀美、和谐安康”的生态浙江就是提高人民生活品质，深化了对生态文明建设根本目的和战略价值的认识。

党的十八大明确提出建设“美丽中国”的战略目标。浙江作为东部先行发展地区，理应成为“美丽中国”建设的先行示范省区。2014年，浙江省委召开省委十三届五次全会，专题研究生态文明建设，在深入贯彻关于生态文明建设新思想基础上，落实“美丽中国”战略部署，浙江省委通过了《关于建设美丽浙江、创造美好生活的决定》。这个决定明确提出了建设“两美”浙江的战略目标，这是浙江省在新时期，站在新起点上，对生态文明建设的新部署。2017年浙江省委第十四次党代会，继续将美丽浙江建设纳入“六个浙江”建设的战略部署之中，提出“在提升生态环境质量上更进一步、更快一步，努力建设美丽浙江”的战略目标，为浙江生态文明建设走在全国前列，建设美丽中国示范区提供了战略指引。

总之，建设美丽浙江是继续贯彻落实“八八战略”，谱写新时代浙江生态文明建设新篇章的重要战略部署，体现了浙江生态文明建设坚持一张蓝图绘到底，一任接着一任干的战略定力和与时俱进的创新精神，体现了历史性与时代性的有机统一，体现了贯彻中央精神与推动地方实践创新的有机结合。

二、深入实施“两山”理念的重要举措

习近平同志在浙江工作期间，大力推进生态省建设，2005 年 8 月在湖州安吉余村深刻阐述了“绿水青山就是金山银山”重要理念。这一理念，否定了以牺牲“绿水青山”换取“金山银山”的错误的发展观，深刻指出以“绿水青山”去换取“金山银山”不仅得不偿失，而且给经济社会发展带来巨大隐患。要树立起“绿水青山就是金山银山”的认识，要懂得保护“绿水青山”就是保护“金山银山”，要用“绿水青山”源源不断地换取“金山银山”。“两山”理念，不仅批判了原来污染环境、忽视环境的生态价值和经济价值的发展思路，而且充分阐述了“绿水青山”与“金山银山”的辩证关系，是指导浙江生态文明建设的重要思想。

美丽浙江战略举措是对“绿水青山就是金山银山”重要理念的贯彻落实，也是对如何实现“绿水青山就是金山银山”的实践探索。美丽浙江建设不仅针对环境污染加剧的现实情况，而且提出通过打好生态治理和环境保护组合拳，守护好浙江一方净土蓝天，实现绿水长流、青山常在。美丽浙江建设就是要综合性治理生态环境，不仅要把水环境治理好，而且也要把被污染的空气和土壤治理好。同时，打好生态治理组合拳和经济社会发展组合拳，大力发展生态工业、生态农业、生态旅游等可持续发展产业，推动整个经济社会的转型升级。总之，美丽浙江建设的精神实质就是实现“绿水青山”和“金山银山”双赢的发展格局。

同时，在实践探索层面，美丽浙江建设就是把“绿水青山”和“金山银山”的辩证关系具体化，在实践中探索如何治理环境污染、如何治理城乡生态环境、如何找到跨省域生态治理的具体路径，使“两山”理念真正落地生根。

美丽浙江建设不仅对于推进浙江生态文明建设具有重要意义，而且对于浙江经济社会全面转型发展也有现实意义。从美丽浙江建设取得成效以及得到干部群众的广泛认可来看，美丽浙江建设贯彻落实了“两山”理念，把握了“绿水青山”和“金山银山”的辩证关系，实现了可持续发展，牢牢掌握了经济社会转型升级的主动权，为高水平建设生态文明，打造“美丽中国”示范区提供了浙江经验。

三、全面探索生态治理现代化的重要路径

美丽浙江建设立足浙江实际，不断用系统性、协调性和整体性的改革思维，克服生态治理原来存在的条块分割、职能错位，通过体制机制创新破除原有的体制机制障碍，为构建生态治理体系和提升生态治理能力做出了有益探索。

原来的环境保护和生态治理体制存在着如下几点弊端。其一，山、林、田、湖、河等作为整体的生态系统，被分割为不同的部门管理，造成了管理的缺位或重叠，使作为整体的生态系统无法得到有效保护和治理。其二，各生态环境等部门之间缺乏有效的沟通和衔接，部门之间职能割裂，管理混乱，协调性不足。其三，跨区域、跨流域、跨领域的生态问题缺乏系统性解决。譬如流经多个地市的河，水环境的污染和治理缺乏各地的有效系统整合。其四，不同领域的环境保护和生态治理措施和制度，存在重叠或真空，有效衔接、系统完备的生态文明制度体系无法建立。这些弊端不仅在浙江存在，其他省市也有这些问题。党的十八大以来，党中央把构建系统完整的生态文明

制度体系作为重要的改革内容。

美丽浙江建设就是要破除原来环境保护和生态治理上的诸种弊端和问题，用系统性、协调性和整体性思维，探索有效的实现生态治理体系和治理能力现代化的根本途径。浙江在实施美丽浙江战略过程中，探索了生态治理的领导体制和组织体系，建立了以省委书记和省长为组长的省一级美丽浙江建设工作领导小组，设立了美丽浙江建设工作领导小组办公室负责日常工作，各地市（县、区）也建立相应的领导体制。构建生态治理的领导组织结构，为全面推进美丽浙江建设提供了组织基础。在美丽浙江建设过程中，浙江省委、省政府制定了美丽浙江建设路线图和目标责任制，探索了生态治理的目标管理体制。譬如，在深化“五水共治”的过程中，完善河长制和河警制，将生态治理的责任从上到下进行了具体化的分解，使具体职责真正落地，有效扎实推进了相应河段的水环境治理及其具体生态治理任务的完成。在美丽浙江建设中强化媒体和社会监督，探索生态治理的舆论监督体制。另外，在美丽浙江建设中，探索多元参与生态治理联动机制、生态治理多元投入机制以及生态治理长效机制等。

这些生态治理的具体举措，对构建生态治理体系和提升生态治理能力现代化都具有十分重要的实践价值。同时，美丽浙江建设绝不局限于生态文明建设领域，而是与政治、经济、社会、文化、党建等各个领域进行有机结合和整合，全面构建现代省域生态治理制度体系和治理体系，为浙江高水平全面建成小康社会、高水平实现现代化提供生态环境保障。

总之，美丽浙江建设是浙江高水平全面建成小康社会、高水平建设现代化的重要战略支撑，是贯彻落实“八八战略”、习近平生态文明思想和“美丽中国”战略的重要举措。美丽浙江建设的实践探索和创新，必将为“美丽中国”建设提供浙江经验。

第二节　美丽浙江建设的目标与布局

浙江省第十四次党代会报告提出建设“两个高水平”浙江和“六个浙江”的战略部署。在生态文明建设领域，明确提出：在提升生态环境质量上更进一步、更快一步，努力建设美丽浙江，确保不把违章建筑、污泥浊水、脏乱差环境带入全面小康。省委十四届二次全体（扩大）会议通过的推进“两个高水平”建设的决定，对生态文明建设提出的战略目标就是要开辟绿水青山就是金山银山的新境界，牢固树立和深入践行绿水青山就是金山银山的理念，把生态文明建设作为千年大计，制定实施优美环境行动计划，积极创建国家可持续发展议程创新示范区，建设“美丽中国”示范区。这里所提出的建设“美丽中国”示范区，就构成了引领浙江生态文明建设的总体目标。

一、总体目标：建设美丽中国示范区

美丽浙江建设的实践探索，可以为建设“美丽中国”提供经验。2017 年，浙江与生态环境部签署了共建“美丽中国”示范区的协议，成为国家建设美丽中国的示范试点省份。浙江要为全国生态文明建设创造更多示范做法和经验。

在制度创新方面，浙江积极探索形成系列制度体系，在治水、治气、治土方面，以及环境监测和督察方面，浙江都已经形成了一整套制度体系。特别是“五水共治”格局的形成，以“治水”全面引领省域范围的大流域治理和城乡水环境整治，探索出推动生态环境综合治理的经验，在制度层面形成比较成熟的制度规范和法律政策。

在跨省区生态治理方面，浙江积极推动长三角绿色一体化发展，

探索跨省跨流域生态补偿机制，在新安江—钱塘江流域水环境治理中，已经形成跨省生态补偿机制，为保护钱塘江水质提供保障。在跨省生态环境责任制建设方面探索形成了浙江和江苏跨省联合河长制度，破解跨省河流治理监管责任缺失问题，为美丽中国建设解决跨省、跨地区、跨流域治理提供了浙江经验。

在美丽浙江建设中，浙江特别重视生态治理体系和治理能力现代化建设，不断根据生态科技、生态技术发展，在制度层面、技术应用层面以及生态文明教育普及方面全面探索，整体推动浙江省生态治理体系现代化和生态治理能力现代化，为国家生态治理体系和生态治理能力现代化提供了浙江经验。

总之，美丽浙江建设的总体目标，就是要体现高水平、更快一步、更进一步的要求，在全国以更高标准贯彻落实习近平生态文明思想，建设“美丽中国”示范区，为“美丽中国”建设贡献浙江经验。

二、美丽浙江建设的具体目标和布局

浙江深入贯彻党的十八大、十九大精神以及十九届二中、三中、四中全会精神，深入学习和领会习近平生态文明思想，结合浙江生态文明建设实际，逐渐形成了美丽浙江建设的具体目标和布局。

（一）积极推进绿色发展

建立健全绿色生产和消费的法规、制度和政策，健全绿色低碳循环发展的经济体系。完善绿色金融体系，大力发展节能环保产业、清洁生产产业、清洁能源产业、生态循环农业。强化资源全面节约和循环利用，大力实施节水行动，加快建设清洁能源示范省。倡导简约适度、绿色低碳的生活方式，开展创建节约型机关、绿色家庭、绿色学校、绿色社区和绿色出行等行动。

（二）坚决打好污染防治攻坚战

强化环境标准引领，解决各类突出环境问题，加快实现污水、垃圾高质量全处理。继续大力推进“五水共治”，巩固提升剿灭劣Ⅴ类水和农村生活污水治理成果，加快实现全省饮用水源地水质和跨行政区域河流交接断面水质双达标，加强流域环境和近岸海域综合治理。打赢蓝天保卫战，推动城市空气质量优良天数持续稳步提高。统筹抓好治土、治固废等工作，加强农业面源污染防治，推行城乡生活垃圾分类化、减量化、资源化、无害化处理，实现城市生活垃圾总量“零增长”和农村生活垃圾分类处理全覆盖。深入开展小城镇环境综合整治，着力提升农村人居环境。

（三）更大力度推进生态建设和保护

统筹山水林田湖草系统治理，实施重要生态系统保护和修复重大工程，保护生物多样性，提升森林、河流、湿地、海洋等自然生态系统质量和稳定性。抓好省级空间规划试点，推进“多规合一”，推动主体功能区战略在市、县精准落地，加快生态保护红线、永久基本农田、城镇开发边界三条控制线划定与实施。深入推进“四边三化”和平原绿化，加强水土流失综合治理，强化湿地保护和恢复，加快建成“森林浙江”。创建海洋生态建设示范区，开展全省海岸线整治修复三年行动。深入推进美丽城乡建设，打造沿江、沿河、沿山、沿湖万里美丽走廊，大力发展全域旅游，全面建成“诗画浙江”中国最佳旅游目的地。

（四）深化生态文明体制改革

落实中央关于生态环境监管体制改革部署，设立国有自然资源资产管理和自然生态监管机构，完善生态环境管理制度，坚持和深化河长制，推进湾（滩）长制国家试点。构建国土空间开发保护制度，建立以国家公园为主体的自然保护地体系，健全耕地、森林、河流、湖泊休养生息制度。深化环境监测改革，提高污染排放标准，强化排污者责任，健全环保信用评价、信息强制性披露、严惩重罚等制度，打造环保执法最严省份。推进环境资源市场化配置，建立市场化、多元化生态补偿机制，开展生态产品价值实现机制试点。完善环境资源司法保护机制，建立健全生态环境损害赔偿制度和责任终身追究制度，坚决制止和惩处破坏生态环境行为。

美丽浙江建设的具体目标和布局，体现了浙江在生态文明建设的新时期，特别重视建设系统完备的生态文明制度体系和治理体系。2019 年 11 月，省委十四届六次全体（扩大）会议通过了《高水平推进省域治理现代化的决定》，对新时期高水平推进浙江省域治理现代化做出战略部署。在生态文明建设方面，更加突出了美丽浙江建设的制度体系创新探索要求，提出了构建全域美丽的绿色发展体制机制的目标，对制约美丽浙江建设的深层次问题进行了制度上破解，提出了下一步浙江生态文明建设的具体目标和布局，主要内容如下。

深化生态文明示范创建，健全源头预防、过程控制、损害赔偿、责任追究的生态环境保护体系，建立“三线一单”生态空间管制制度，完善生态文明建设目标评价考核机制，落实生态环境保护督察制度。全面建立和推行美丽乡村、美丽城镇、美丽城市建设标准，深化“千村示范、万村整治”工程，实施“百镇样板、千镇美丽”工程，构建公用设施集约建设、高效利用、长效运维机制。构建以排污许可制为核心的固定污染源监管制度体系，完善污染防治区域联动机制和陆海统筹的生态环境治理体系，全面实施河长制、湖长制、湾（滩）长制、林长制，健全治水治气治土治废长效机制，大力推进“幸福河”建设，加强近岸海域污染防治，普遍实行垃圾分类和减量化、资源化、无害化处理制度，推行环境污染责任保险和生态环境损害赔偿制度。健全生态保护和修复制度，统筹山水林田湖草整体保护和系统修复，高水平推进国土绿化、美化，推进国家公园创新，严格落实围、填海政策。推进城乡全域有机更新，规范异地搬迁，探索开展未来社区建设试点，建立城镇老旧小区改造和危旧房、违法建筑治理长效机制，加快推进“厕所革命”，加快全面消除城镇“筒子楼”“拎马桶”等现象。深化国土资源节约集约示范省创建，全面推进自然资源统一确权登记，推行资源高效利用制度，健全海洋资源开发保护制度，完善自然资源全生命周期监管体制，完善能源“双控”制度，加快天然气体制改革，深化领导干部自然资源资产离任审计。建立生态产品价值实现机制，完善绿色发展财力奖补和生态补偿机制，健全排污权、用能权等交易制度，强化美丽经济发展激励，拓宽绿水青山向金山银山转化通道。

这些具体的目标和布局，勾勒了美丽浙江建设下一步的具体内容，突出了高水平推进浙江省域生态治理体系和治理能力现代化的内在要求，体现了十九届四中全会关于“坚持和完善生态文明制度体系，促进人与自然和谐共生”战略部署的基本精神。总之，美丽浙江建设的总体目标和具体目标，构成了美丽浙江建设的基本思想指引和前进方向。

第三节　加快推进美丽浙江建设

根据美丽浙江建设的主要目标和布局，加快推进美丽浙江建设主要围绕深化生态文明体制改革，深入推进“五水共治”，实施垃圾分类、提升城乡环境，构建长三角一体化生态治理格局，完善省域生态制度体系建设等方面展开。通过美丽浙江建设，浙江探索形成了全面推进生态文明建设的基本途径和工作格局。

一、加快推动生态文明机构改革

党的十九届三中全会为党和国家机构改革制定了具体方案，在生态文明建设领域突出机构职能整合，突出生态环保部门双重管理机制，突出生态文明建设各部门间的系统性、整体性和协调性。中央的党和政府机构改革方案，为推进生态文明机构改革提供了指导思想。

浙江省把贯彻十九届三中全会精神与加强生态文明体制机制改革有机结合起来，在党和政府机构改革中，突出生态文明职能部门间的系统整合，突出党对生态文明建设的领导，使生态文明有关部门机构设置更完备、职能配置更科学、运行更高效。

在省政府机构改革方面，根据转变政府生态文明治理职能要求，推进重点领域、关键环节的机构职能优化和调整，组建了省自然资源厅、生态环保厅，改革自然资源和生态环境管理体制。坚持“绿水青山就是金山银山”和“山水林田湖草是一个生命共同体”的理念，统筹全省各类自然资源的整体保护、系统修复和综合治理，加强国土空间规划管理，加强对包括海洋资源、森林资源等在内的自然资源的管理，组建省自然资源厅，加挂省海洋局牌子，不再保留省海洋与渔业局、省海洋港口发展委员会。同时，整合组建省林业局，作为省自然资源厅的部门管理机构，加强自然保护区、风景名胜区、自然遗产、地质公园等的管理职责。

将省环境保护厅的职责，以及省发展和改革委员会应对气候变化和减排职责，省国土资源厅的监督防止地下水污染职责，省水利厅的编制水功能区划、排污口设置管理和流域水环境保护职责，省农业厅的监督指导农业面源污染治理职责，省海洋与渔业局的海洋环境保护职责等进行整合，组建省生态环境厅，作为省政府组成部门。不再保留省环境保护厅。将省林业厅的职责，以及省国土资源厅、省住房和城乡建设厅、省环境保护厅、省水利厅、省海洋与渔业局等部门的自然保护区、风景名胜区、自然遗产、地质公园等管理职责进行整合，组建省林业局，作为省自然资源厅管理的副厅级机构。不再保留省林业厅。

通过深入实施机构改革，浙江省生态文明体制机制更加优化顺畅，更好地推动生态文明相关部门职能整合和有效管理，为全面深入推动美丽浙江建设提供了重要体制机制保障和组织机构保障。

二、深入实施“五水共治”

浙江“五水共治”实施以来，已经取得了非常好的成效，极大地推动了经济转型升级，而且通过治水改善了生态环境，提升了老百姓的生活质量。浙江省第十四次党代会明确，继续将“五水共治”作为推动美丽浙江建设的重要抓手和主要工作，提出在治水方面：高标准推进“五水共治”，坚持“截、清、治、修”并举，巩固扩大治污成果，不断提高防洪排涝能力，更加重视节约用水，保障优质饮用水供应。具体举措如下。

一是精准施策，切实改善水质环境。从感官污染最明显的垃圾河、黑河、臭河入手，开展“清三河”，即清理垃圾河、黑河、臭河，全省消灭垃圾河 6487 千米，完成 5116 千米黑臭河整治，到以“截、清、治、修”四个环节为主的剿灭劣Ⅴ类水行动，截至 2017 年底，全省排查出的 6 个省控、27 个市控、25 个县控劣Ⅴ类水质断面和 16455 个劣Ⅴ类小微水体均达到剿劣验收管理办法要求，实现整治销号，全省劣Ⅴ类水质断面全部消除，劣Ⅴ类小微水体基本消除。推行“污水零直排区”建设，2018 年完成“污水零直排区”工业集聚区建设 32 个、生活小区类 210 个、镇（街道）95 个，治水工作层层推进。宁波市北仑区以党建为引领，党群合力推进，开展小浃江水系综合整治，成功消灭劣Ⅴ类水，筑起了一道集美化、生态于一体的风景线。义乌市提出“1+9+14+6”治水模式，即1个治水总体规划、9大源头治理（城镇雨污合流整治、工业企业雨污合流整治、农村生活污水治理、污染行业治理、农业面源污染治理、集贸市场和特殊行业治理、河湖库塘清淤、城乡环境综合治理和初期雨水治理）、14个镇街主体责任、6项保障措施，统筹推进水环境综合治理，实现了治水工作从流域治水向源头治水转变、从应急式治水向长效治水转变、从项目建设为主向管控运维为主转变，基本完成全域“污水零直排区”建设。德清县工业园区以“污水零直排区”创建为契机，将治水工作与干部考核相结合，将治水任务作为村干部候选人竞职承诺的重要内容，针对园区雨污分流不彻底、排污监管难、建设资金筹措难等问题，“点、线、面、网”结合，对园区工业企业地下雨污管网进行地毯式排查，做到无遗漏、无盲点，实施“一企一管一表”源头把控，实施污水管网智能管控信息化改造，真正实现工业污水管控工作从初步监测向智慧控制、从末端治理向源头管理的转变。这些举措，使治水更加精准、更加高效。

二是水岸同治，深入推进源头治理。制定实施城镇污水处理厂清洁排放标准，制定《关于推进城镇污水处理厂清洁排放标准技术改造的指导意见》，高质量高标准推进城镇污水处理厂清洁排放改造，2018年全省启动实施100座污水处理厂改造项目。编制农业农村污染治理攻坚战实施方案，开展农家乐餐饮废水处理，推进2017年度中央农村环境综合整治项目，完成400个村整治、1210个农村水源地的调查评估工作。深入实施以“一从严三加快”为主要内容的块状行业整治提升“十百千万”计划，全面整治“低散乱”问题企业，2018年全省共整治提升3.6万家。依法依规淘汰落后和严重过剩产能，加快推进重点行业企业清洁化改造。诸暨市以科技创新为依托、绿色养殖示范为引领，“既要珠光宝气、也要碧水清波”，全面开启珍珠养殖产业去产能、提品质、控污染、保生态的转型升级之路，创新珍珠养殖“滴喂”模式，确保市内珍珠养殖塘内水质达Ⅳ类水标准、排放尾水达Ⅲ类水标准。淳安县按照“管子要通、污水要流、机器要转、水质要达标、排放要生态、百姓要满意”的目标，统筹推进农村污水治理工作。2014 年以来，总计投入 12 亿元，建成污水管网 3177.2 千米，化粪池 7.82 万只，新建污水处理终端 1999 套，人工湿地 1549 处（5.6 万平方米），全县农村污水日处理能力达到 4.96 万吨/天。受益农户 11.34 万户，农户受益率 97.5%；农村生活污水纳管率达到 85%以上，处理率 100%，运维移交率和运行正常率均达 100%，终端出水水质合格率 98.5%。台州椒江区通过“拆、截、清、关”四项措施，标本兼治，全力提升岩头闸水质，拆除违章点位 120 多处 55 万余平方米，新建一二级管网 24.1 千米，实现流域范围内海门街道 30 个村居所有生活污水管网全覆盖，完成流域范围内 6 条主干河道及 31 条支流的河道疏浚工作，累计疏浚河道 44.6 千米，清淤 29.5 万立方米，关停流域内畜禽养殖场所 236 家，岩头闸成功实现劣Ⅴ类断面销号，水质常年稳定维持在Ⅲ—Ⅳ类标准。这些举措重点深化了源头治理，使“五水共治”工作更加深化和拓展。

三是统筹兼顾，不断加强治水力度。治污水，持续开展截污纳管、河湖库塘清淤、工业整治、农业农村面源治理、排放口整治和生态配水与修复等治污六大工程。2018 年，全省建设改造城镇污水管网 2210 千米，整治涉水地方特色重点行业规模企业 231 家，养殖场集粪棚改造 1579 个，建成美丽牧场 324 个，完成 201 个氮磷生态拦截沟渠示范点建设，建成水产养殖尾水治理示范场（点）563 个，完成河湖库塘清淤 8072 万立方米，河道综合整治 700 千米，完成日处理能力 30 吨以上的农村生活污水处理设施标准化运维 808 个。防洪水，重点抓好强库、固堤、扩排工程建设。大力推进大中型水库工程建设和五大江河干堤加固工程建设，完成病险水库除险加固 120 座。全面实施水利工程标准化管理，完成水利工程标准化验收2620个。排涝水，重点抓好强库堤、疏通道、攻强排。通过拓浚通道、新增强排泵站等措施，增加排水出路，完善强排布局，建设雨水管网923千米，增加应急抽水设备能力3.9万立方米/小时。保供水，重点抓好开源、引调、提升工程建设。新建水厂增加供水能力50万吨/日，改造水厂提升供水能力25万吨/日。抓节水，深入开展节水型社会建设，抓好工业节水，推进农业节水，加强城镇节水。新增高效节水面积45.1万亩，建设屋顶集雨等雨水收集系统3311处，改造节水器具5.64万套，改造“一户一表”5.68万户。这些举措不仅强化了治水力度，而且深化了“五水共治”的整体协同性。

总之，浙江省委、省政府紧紧围绕“高标准推进‘五水共治’”和“决不把污泥浊水带入全面小康”的总体要求，深入实施“五水共治”，全面提升水环境质量，坚定不移续写“两山”实践新篇章，使江南水乡风光更加秀美。2018年，全省221个省控断面中，Ⅰ—Ⅲ类水质断面占84.6%，同比上升1.8个百分点，满足功能要求断面占89.6%，同比上升3.6个百分点。“五水共治”公众满意度为83.26%，同比提高4.84个百分点。

三、大力推进垃圾分类管理

随着城乡经济社会的发展，垃圾处理问题成了生态文明建设必须解决的问题，习近平总书记也专门针对垃圾分类作出重要指示。近年来，浙江省认真贯彻落实习近平总书记关于垃圾分类的重要指示精神，大力推进“垃圾革命”，积极推动城乡生活垃圾分类化、减量化、资源化、无害化处理，大力提升城乡生态环境。

垃圾分类处理，不仅关系到城乡生活质量，而且也是生态文明建设、建设节约型社会、推动可持续发展的重要内容。在浙江省“千村示范、万村整治”工程的实施过程中，以及美丽乡村建设过程中，垃圾分类处理就被作为重要的工作来抓。近年来，浙江城乡各地对垃圾分类处理作出新探索。浙江省制定颁布了《浙江省城镇生活垃圾分类管理办法》和《浙江省餐厨垃圾管理办法》，为全省探索垃圾分类提供了制度保障，推动了本省行政区域内城市建成区的生活垃圾分类投放、分类收集、分类运输、分类处置及其监督管理。

但从全省的具体实施效果来看，垃圾的类别、标志、品种、投放、回收等具体标准不统一、不完善，成为推进垃圾分类工作的瓶颈。针对这一问题，浙江省建设厅于2019年8月颁布了《浙江省城镇生活垃圾分类标准》，统一了分类设施的标志、标识和颜色，明确了分类投放、分类收集、分类运输和分类处置的操作规范，对不同垃圾的投放、运输车辆配置、装载方式、装载标准和运输要求进行细化，涉及每个垃圾投放点、集置点的设置、摆放规定，以及每种分类垃圾宜采取的处理工艺及方式等，涵盖垃圾分类的方方面面，具有很强的可操作性。

浙江省的垃圾分类收集和处理工作实现了城乡基本全覆盖，并向城市生活垃圾总量“零增长”的目标迈出了重要的一步。垃圾分类收集和处理工作仍然任重道远，但是其方向是明确的，对于生态文明建设的深入推进而言也极为关键和重要。垃圾分类收集和处理的成效主要集中在如下几个方面：

一是提高了垃圾回收和再利用率，为资源循环利用创造了条件，资源循环利用制度的建立，为建立健全绿色低碳循环发展经济体系创造了条件。二是优化了城乡生态环境。垃圾分类收集和处理，降低了环境污染，同时，为美丽乡村建设和城市环境的美化创造了条件。三是为人民群众培养生态环保的生活理念和消费理念创造了条件，提升了人民群众的环保意识和生态文明建设的参与意识和公共精神，夯实了生态环境建设的民意基础和群众基础。四是为形成系统性、协调性的多方参与、齐抓共管的生态文明建设格局创造了条件和基础。

总之，浙江省第十四次党代会报告将垃圾分类收集和城市生活垃圾“零增长”作为美丽浙江建设的重要内容，体现了浙江省从生态文明建设纵深推进的高度定位垃圾分类收集处理的重要意义。通过近几年的实践探索，浙江已初步实现了城乡垃圾分类收集处理基本覆盖，城市生活垃圾总量实现“零增长”的体制和机制。2017 年起，垃圾分类连续三年被列入省政府民生实事项目。2018 年，全省城镇生活垃圾年增长率控制在 2%以内，高速增长势头得到明显遏制；2019 年要继续缩减到 1%以内。下一步，浙江省将就如何在具体操作层面和可持续长效机制上推动垃圾分类工作做出探索，共创共建共享美丽乡村、美丽城市。

四、加快推进长三角绿色一体化发展

长三角是我国经济发展最活跃、开放程度最高、创新能力最强的区域之一，在全国经济中具有举足轻重的地位。党的十九大以来，在党中央的谋划部署下，长三角一体化发展已经上升到国家战略。党中央要求长三角地区一体化发展，要紧扣“一体化”和“高质量”两个关键，带动整个长江经济带和华东地区发展，形成高质量发展的区域集群，使长三角一体化发展在全国创新发展格局中发挥区域带动作用和示范作用。

如何在生态文明建设领域落实长三角一体化战略规划，是一项重要课题。中央要求长三角四省市要树立“一体化”意识和“一盘棋”思想，在生态文明建设领域要加强协调和整合，建设长三角生态绿色一体化示范区。浙江省委、省政府积极落实习近平总书记关于长三角一体化国家战略的指示精神，在各个方面全面深化长三角一体化战略，紧扣国家长三角一体化发展规划及浙江省行动方案，创造性贯彻落实长三角一体化发展国家战略，全省域、全方位推动长三角高质量、一体化发展。

在生态文明建设方面，浙江协同推进长三角一体化发展制度创新，高水平参与长三角生态绿色一体化发展示范区共建共管，积极探索构建长三角生态环境保护和治理的新格局、新思路。在浙江省推进长三角一体化发展大会上，浙江省明确提出：要落实绿色共保，开辟“绿水青山就是金山银山”新境界，坚持“共抓大保护、不搞大开发”，共同保护好长三角可持续发展生命线，打好跨区域污染防治攻坚战，捧好绿色发展金饭碗。浙江在长三角一体化战略引领下，在深化跨省生态治理体系创新方面进行了积极探索，主要表现在如下几个方面。

一是深化浙江省和安徽省的新安江流域生态补偿机制。自2012年起，浙江和安徽开始对“一江跨两省”的新安江实施横向生态补偿试点，以安徽、浙江两省跨界断面水质的监测数据为考核依据，若年度水质达到一定考核标准，浙江拨付给安徽1亿元，若不达标，则由安徽拨付给浙江1亿元，全国首个跨省流域水环境补偿试点就此建立。2018年11月初，两省签署为期三年（2018—2020年）的第三轮试点协议，浙江、安徽每年各出资2亿元，并积极争取中央资金支持。在有关部门的指导下，浙江省和安徽省在新安江流域实施了两轮生态补偿试点。最近，两省签署了《关于新安江流域上下游横向生态补偿的协议》，建立了横向生态补偿资金，补偿机制向长效化、常态化方向发展。2019年10月，浙江和安徽两省又签署了《共建新安江—千岛湖生态补偿试验区合作意向书》，为推动两省的跨省生态治理提供了战略指引。

二是浙江和江苏在推出长三角生态治理一体化发展中，探索建立跨省联合河长制。在江苏吴江与浙江秀洲交界处，有一条10余千米长的清溪河，宽为三四十米。河的上游是江苏省苏州市吴江区盛泽镇，是热闹非凡的工业区，聚集着大量的纺织企业，下游是浙江嘉兴市秀洲区王江泾镇。河流出了王江泾镇，便拐弯进入京杭大运河，然后蜿蜒汇向太浦河——一条从太湖引水至黄浦江的人工运河。如今下游的一江好水，得益于上游的携手共治。苏州市吴江区与嘉兴市秀洲区水系相通，界河长达39千米，构成了错综复杂的水网。但在过去的十几年里，两地的“水账”却从未算清过。2017年以来，两地在遭遇治水瓶颈后，开始尝试打破区域“藩篱”，探索联防联治协同机制，建立联合河长制。通过共建联合河长制，克服了原来跨省水治理的无人负责、无人监管的问题，使跨省生态治理有了真正的抓手和途径。联合河长制的建设拆除了原来的行政区划壁垒和体制机制障碍，化解了几十年来因河道污染给两岸人民带来的生活影响和因污染积累的矛盾，探索出了跨省生态协同治理的有效路径。2018年11月27日，长三角区域（秀洲—吴江）一体化治水机制再深化推进仪式在盛泽镇举行，吴江和秀洲两地58名村干部被聘为交界河湖联合河长。协同机制建立后，联合河长已开展联合巡河300余次，现场解决问题54个，治水成效显著提升，交界河道上的垃圾不见了，水变清了，从过去的Ⅴ类和劣Ⅴ类水变为现在的Ⅲ类、Ⅳ类水。曾经纠纷不断的交界河，变成了水清岸绿的景观河，也成为两地的友谊河。如今，在江苏吴江和浙江秀洲，联合治水成为双方的共识。联合河长制的建立为跨省域生态治理提供了重要载体，为进一步深化长三角生态一体化提供了实践经验。

三是长三角地区共同推进流域生态治理，探索长三角生态治理协调机制，推动区域生态治理和绿色发展走在全国前列。浙江积极参与长江流域、太湖流域和新安江—钱塘江流域的跨省生态治理，探索长三角生态治理协调协同机制。譬如，深化太湖流域联防联控：2018年，在水利部太湖流域管理局组织协调下，加强太湖蓝藻水华和省际边界地区水葫芦联合防控，湖州、嘉兴与上海、苏州、无锡等加强太湖流域生态治理的协调和配合，共同推进太湖及太湖流域生态治理迈上新台阶。积极参与长三角地区联合视察太湖水环境治理：2018年12

月，三省一市部分全国人大代表在江苏无锡和苏州、浙江嘉兴和湖州等地沿太湖展开实地视察。浙江积极参与强化区域环境协同监管和区域互查执法：2018 年，三省一市生态环境厅（局）先后在上海、浙江嘉兴、江苏溧阳和安徽滁州等地，联合开展四轮饮用水水源地和大气污染防治执法互督互学工作。

总之，长三角一体化发展国家战略的实施，极大地推动了长三角地区生态治理协调协同机制的形成。在长三角生态区域治理方面，浙江省委、省政府高度重视，在各个方面加强制度保证和政策支持，为长三角地区高质量绿色发展和高水平建设生态文明做出了积极努力。

五、完善美丽浙江建设的制度法规体系

建设美丽浙江需要制度体系和法律法规方面提供强有力的保障。建设美丽浙江是浙江生态文明建设的战略升级，在制度体系方面比以往有更高的要求。一方面，这是浙江生态文明建设的内在要求，是浙江有序提升生态文明建设水平的必然选择；另一方面，浙江的生态文明建设，也因制度建设，而更加成熟，更加制度化、科学化、规范化。因此，完善和建构省域生态治理制度体系，是美丽浙江建设的突出特点，也是浙江高水平推进生态文明建设的必然要求。

2017 年 11 月，省委十四届二次全体（扩大）会议通过了推进“两个高水平”的决定，对完善和发展生态文明制度体系进行了明确的表述。在“深化生态文明体制改革”方面，指出要落实中央关于生态环境监管体制改革部署，设立国有自然资源资产管理和自然生态监管机构，完善生态环境管理制度，坚持和深化河长制，推进湾（滩）长制国家试点。构建国土空间开发保护制度，建立以国家公园为主体的自然保护地体系，健全耕地森林河流湖泊休养生息制度。深化环境监测改革，提高污染排放标准，强化排污者责任，健全环保信用评

价、信息强制性披露、严惩重罚等制度，打造环保执法最严省份。推进环境资源市场化配置，建立市场化、多元化生态补偿机制，开展生态产品价值实现机制试点。完善环境资源司法保护机制，建立健全生态环境损害赔偿制度和责任终身追究制度，坚决制止和惩处破坏生态环境的行为。

这些战略规划为浙江构建省域生态文明制度体系提供了具体方向。为此，浙江制定《浙江省生态文明体制改革总体方案》，推动生态环保领域重点改革落到实处。这主要表现在如下几个方面：

一是创建美丽中国示范区。浙江省委、省政府成立美丽浙江建设领导小组办公室，统筹协调全省生态文明建设工作。2017 年，浙江省与生态环境部共同推进省部共建美丽中国示范区建设，并签订《践行“两山”思想 建设美丽中国示范区 推广水专项科技成果协议》。浙江省生态环境部门编制《浙江生态文明示范创建行动计划》，对生态文明示范区建设进行了详细的规划和引导。2017 年，湖州市、临安区、象山、新昌、浦江被命名为首批全国生态文明建设示范区。湖州市、衢州市、安吉县被命名为“绿水青山就是金山银山”实践创新基地，两项数量均为全国第一。诸暨、海盐、三门、松阳、景宁等县（市）被环保部认定为国家级生态县。全省累计创建国家级生态市 2 个，国家级生态县 39 个，居全国前列。省政府命名杭州市、湖州市、安吉县等 22 个市、县（市、区）为第一批省级生态文明建设示范市、县（市、区）。

二是全面建立和推行美丽乡村、美丽城镇、美丽城市建设。继续开展美丽乡村建设，全面优化和提升农村生态环境，推进“大花园”建设，深化“千村示范、万村整治”工程，实施“百镇样板、千镇美丽”工程。加强小城镇综合整治，补齐美丽城镇建设短板，浙江省实施 2017—2019 年小城镇综合整治三年行动，全面提升小城镇的环境卫生、城镇秩序、乡容镇貌，创建小城镇综合整治示范乡镇、样板乡镇，将小城镇打造成为美丽浙江的金名片。截至 2019 年 7 月，全省提前完成 1191 个小城镇环境综合整治行动任务，成为全国唯一实现小城镇全面、全域环境整治的省份，在此基础上，全省又全面启动美丽城镇建设。深入推进美丽城市建设，优化城市生态环境，加强城市街道、水网、河道、污水、公共空间综合治理，倡导低碳生活、绿色消费、城市生活垃圾总量零增长，提升城市生态环境质量。浙江通过推进美丽乡村、美丽城镇、美丽城市建设，构建村、镇、城三级联动、全面融合的美丽浙江体系，加快形成城乡融合、全域美丽新格局，打造现代版“富春山居图”。

三是加强生态环境领域的政策和法规建设。以“最多跑一次”改革为引领，推动环保系统办事项目规范化和办事指南标准化，完成环保系统 33 项办事“八统一”规范，17 项事项全部实现“最多跑一次”。浙江省政府办公厅印发《关于落实“区域环评＋环境标准”改革切实加强环评管理的通知》《浙江省排污许可证管理实施方案》《浙江省绿色发展指标体系》《浙江省生态文明建设考核目标体系》，制定《浙江省生态环境保护工作责任规定（试行）》，修订《浙江省河长制规定》《浙江省建设项目环境保护管理办法》，修改和废止 11 部环保地方性法规规章。编制《长江经济带生态环保保护规划浙江省实施方案》，省政府出台《关于建立健全绿色发展财政奖补机制的若干意见》。完善生态文明建设财政体系。2017 年，省财政预算安排各类生态环保补助资金 124 亿元，增长 14%。争取中央专项资金 14.7 亿元，重点支持水、大气、土壤污染防治和农村环境整治等项目。制定《关于建立省内流域上下游横向生态保护补偿机制的实施意见》，推动省内流域上下游县（市、区）探索实施建立自主协商横向生态保护补偿机制。继续实施浙皖两省新安江流域上下游横向生态补偿试点工作，积极争取国家层面延续支持政策，推动建立跨省跨流域生态补偿长效机制。

四是推动自然保护区建设。在自然生态功能区保护方面，浙江省结合实际加以探索。2016年，浙江省政府批复通过了《浙江省环境功能区划》及《浙江省生态保护红线划分方案》，印发了《2016年全省自然生态和农村环境保护工作要点》。加强对自然保护区现场监管，对省级以上自然保护区进行规范化考核，加强对自然保护日常工作的管理。2017年，浙江省委、省政府又出台了《关于全面落实划定并严守生态保护红线的实施意见》，深入学习中央关于祁连山自然保护区破坏生态情况的通报和习近平总书记批示精神，全面吸取经验教训，组织开展“绿盾2017”自然保护区监督检查专项行动和省级部门联合专项督察。积极在比较成熟的地区建立自然保护区，2016年省政府批复成立绍兴舜江源和江山县仙霞岭省级自然保护区，2017年新增莲都峰源省级自然保护区，安吉龙王山省级自然保护区升格为安居小鲵国家级自然保护区。截至2017年底，共有11个国家级自然保护区、14个省级自然保护区。浙江自然保护区建设，为美丽浙江建设的推动，发挥了积极的作用，加强了区域连片生态主体功能区的集中生态保护。

五是积极推动治水、治气、治土及生态环境监测工作创新，实施“碧水蓝天”工程。在推进美丽浙江建设过程中，深入践行“绿水青山就是金山银山”的重要理念，大力开展“811”美丽浙江建设行动，积极建设可持续发展议程创新示范区，全方位推进环境综合治理和生态保护。实施“碧水蓝天”工程，以治水、治气为重点，统筹抓好治水、治气、治土、治固废等环境治理工作，促进生态环境面貌实现根本性改观。全面实施河长制、湖长制、湾（滩）长制、林长制，健全治水治气治土治废责任制和长效机制。

在治水方面，以“改善水环境质量”为核心，围绕落实“水十条”目标任务，以中央环保督察为契机，全面实施水污染防治行动计划。每年印发《浙江省治污水暨水污染防治行动实施方案》《钱塘江水环境治理工作计划》《浙江省工业污染防治实施方案》。2017年，印发实施《浙江省重点行业环保“领跑”示范企业评估办法（试行）》，编制《千岛湖生态环境保护总体实施方案（2017—2020）》，印发《浙江省农村环境综合整治实施方案》。实施《浙江省近岸海域污染防治规划》，全省85个重点直排污染源监测达标率为94.3%。2017年，中央向浙江下拨农村环境保护专项资金1.6亿元，用于504个村的环境综合整治。综合施策，全面提升水环境质量。

浙江积极推动大气污染防治，制定“蓝天行动”方案，推动能源结构调整，发展清洁能源，严格控制农村秸秆焚烧，集中开展矿山、企业、工地扬尘治理。全省2017年淘汰改造8686台燃煤小锅炉；天然气使用量105亿立方米；淘汰老旧车9.3万辆，更新公交车；深化工业废气治理，完成110余个改造项目。2017年，全省69个县级以上城市中有35个达到环境空气质量二级标准。2018年，全省完成重点行业废气清洁排放改造项目100个、工业废气治理项目1075个，整治涉气“散乱污”企业5500家。全省11个设区城市PM2.5平均浓度为33微克/立方米，较上年下降15.4%；日空气质量优良天数比率平均为85.3%，较上年上升2.6个百分点。浙江成为长三角地区首个空气质量达到国家二级标准的省份。

在土壤污染防治方面，浙江全面落实《土壤污染防治法》和“土十条”，积极组织开展土壤重金属污染治理试点，成立浙江省大气与土壤污染防治领导小组，下设土壤污染防治办公室，统筹推进土壤污染防治工作。2017年，11个市、105个县（市、区）及重点工业园区土壤污染治理工作方案全部出台。2018年，全省加快摸底建台账、分类管控抓修复、防范风险保安全。总结农用地详查成果，形成全省农用地污染状况“一张图、一套表”。加快重点企业用地采样检测工作。开展地下水基础环境状况调查评估工作。完成杭州、宁波、温州、嘉兴、绍兴、金华、台州等市15个重点污染地块治理修复任务。落实污染地块开发利用部门联动监管机制，强化暂不开发利用污染地块风险管控，探索开展耕地土壤质量类别划定试点，推动农用地土壤超标点位对账销号和受污染耕地安全利用示范项目。计划到2020年底，全省土壤污染加重趋势得到初步遏制，农用地和建设用地土壤环境安全得到保障，土壤环境风险得到管控，污染地块安全利用率和受污染耕地安全利用率分别达到90%和91%。

在环境监测方面，浙江加强环境监测和环境信息及时发布制度建设。2017年，全省建成清新空气监测点63个，累计建成138个地表水监测站，81个饮用水水源地水质自动监测站。2017年，新建地下水监测点182个，改建地下水质监测点110个，累计建成城市空气质量自动监测站153个，涵盖各个环境监测领域，为及时掌握环境数据奠定了基础。2018—2019年，全省推进生态环境监测监控能力提升行动，杭州、宁波、嘉兴、湖州、绍兴和金华市新建13个VOCs自动监测设施，实施乡镇空气自动监测设施数据联网工程；完善清新空气监测网络体系，加强信息发布和成果运用；推行入湖（库）主要河流水质在线监测；强化饮用水水源地监测预警能力；加强农村集中饮用水水源地例行监测；实现规模以上入河排污口自动监测，启动入海排污口自动监测设施建设；稳步推进放射源在线监控系统建设，提升核电基地周围辐射环境监测预警能力；逐步构建全面系统的生态环境监测体系、环境预警体系、信息及时发布体系。

总之，美丽浙江建设，不仅在宏观层面实现了对浙江生态文明建设与时俱进的战略升级和发展，而且在具体的做法方面也进行了探索，进一步提升了浙江生态文明建设水平，为美丽中国建设提供了浙江经验、浙江样本。

【思考题】

1. 如何理解美丽浙江建设的背景和战略地位?
2. 谈谈美丽浙江建设的目标和布局。
3. 如何加快推进美丽浙江建设?

【参考文献】

1.《习近平关于社会主义生态文明建设论述摘编》,中央文献出版社2017年版。

2.《中共中央关于坚持和完善中国特色社会主义制度 推进国家治理体系和治理能力现代化若干重大问题的决定》,人民出版社2019年版。

3.《中共浙江省委关于认真学习贯彻党的十九届四中全会精神高水平推进省域治理现代化的决定》,载《浙江日报》2019年11月25日。

4. 车俊:《坚定不移沿着"八八战略"指引的路子走下去 高水平谱写实现"两个一百年"奋斗目标的浙江篇章——在中国共产党浙江省第十四次代表大会上的报告》,载《浙江日报》2017年6月19日。

5.《关于高水平推进美丽城镇建设的意见》,载《浙江日报》2019年12月21日。

6. 潘家华主编:《中国梦与浙江实践·生态卷》,社会科学文献出版社2015年版。

7. 浙江省"五水共治"实践经验研究课题组:《"五水共治":新发展理念的浙江实践》,浙江人民出版社2017年版。

第七章

努力建设清廉浙江

2017 年 6 月，浙江省第十四次党代会明确提出，在全面从严治党上更进一步、更快一步，努力建设清廉浙江。2018 年 7 月，省委十四届三次全体（扩大）会议研究部署“八八战略”再深化、改革开放再出发重大问题，根据省第十四次党代会的决策部署，就推进清廉浙江建设作出决定。在新的历史节点上，浙江率先提出建设清廉省份，既体现了中央对浙江提出的新使命、新要求，又体现了省委提出的六个“更进一步、更快一步”的要求，是浙江省委向党中央和全省各级党员干部群众作出的政治宣示和庄严承诺。

第一节　建设清廉浙江的背景和战略意义

2017 年，习近平总书记对浙江明确提出了“干在实处永无止境，走在前列要谋新篇，勇立潮头方显担当”的新期望，为新时代浙江改革发展标注了新起点、提供了新机遇、注入了新动力，也对浙江党的建设提出了更高要求。提出建设清廉浙江的奋斗目标，正是对习近平同志就浙江党的建设的相关论述的落实和推进，是全面从严治党在浙江具体实践的总结和提升，有利于从更高的站位、更宽的视野、更系统的思维推进全省党风廉政建设和反腐败工作迈上一个新台阶，继续为全国提供浙江经验。

一、"八八战略"再深化的必然要求

习近平同志在浙江工作期间抓党建工作的一个突出特点是把加强党的执政能力建设作为推进党领导的中国特色社会主义伟大事业和党的建设新的伟大工程的结合点。他把党的建设作为"八八战略"的重要内容，充分认识到党的建设是系统工程，充分认识到党执政以后的全部实践活动，都是围绕执政展开的，都是围绕着提高执政水平、巩固执政地位进行的。2004 年 10 月，省委十一届七次全体（扩大）会议提出了"巩固八个方面的基础，增强八个方面本领"（简称"八项本领建设"），从省域层面对党的建设进行了整体思考和谋划，"把推进经济、政治、文化、社会的建设与推动党的思想、组织、作风、制度建设有机结合起来，把保持党的先进性和履行自身职责、做好本职工作紧密结合起来"，明确了全面加强党的建设的关键和重点。

习近平同志明确提出"加强党对经济社会发展全面领导""政治方向问题始终是党的事业和党的建设的根本问题""理想信念就是共产党人精神上的'钙'""把先进的思想理论转化为强大的物质力量""老百姓在干部心中分量有多重，干部在老百姓心中分量就有多重""依法治党、依章治党、依制度治党"等重要论断。在反腐败领域，习近平同志强调，要"完善不敢腐、不能腐、不想腐制度"。一手抓经济建设、一手抓党风廉政建设，坚持有贪必反、有腐必惩、有乱必治，惩防并举、标本兼治，要求干部算好利益账、法纪账、良心账"三本账"，从率先推出效能建设"四条禁令"，到探索村务监督委员会建设，到建立行政服务、会计核算、招投标、经济发展环境投诉四个中心，再到构建“不能为”“不敢为”“不想为”反腐新路子等。他提出了一系列具有开创性、前瞻性的重大理念，推行了一系列行之有效的重大举措，影响深远，历久弥新，成为引领浙江全面从严治党取得卓著成效的重要法宝。

此后的历届浙江省委在贯彻落实全面从严治党的过程中坚持一张蓝图绘到底，一个目标干到底，一任接着一任干，始终坚持把践行习近平总书记关于全面从严治党的重要论述与他在浙江工作期间关于党的建设的重要论述、重大部署紧密结合起来，始终坚持“八项本领建设”不动摇，始终坚持把管党治党作为深入实施“八八战略”的重要内容和重要保障，与改革、发展、稳定各项事业统筹谋划、一体推进，自觉把全面从严治党的标准定得更高，把措施抓得更实，不断推动全面从严治党向纵深发展，推动形成反腐败斗争压倒性态势，党风政风持续向好，人民群众对干部清正、政府清廉、政治清明的期盼也逐步变为现实。民意调查显示，2016—2018 年，群众对全面从严治党、党风廉政建设和反腐败工作的满意度逐年提高，在 2018 年分别达到 93.7%、94.8%和 95.5%。

在思想理论建设方面，压紧压实管党治党主体责任，高质量开展党的群众路线教育实践活动、“三严三实”专题教育、“两学一做”学习教育、“不忘初心，牢记使命”主题教育，高水平推进学习贯彻习近平新时代中国特色社会主义思想走深走心走实。大力弘扬红船精神、浙江精神，深入开展马克思主义群众观教育，积极开展社会主义荣辱观教育，进一步坚定党员干部理想信念，增强其干事创业的自觉性和坚定性。

在组织建设方面，坚持把政治标准摆在首位，强化担当实干导向，积极探索科学有效的选人用人机制，打好“上下管育爱”干部工作组合拳；在服务保障党的十九大、G20 杭州峰会等大事要事难事中考察干部，在三大攻坚战、实施乡村振兴战略、“最多跑一次”改革、发展数字经济等改革发展主战场上培养干部，把那些“四个意识”强、实干精神足、专业素养好的干部选出来、用起来，把那些对党不忠诚不老实、不担当不作为的人坚决挡在门外，打造铁一般的干部队伍。建立市委书记工作例会、县委书记工作交流会、专题现场会等制度，总结推广农村基层党建“浙江二十条”，全面开展“整乡推进、整县提升”，推进基层治理现代化，实施消除集体经济薄弱村三年行动计划，全面加强国企、高校和城市基层党建工作，大力整治“为官不为”，推动形成重实干、敢担当、勇作为的良好氛围。

在作风建设方面，根据中央八项规定的要求，制定落实“28条办法”和“六项禁令”，围绕打造“审批事项最少、办事效率最高、投资环境最优省份”的目标，推进“四张清单一张网”建设，扎实推进国家监察体制改革试点工作，积极推进派驻机构改革，强化巡视巡察上下联动，初步形成纪律、监察、派驻、巡视“四个全覆盖”的权力监督机制，推动形成反腐败斗争压倒性态势，党风政风持续向好。

在制度建设方面，把制度建设贯穿于党的建设的方方面面，用制度将党内生活和党建工作的方式、规则和程序确定下来，浙江先后制定出台了《关于试行市、县（市、区）党委全委会成员民主推荐提名制度的意见》《浙江省党政工作部门领导班子和领导干部综合考核评价实施办法（试行）》《浙江省党内监督十项制度实施办法（试行）》等一系列制度，进一步健全了用制度管权、按制度办事、靠制度管人的机制。

“八八战略”把从严治党、巩固和发展风清气正的良好政治生态放在重要位置，是习近平新时代中国特色社会主义思想在浙江萌发与实践的集中体现，是引领浙江发展的总纲领，是推进浙江各项工作的总方略。以习近平新时代中国特色社会主义思想为主导建设清廉浙江，坚持把全面从严治党作为主线，秉持了习近平同志在浙江工作时管党治党的战略部署，从理念、目标、路径、任务等方面延续和传承了“八八战略”的精神内涵，是坚定不移沿着“八八战略”指引的路子走下去的必然要求。

二、贯彻落实全面从严治党要求的重要举措

党的十九大报告提出了关于全面从严治党的若干新论述，强调要坚定不移全面从严治党，不断提高党的执政能力和领导水平，是新时代加强党的建设的指导纲领和行动指南。报告在新时代党的建设总要求的一开头便提出，要“坚持和加强党的全面领导，坚持党要管党、全面从严治党”，更加突出“全面”的要求。报告7次出现“全面从严治党”，提出夺取反腐败斗争压倒性胜利，要“强化不敢腐的震慑，扎牢不能腐的笼子，增强不想腐的自觉，通过不懈努力换来海晏河清、朗朗乾坤”。强调要以党的政治建设为统领，并将政治建设放在党的建设的首位，并首次将纪律建设与政治建设、思想建设、组织建设、作风建设并列纳入党的建设中。

浙江坚决落实党中央关于全面从严治党的决策部署，持续推进反腐败斗争，始终保持惩治腐败的高压态势，重遏制、强高压、长震慑，由惩治“极少数”向管住“大多数”拓展，“打虎”“拍蝇”“猎狐”三管齐下，推动全面从严治党向基层延伸，严肃查处群众身边的不正之风和腐败问题，严厉查处顶风违纪的“四风”问题，各项工作取得了明显成效。仅2017年，全省共查处违反中央八项规定精神问题1172起，处理党员干部1866人；查处形式主义、官僚主义问题2281起，党纪政纪处分431人。在取得成绩的同时，浙江党风廉政建设和反腐败斗争形势依然严峻，全面从严治党依然存在不少突出问题。比如，享乐主义、奢靡之风基本刹住，但也出现了不少隐性变异的情况，特别是习近平总书记批评的形式主义、官僚主义“十种情况”在一些地方和党员干部身上不同程度地存在；全面从严治党压力传导不

到位，有的党组织对党的领导理解不全面不深刻，存在弱化、虚化、边缘化问题；有的单位党组织“三会一课”走过场，批评与自我批评流于形式等。

将建设清廉浙江作为浙江推进全面从严治党各项工作的总抓手，纳入“六个浙江”总体部署，目的就是要深入贯彻习近平新时代中国特色社会主义思想和党的十九大关于全面从严治党的战略部署，以永远在路上的执着把全面从严治党引向深入，实现党风廉政建设和反腐败斗争的整体提升、整体跨越，推动清正廉洁在浙江大地深入人心、成风成俗，谱写全面从严治党的浙江新篇章。

三、推动“六个浙江”建设的重要组成部分和根本保证

全面从严治党，是统揽推进“四个伟大”的根本保证。办好中国的事情，关键在党，关键在党要管党、从严治党。面对世情国情党情深刻变化，习近平总书记把全面从严治党作为党的建设的鲜明主题，摆上战略布局，解决了党、国家和军队事业发展的全局性根本性方向性问题。新时代，只有坚定不移全面从严治党，我们党才能统揽“四个伟大”全局，带领人民成功应对重大挑战、抵御重大风险、克服重大阻力、解决重大矛盾，不断从胜利走向新的更大胜利。

同样，推进浙江“两个高水平”建设，实现省域治理现代化，意味着经济建设、政治建设、文化建设、社会建设、生态文明建设各项事业全面提升发展质量和效益，体现的是“大治理”的系统理念，也必须毫不动摇地坚持以党的建设为统领。“治理”从广义来说，是指协调社会生活的各种方法和途径。现代化治理不同于传统管理的地方有两个。一是治理主体多元，政府、社会组织、公民在治理结构中的作用不同，但都是主体之一；而管理主体相对单一，一般以行政权力机关为主。二是治理的运行向度既有自上而下的管理，也有自下而上

的参与；而管理向度一般是自上而下的。建设清廉浙江就是要贯彻新时代党的建设总要求，真正从源头建立反腐倡廉的体制机制，加强党对省域治理各领域各方面各环节的全面领导，更好地发挥党总揽全局、协调各方的领导核心作用，确保中央、省委决策部署在浙江令行禁止、一贯到底。

作为全面从严治党在浙江的新篇章，清廉浙江建设地位十分重要。“六个浙江”建设共同构成新时代浙江“两个高水平”建设的“四梁八柱”。其中，清廉浙江为高质量发展提供坚强保障，为浙江经济发展营造更良好的市场环境，为改革开放注入更持续的动力，与富强浙江精神相契合；清廉浙江倡导法治思想和法治方式，坚持依法治国和依规治党统筹推进、一体建设，努力健全人民当家作主的制度体系，与法治浙江要求相一致；清廉浙江以文化为根基，大力弘扬红船精神和浙江精神，大力挖掘浙江传统优秀廉政文化，与文化浙江建设相贯通；清廉浙江根植于人民群众最基本的诉求，回应人民群众对美好生活的向往，更好地保障和改善民生，营造公平正义、人人出彩的社会氛围，与平安浙江部署相协同；清廉浙江着力打造山清水秀的政治生态，治“病树”、正“歪树”、拔“烂树”、护“森林”，并严肃查处损害美丽浙江的违法违纪行为，这些都与美丽浙江理念相呼应。

四、传承与弘扬优秀传统廉政文化的内在要求

习近平总书记在主持党的十八届中央政治局第五次集体学习时强调，研究我国反腐倡廉历史，了解我国古代廉政文化，考察我国历史上反腐倡廉的成败得失，可以给人以深刻启迪，有利于我们运用历史智慧推进反腐倡廉建设。浙江悠久的历史和文化传统包含了丰富的廉政文化理念和实践，习近平同志在浙江工作期间就高度重视廉政文化建设，强调指出推进廉政文化建设不仅是加快建设文化大省的重要内

容，也是加强党的建设特别是党风廉政建设的必然选择。

文化而润其内，养德以固其本。清廉文化作为先进的文化形态，反映了当代中国先进文化的价值取向，具有教育、凝聚、导向、监督的作用。加强清廉文化建设是优化党风廉政环境的重要途径，有利于培育党风廉政建设的群众基础，提高人民群众对腐败现象的鉴别能力和自觉抵制意识，营造以廉为荣、以腐为耻的浓厚文化氛围，形成“人人思廉、全民崇廉”的党风廉政建设新格局。

浙江历史上传统廉政文化内涵丰富，特征鲜明，产生了许多廉政思想理论大家，出台了大量廉政制度律令，创作了无数廉政警句诗集，涌现出了大批清官廉吏。例如北宋的胡则，为官清廉，造福一方，有口皆碑，万民感戴，被奉为香火长盛不衰的“胡公大帝”；浙学开山鼻祖东汉王充，在《论衡》中以“清白廉洁”四个字，概括了官德内涵；明代于谦以“粉骨碎身浑不怕，要留清白在人间”表达了“两袖清风”的决心。浙江人民还具有勤俭持家的优良传统，良好的家风、家训、家规通常又与官德培育融为一体，例如浦江郑义门的家规家训《郑氏规范》，廉洁奉公、勤俭持家的优良家风绵延传承近千年，厥成“江南第一家”；清代陆陇其，为人光明磊落，为官清正廉明，在清朝康熙年间享有“天下第一清廉”之誉，其《陆氏家训》代代传承。

这些传统文化中富含的廉政思想对促进浙江廉政文化的形成起到了很大的推动作用，在浙江经济社会发展中也有着不可替代的历史作用。同时，这些思想与现代的民主、法治、人权等观念相结合，形成浓厚的制度、文化和社会氛围，客观上为清廉浙江建设打下了良好的社会基础。

第二节　清廉浙江建设的目标和布局

实现党的历史使命，必须坚持党的领导；坚持党的领导，关键在加强党的建设；加强党的建设，必须坚持问题导向，从解决存在的突出矛盾和问题出发。建设清廉浙江，不是模糊的概念、空洞的口号，2018 年 7 月 20 日，省委第十四届三次全体（扩大）会议审议通过了《关于推进清廉浙江建设的决定》（以下简称《决定》），在明确建设清廉浙江的总体要求、主要目标和基本原则的基础上，紧扣“三个紧紧围绕”和“四清”目标，提出保持政治上的清醒坚定、推进权力运行公开规范高效、确保干部队伍忠诚干净担当、引领全社会崇廉倡廉促廉等四个方面重点任务。这就使建设清廉浙江建设既有方向、有目标，又有实施方式和载体，将建设清廉浙江目标具体化、可操作化了。

一、清廉浙江建设的主要目标

马克思主义唯物辩证法认为，矛盾具有普遍性和特殊性，要求我们既要善于把握全局，又要具体问题具体分析。从理论逻辑上看，全面从严治党是一项系统工程，既要整体谋划、标本兼治，也要扭住重点、步步为营。从现实情况上看，新形势下，解决我们党内政治生活中出现的突出问题，既要正本清源，也要根据形势发展变化不断创新。

《决定》抓住 2022 年和 2035 年这两个时间节点，谋篇布局，形成了“两步走”战略目标。第一步，到 2022 年取得反腐败斗争压倒性胜利。主要标志是各级党组织管党治党的责任意识更加自觉，党内政治生活更加规范，党内政治生态更加纯净，不收敛、不收手的腐败犯罪案件增量明显下降，领导干部腐败犯罪案件数量明显下降，行贿案件数量明显下降，党员干部纪律意识、规矩意识明显增强，党风政风和社风民风相互浸润、相得益彰，党内正气持续上升、社会风气持续上扬，人民群众对党的信心、信任和信赖不断增强。蕴含其中的“三个更加”“三个明显下降”的具体目标，实打实、硬碰硬，时间紧、任务重。第二步，到2035年全面建成清廉浙江。主要标志是清廉浙江建设的各项制度机制成熟定型，权力运行规范有序，社风民风清朗，清廉文化深入人心，社会整体清廉程度显著提升，清廉成为浙江的风尚。

“两步走”的战略目标集中体现了三个转变。一是从“从严党风、政风”到“清社风、民风”深度延伸。以党风促政风民风是清廉浙江建设的题中应有之义。党风政风民风相互影响、相互渗透、相互作用，党风政风正则社会民风淳，社会民风清则党风政风优，必须使这些方面互相协调、良性互动、同向发力，一体推进。二是从“清廉建设”到“政府改革”横向扩展。清廉浙江建设将群众对政府的满意度纳入工作范围，打造服务型政府，让人民群众在改革发展中有获得感、幸福感。发起“最多跑一次”的行政工作机制改革，全面提升政府服务质量，构建亲清新型政商关系，不断健全市场监督体系，从本源上杜绝权力寻租、利益输送问题。三是从“干部先锋”到“基层协力”纵向实践。不断完善基层村级组织，坚决管住微权力，对基层腐败违纪做到防微杜渐，增强党和政府的公信力，使民众自然融入清廉建设，使清正廉洁成为一种习惯和风尚。

二、清廉浙江建设的基本原则

《决定》明确提出坚持党的全面领导、坚持以人民为中心、坚持依法治理、坚持问题导向、坚持传承创新、坚持共建共创等“六个坚持”的基本原则。这“六个坚持”的基本原则，提纲挈领，上承总体目标，下接具体任务。在这些原则中，坚持党的全面领导是根本立场，是清廉浙江建设始终沿着正确方向前进的保证；坚持以人民为中心是出发点和落脚点，是建设清廉浙江的价值取向；坚持依法治理是基本理念，是建设清廉浙江必须秉持的思维方式；坚持问题导向是重要的工作方法，是清廉浙江建设取得实效的关键；坚持传承创新是一条宝贵经验，是建设清廉浙江的制胜法宝；坚持共建共创是重要的工作方针，是凝聚建设清廉浙江合力的必然要求。

一是坚持党的全面领导。要强化政治意识、大局意识、核心意识、看齐意识，充分发挥党委总揽全局、协调各方的领导核心作用，坚决维护党中央权威和集中统一领导，自觉在思想上政治上行动上同以习近平同志为核心的党中央保持高度一致，确保清廉浙江建设始终沿着正确方向前进。

二是坚持以人民为中心。要践行全心全意为人民服务的根本宗旨，着力消除和解决发生在群众身边的不正之风和腐败问题，不断增强人民群众的获得感、幸福感、安全感，不断厚植党执政的政治基础。充分发挥人民群众的主体作用，拓宽人民群众参与清廉浙江建设的渠道，努力营造以清为美、以廉为荣的社会氛围。

三是坚持依法治理。要树立全局观念、法治思维，坚持标本兼治、德法并举，做到监督、执纪、问责一体推进，监督、调查、处置一体推进，不敢腐、不能腐、不想腐一体推进，“打虎”“拍蝇”“猎狐”一体推进，巡视巡察、整改落实一体推进，“两个责任”落实一体推进，省、市、县、乡、村一体推进。用好治标的利器，坚持无禁区、全覆盖、零容忍，坚持重遏制、强高压、长震慑，坚持受贿行贿一起查，加大惩治力度，强化不敢腐的震慑。夯实治本的基础，深化改革，健全制度，加强对权力运行的监督制约，推动思想教育、法纪约束、制度建设同向发力，扎牢不能腐的笼子，增强不想腐的自觉。

四是坚持问题导向。要聚焦清廉浙江建设中的重点和难点问题，瞄准腐败易发多发的重点领域和关键环节，认真分析查找尚未解决的问题、有待攻克的顽症、痼疾，抓住主要矛盾和矛盾的主要方面，准确把脉、精准施策，力争抓一项、成一项、见效一项、巩固一项，积小胜为大胜。

五是坚持传承创新。要科学总结党的十八大以来浙江全面从严治党、党风廉政建设和反腐败斗争的有效做法，认真吸收传承中华民族优秀清廉文化，学习借鉴国内外廉洁建设的成功经验，尊重基层和群众的首创精神，立足新形势新任务新要求，大力推进清廉浙江建设的理论创新、实践创新、制度创新。

六是坚持共建共创。要充分调动全省各级党委、人大、政府、政协、监察机关、审判机关、检察机关、民主党派、人民团体、企事业单位、社会组织的积极性，广大党员干部群众一起行动，全社会共同参与，把清正廉洁的理念和措施覆盖到各行各业，形成齐抓共促的良好氛围。

三、清廉浙江建设的重点任务

《决定》按照政治清明、政府清廉、干部清正、社会清朗的总体要求，明确提出建设清廉浙江的四个方面重点任务和 27 项具体任务。四个方面重点任务具有内在逻辑，构成一个紧密联系、相互贯通、相互作用又层层递进的整体，有机统一于清廉浙江建设的具体实践中。把保持政治上的清醒坚定摆在重点任务的首位，旗帜鲜明以党的政治建设统领清廉浙江建设，作为推进党的建设新的伟大工程、推进全面从严治党向纵深发展的重要遵循。推进权力运行公开规范高效是实现清廉浙江建设目标的重要抓手；确保干部队伍忠诚干净担当，为顺利完成其他三个方面任务提供坚强保证；引领全社会崇廉倡廉促廉既是目标实现的体现，本身也是重要目标。在四个方面重点任务中，保持政治上的清醒坚定是起决定性作用的，保证了清廉浙江建设的正确政治方向。

一是保持政治上的清醒坚定。主要围绕坚决做到“两个维护”，争当学懂弄通做实习近平新时代中国特色社会主义思想的排头兵，严肃党内政治生活，构建党统一指挥、全面覆盖、权威高效的监督体系，全面加强纪律建设，压实压紧主体责任，大力支持纪检监察机关开展工作等 7 个方面展开，对强化政治监督，常态化开展“大学习大调研大抓落实”活动，建立各级党委（党组）政治生态分析制度，建立健全纪律监督、监察监督、派驻监督、巡视监督“四个全覆盖”的权力监督格局，有效运用监督执纪“四种形态”等作出部署、提出要求。

二是推进权力运行公开规范高效。主要围绕深化“最多跑一次”改革、加强规范权力的立规立法工作、大力推进党务公开和政务公开、加强公共资金规范管理、推动公共资源阳光交易、看护好经营好公共资产六个方面展开，突出对行政审批、信息公开、资金管理、资源管理等当前腐败问题和不正之风易发多发高发环节的监管。同时，提出群众和企业到政府办事事项“最多跑一次”全覆盖、打造全省统一的移动互联网政务服务平台、健全公款竞争性存放管理机制等举措，充分体现了把权力关进制度的笼子的要求。

三是确保干部队伍忠诚干净担当。主要围绕树立选人用人的正确导向、加强党性和法纪教育、持之以恒加强作风建设、突出对“关键少数”特别是“一把手”的监督和管理、构建亲清新型政商关系五个方面展开，提出建立选人用人“五大体系”，严把政治关、品行关、作风关、廉洁关、形象关“五个关口”，制定政商交往的正面清单、负面清单这“两张清单”等一系列新要求。

四是引领全社会崇廉倡廉促廉。主要围绕全面加强基层党组织建设，推进清廉机关建设，推进清廉村居建设，推进清廉学校建设，推进清廉医院建设，推进清廉企业建设，重视家庭、家教、家风建设，加强信用体系建设，加强清廉文化建设九个方面展开，贯彻了清廉浙江建设全域化、全覆盖的要求，体现了省、市、县、乡、村五级一体推进，清廉机关、清廉村居、清廉学校、清廉医院、清廉企业一体建设，教育、制度、文化一体部署的工作理念。

第三节　加快推进清廉浙江建设

推进清廉浙江建设，必须坚持以习近平新时代中国特色社会主义思想为指导，全面落实新时代党的建设总要求，紧紧围绕坚持和加强党的全面领导，紧紧围绕维护习近平总书记在党中央和全党的核心地位，紧紧围绕维护党中央权威和集中统一领导，深入推进党的建设新的伟大工程，推动全省全面从严治党向纵深发展、向基层延伸、向每个支部和党员覆盖，推动清廉思想、清廉制度、清廉规则、清廉纪律、清廉文化融入经济建设、政治建设、文化建设、社会建设和生态文明建设的各方面全过程，营造风清气正的政治生态，实现干部清正、政府清廉、政治清明、社会清朗。

一、把党的政治建设摆在首位

旗帜鲜明讲政治是马克思主义政党的根本要求。任何政党都有政治属性，都有自己的政治使命、政治目标、政治追求。马克思主义政党具有崇高的政治理想、高尚的政治追求、纯洁的政治品质、严明的政治纪律。如果马克思主义政党政治上的先进性丧失了，党的先进性和纯洁性就无从谈起。

中国共产党自成立以来，之所以能够始终保持团结和集中统一，始终保持进取精神和强大力量，经历各种曲折和失败而愈挫愈奋，同我们党始终注重讲政治是密不可分的。讲政治的目的就在于统一全党意志、凝聚全党力量，为实现党的纲领和目标而共同奋斗。早在1929年的古田会议上，毛泽东就强调“红军是一个执行革命的政治任务的武装集团”，要“从教育上提高党内的政治水平”，要“教育党员使党员的思想和党内的生活都政治化，科学化”。党的十八大以来，在全面从严治党实践中，党内出现的很多问题都同政治问题相关联，都是因为党的政治建设没有抓紧、没有抓实。“治其本，朝令而夕从；救其末，百世不改也。”不从政治上认识问题、解决问题，就会陷入头痛医头、脚痛医脚的被动局面，就无法从根本上解决问题。

因此，推进清廉浙江建设，必须充分认识加强党的政治建设和践行“两个维护”的极端重要性，必须把党的政治建设摆在首位，坚定不移地发挥党的政治建设的指南针作用，落实好党中央关于加强党的政治建设各项决策部署，坚决维护习近平总书记党中央的核心、全党的核心地位，坚决维护党中央权威和集中统一领导。

（一）切实加强政治领导

“令之不行，政之不立。”严明党的政治纪律和政治规矩，高度警惕“七个有之”，坚决同危害党中央权威和集中统一领导的言行作斗争，坚决纠正自行其是、各自为政，有令不行、有禁不止，上有政策、下有对策等行为，确保党的路线方针政策和重大决策部署在浙江不折不扣地落到实处。

健全党的全面领导制度，健全各级党委（党组）工作制度，确保党在各级组织中发挥领导作用。深入落实中央和省委关于进一步强化党委主体责任的规定要求，完善党委（党组）主抓直管机制，一级抓一级、层层抓落实，确保把责任压实到基层每个党组织。各级党委（党组）要定期听取清廉浙江建设工作汇报，研究解决重大问题，及时听取重大案件情况报告，对本级管理干部严重违纪违法审查调查和处置的决策进行严格把关。发挥好各级党委反腐败协调小组的作用，进一步明确职责定位，规范协调机制。严格落实意识形态工作责任制。深化主体责任报告工作，定期开展重点检查考核和专项抽查。严格执行问责制度，加大责任追究、通报曝光力度，持续释放失责必问、问责必严的强烈信号。各级党委（党组）书记要当好第一责任人，在抓班子带队伍上坚守责任担当，督促班子成员履行好“一岗双责”。

各级党委（党组）要强化对纪检监察工作的领导，支持纪检监察机关履行好职能。建立健全坚持和加强党的全面领导的组织体系、制度体系、工作机制。充分发挥国家监察体制改革试点的先行先试作用，牢牢把握稳中求进基本工作方针，推动监察体制改革向基层延伸。强化对所有行使公权力的公职人员的监察，加强对中央、省委决策部署执行情况，特别是“三大攻坚战”“最多跑一次”改革落实情况的检查，把坚持正确的政治方向贯彻到谋划重大战略、制定重大政策、部署重大任务、推进重大工作的实践中去，确保党和国家各项事业始终沿着正确的政治方向发展。认真贯彻实施《中华人民共和国监察法》，完善涵盖组织决策、纪法贯通、法法衔接、监督制约的制度体系，完善监察权有效运行的操作规程，完善政务处分种类、适用程序，细化监察问责适用情形和问责措施，规范监察建议使用，加强监察机关与审判机关、检察机关、执法部门的互相配合、互相制约，强化对所有行使公权力的公职人员的监察，把制度优势转化为治理效能。

（二）严肃认真开展党内生活

管党必须从党内政治生活管起，从严治党必须从党内政治生活严起。有什么样的党内政治生活，就有什么样的党员干部作风。政治生态好，党内就会正气充盈；政治生态不好，党内就会邪气横生。一个班子强不强、有没有战斗力，同有没有严肃认真的党内政治生活密切相关。毛泽东同志多次告诫各级党员干部：我们要搞“五湖四海”，不要搞山头主义。这意味着，既然是为了一个共同的革命目标，在党内就不允许搞团伙、结党营私、拉帮结派、利益输送，更不允许自行其是、阳奉阴违。

批评与自我批评是党的优良传统，也是规范党内政治生活的重要手段。邓小平同志指出，“一个革命政党，就怕听不到人民的声音，最可怕的是鸦雀无声。”要严格执行新形势下党内政治生活若干准则，坚持批评与自我批评，增强党内政治生活的政治性、时代性、原则性和斗争性，坚持和落实“三会一课”等制度，建立各级党委（党组）政治生态分析制度，及时解决苗头性问题。严格执行民主集中制，坚决防止和反对个人主义、分散主义、自由主义、本位主义、好人主义，坚决防止和反对宗派主义、圈子文化、码头文化，坚决反对搞“两面派”、做“两面人”。继续加强对党的十九大精神贯彻落实情况、党内政治生活状况、党的路线方针政策执行情况、民主集中制等各项制度执行情况的监督检查，推动各级党组织遵守党章党规党纪，坚决落实党的基本理论、基本路线、基本方略。

（三）提高党员政治能力

党的政治建设落实到党员干部队伍建设上，就要不断提高党员干部的政治能力，善于从政治上研判形势、分析问题，强化忧患意识、风险意识，增强政治敏锐性和政治鉴别力，自觉在党和国家工作大局下想问题、做工作，做到一切服从大局、一切服务大局。

政治能力是新时代党员干部的第一能力，也是一种需要通过不断学习和实践来提升的能力。推进清廉浙江建设，要引导党员干部结合对“八八战略”的学习研究，深入把握习近平新时代中国特色社会主义思想在浙江的萌发与实践，深刻领会习近平新时代中国特色社会主义思想形成的深厚理论基础、实践基础、群众基础，切实提高把握方向、把握大势、把握全局的能力和辨别政治是非、保持政治定力、驾驭政治局面、防范政治风险的能力。不断增强“八八战略”再深化、改革开放再出发的思想自觉和行动自觉。做到在大是大非面前态度鲜明、立场坚定，始终在政治立场、政治方向、政治原则、政治道路上同党中央保持高度一致。

提高政治能力，尤其要增强风险意识，提高防范政治风险能力。当前浙江发展正处于推进“两个高水平”建设的历史机遇期与战略机遇期，既面临重大历史机遇，也面临诸多挑战。党员领导干部要坚持底线思维，强化风险意识，增强政治敏锐性和政治鉴别力，对容易诱发政治问题特别是重大突发事件的敏感因素、苗头性倾向性问题，对意识形态领域各种错误思潮、模糊认识、不良现象，保持高度警惕，做到眼睛亮、见事早、行动快。要提高风险处置能力，及时阻断不同领域风险转换通道，防止非公共性风险扩大为公共性风险、非政治性风险演变为政治风险。要增强斗争精神，强化政治担当，敢于亮剑、善于斗争，发现违反政治纪律、危害政治安全的行为坚决抵制，做勇于斗争的“战士”，不做爱惜羽毛的“绅士”，切实担负起党和人民赋予的政治责任。

二、健全完善制约和监督机制

健全监督机制和体系是加强党长期执政能力和推进治理体系和治

理能力现代化的内在要求，也是完善权力监督的战略选择。现代政府是有限政府，政府管得过多，直接干预微观经济活动，不仅影响市场在资源配置中发挥决定性作用，增加交易成本，还容易滋生腐败。政府权力来自人民，必须由法律授予。这就要求依据法律法规制定行政权力清单，为行政权力设定边界，把简政放权作为加快政府职能转变的“先手棋”和“当头炮”，加快推进政府机构、职能、权限、程序、责任法定化，推进政府事权规范化、法治化，规范和界定政府及其职能部门的法定权力和责任，坚决放权于市场、放权于社会，使每一项权力行使都做到流程完整、环节清晰、公开透明。

（一）建立健全监督体系

增强党自我净化能力，根本靠强化党的自我监督和群众监督。党的十九届四中全会贯彻党的十九大精神，确立党和国家监督体系在坚持和完善中国特色社会主义制度、推进国家治理体系和治理能力现代化中的重要支撑地位，将“坚持和完善党和国家监督体系，强化对权力运行的制约和监督”有关内容专列一章作出重大制度安排。要加强对权力运行的制约和监督，让人民监督权力，让权力在阳光下运行，把权力关进制度的笼子。

建成党统一指挥、全面覆盖、权威高效的监督体系，健全完善干部大监督工作机制，深化派驻机构改革，用好巡视利剑，推动党内监督和党外监督优势互补、同向发力。严格执行《中国共产党党内监督条例》，强化自上而下的组织监督，改进自下而上的民主监督，发挥同级相互监督作用。

大力推进党务公开和政务公开，把党内监督同国家机关监督、民主监督、司法监督、群众监督、舆论监督贯通起来，充分发挥审计监督职能，支持民主党派履行民主监督职能，推动党内监督和党外监督优势互补、同向发力。认真落实《中国共产党党务公开条例（试行)》，探索建立统一的党务信息公开平台，保障党员的知情权、参与权、选举权、监督权。严格执行重大决策程序规定，重要改革方案和重大政策措施应在决策前向社会公布决策草案、决策依据，广泛听取公众意见。以部门全覆盖、事项全公开、过程全规范、结果全透明为目标，推进机关内部事务公开特别是“三公”经费公开。全面实施“双随机一公开”监管，杜绝执法者吃拿卡要。推进“互联网＋政务服务”改革，加快建设浙江政务服务网，打造全省统一的移动互联网政务服务平台，加强政务微博、微信等政务新媒体平台建设，促进政府数字化转型。

（二）全面加强纪律建设

纪律是党的生命线。要加强纪律教育，使铁的纪律转化为党员、干部的日常习惯和自觉遵循。纪律教育是纪律建设的前提和基础，必须把加强党性党风党纪教育作为一项管根本、管长远的基础性工程，作为加强思想建设的战略任务和坚定理想信念的有效途径，积极探索纪律教育经常化、制度化的途径，开展法规制度教育，引导广大党员、干部牢固树立法治意识、制度意识、纪律意识，懂法纪、明规矩，知敬畏、存戒惧，形成尊崇制度、遵守制度、捍卫制度的良好氛围。多做提提领子、扯扯袖子的工作，使党员、干部真正懂得党的纪律是全党必须遵守的行为准则，严格遵守和坚决维护纪律是做合格党员、干部的基本条件，打牢绝对忠诚的思想根基，始终保持对远大理想和奋斗目标的清醒认知和执着追求，永葆共产党人的政治本色。

继续保持惩治腐败的高压态势。坚持惩前毖后、治病救人，全面掌握党员干部思想、工作、生活情况，有效运用监督执纪“四种形态”，着力在用好“第一种形态”上下更大功夫。全面推行党委（党组）书记约谈提醒、签字背书制度，发现党员干部苗头性、倾向性问题及时批评提醒、谈话函询，强化对所有行使公权力的公职人员的动态监管，实现抓早抓小、防微杜渐。严肃查处党的十八大以来不收敛、不收手，问题线索反映集中、群众反映强烈，现任重要岗位且拟提拔使用的领导干部，重点查处资本和权力相互勾结、政治问题和经济问题相互交织形成利益集团的腐败案件，深化追逃追赃和防逃工作。鼓励和支持实名举报，完善公众参与反腐败的保护和激励制度，坚决查处诬告陷害和打击报复行为。

（三）深化“最多跑一次”改革

“最多跑一次”改革是浙江机关效能建设、政府自身改革的再推进再深化，也是推进供给侧结构性改革和“放管服”改革、优化发展环境、加强党风廉政建设的重大举措。“最多跑一次”改革以“治权”为重中之重，着力健全结构合理、配置科学、程序严密、制约有效的权力运行机制，扎紧了制度的笼子。通过全面整合和优化审批流程，推动政务服务标准化、法治化，强化了群众参与、群众评价、群众监督，推动了政务公开，使权力运行变得更加规范有序、公平透明，撬动党风廉政建设，改出了清廉浙江建设的新高度。

深化“最多跑一次”改革，要加快探索优化机构设置和职能配置，更好地发挥有效市场和有为政府作用，努力打造审批事项最少、办事效率最高、投资环境最优、群众和企业获得感最强的省份。全面公开全省各级政府部门“最多跑一次”事项清单和服务流程，加快推进“一窗受理”“一证通办”，全面打破信息孤岛、实现数据安全共享，积极开展第三方评估，努力实现群众和企业到政府办事“最多跑一次”全覆盖、一般企业投资项目开工前审批“最多跑一次”“最多100天”，办事流程全面优化，推进综合服务窗口向乡镇（街道）延伸，推进“最多跑一次”理念向公共服务领域拓展。规范垄断行业企业收费服务行为，规范行业协会、社会中介组织从业行为，打破中介机构市场垄断，推进具有全套资质的中介机构或中介联合体建设。

（四）加强规范权力的立规立法工作

完善制度设计，依法依规设定权力、规范权力、制约权力、监督权力，把权力关进制度的笼子里。全面落实中央关于加强党内法规制度建设的要求，制定和完善加强党的地方组织、基层组织等方面的法规制度，制定和完善加强党对各方面工作领导的法规制度，制定和完善加强党的自身建设的法规制度，制定和完善对党组织和党员干部监督、奖惩、保障等方面的法规制度，健全浙江党内法规制度体系。进一步加强地方立法工作，统筹立法资源与立法需求、立法效率与立法质量，聚焦制度化、规范化、程序化要求，通过立改废，建立健全推进权力运行公开规范高效的法律制度，突出完成保障“最多跑一次”改革规定等探索性、标志性、引领性的地方立法项目，重点做好民生实事项目代表票决制、政府信息公开、行政综合执法、国有资产监督等方面的立法。

（五）加强公共资金规范管理

加强预算管理，将政府收支全部纳入预算，完善经费支出标准，增强预算编制的完整性、科学性和透明度。持续优化公共财政支出结构，推进省以下财政事权与支出责任划分改革，完善专项资金管理政策。推进国库集中收付制度改革，推行电子化支付方式。健全公款竞争性存放管理机制，将所有财政资金全部纳入预算绩效管理。将所有公共资金全部纳入审计监督，对预算资金分配使用进度和效果实行全过程监督。严格控制“三公”经费支出，严肃查处私设“小金库”和截留挪用、骗取套取、贪污侵占财政资金等违法违规行为和财政资金低效无效、造成重大损失浪费的行为，禁止违规出借政府财政资金，严肃查处土地滞纳金长期未缴、虚开发票套取资金等问题，着力堵塞监管漏洞。

（六）推动公共资源阳光交易

公共资源是全民公有、公用的自然与社会资源。然而，由于缺乏明确的责任机制和有效的监督手段，当前，公共资源地区配置总体上还存在一定的失衡情况。在教育文化、医疗卫生、住房保障等公共资源配置过程中，仍然存在着享用主体不平等的突出现象。用好公共资源交易平台，推进交易电子化，推动有条件上网的公共资源通过网络开展交易，切断权力插手的链条。坚决防止工程建设项目招标投标、土地使用权、矿业权等公共资源配置和交易领域的腐败，加强对具有垄断性质的基础设施和公共服务领域推广政府和社会资本合作模式的监管。严格规范招标、投标、评标、中介等相关方的行为，严厉打击肢解项目、明招暗定、陪标围标串标等行为。完善政府采购制度，加强政府采购的需求管理、履约验收、评审行为监督，推广应用“政采云”平台，创新网上超市、在线询价、反向竞价、“协议＋批量”、电子化招标采购模式。加强对政府购买服务的监管。完善政府产业基金投资决策程序，明确投入政策导向，完善退出机制，防止寻租行为。

（七）看护好经营好公共资产

公共资产规模庞大，分布于各个领域，是建设清廉浙江的重要支撑，必须用心看护好、悉心经营好。严格执行“三重一大”决策制度，充分发挥国企党组织把方向、管大局、保落实的作用。积极推行纪检监察、监事会、审计、财务、法务“大监督”机制，从严监管企业改制重组、项目投资、产权交易、资本运营和经营管理等重点环节，从严防控廉政风险，严肃查处发生在企业内部的滥用职权、以权谋私、失职渎职、贱卖国资、关联交易、内幕交易、利益输送、违规招标投标、违规借贷等违纪违法案件。统筹抓好金融领域防风险和反腐败工作，严厉打击银行违规授信、证券市场内幕交易和利益输送、保险公司套取费用以及监守自盗、内外勾结等违法违规行为。

三、建设高素质干部队伍

育才造士，为国之本，以什么样的标准用人、树立什么样的导向，这是干部工作的首要和根本问题。浙江改革开放 40 年的实践表明，只有一支忠诚干净担当的高素质干部队伍，才能引领浙江干在实处、走在前列、勇立潮头。推进清廉浙江建设，必须努力培养和造就越来越多的高素质专业干部，为更好地坚持和加强党的全面领导，更好推进省域治理现代化，提供源源不断的中坚力量。

（一）树立选人用人的正确导向

选人用人事关党的事业兴衰成败。选好人用好人，首要的问题是坚持正确的选人用人导向。党的十八届六中全会通过的《关于新形势下党内政治生活的若干准则》，把坚持正确的选人用人导向作为严肃党内政治生活的组织保证。端正选人用人导向是严肃党内政治生活的治本之策。

坚持党管干部原则，贯彻新时期好干部标准，突出政治标准，落实“四有”“四铁”“五个过硬”的要求，提拔重用牢固树立“四个意识”和“四个自信”、坚决维护党中央权威、全面贯彻执行党的理论和路线方针政策、忠诚干净担当的高素质干部。建立选人用人“五大体系”，严把选人用人政治关、品行关、作风关、廉洁关、形象关，严格落实“凡提四必”，防止干部“带病提拔”“带病上岗”。开展巡视选人用人和干部担当作为专项检查，防范和纠正选人用人上的不正之风，严肃查处跑官要官、买官卖官、拉票贿选和不担当、不作为等行为。完善党委（党组）书记履行选人用人职责情况离任检查制度，严肃追究选人用人失察失误责任。完善干部考核评价机制，持续推进干部能上能下，动真格调整不适宜不胜任现职干部，规范和完善非领导职务干部管理，开展领导干部兼职、档案管理、调动关系转接等专项治理。

关注、重视年轻干部就是关注未来、谋划未来，选拔培养年轻干部就是制胜未来、赢得未来。新时代做好年轻干部工作就是要建设一支个顶个、呱呱叫的年轻干部队伍。认真落实中央办公厅印发的《关于进一步激励广大干部新时代新担当新作为的意见》和浙江省《关于完善改革创新容错免责机制的若干意见》，完善激励干部担当作为的制度机制，为敢于担当的干部担当，为敢于负责的干部负责。大力发现培养选拔优秀年轻干部，对有潜力的优秀年轻干部，要让他们经受艰苦岗位、重要岗位的磨炼，把重担压在他们身上，在难事急事中经受摔打，促使年轻干部尽快成长为忠诚于党和人民事业、奋力推进“两个高水平”建设的中坚力量。

（二）持之以恒加强作风建设

习近平同志在浙江工作时高度重视作风建设，并在2007年亲自部署开展“作风建设年”活动。此后，浙江持续多年开展“作风建设年”活动。党的十八大以来，以习近平同志为核心的党中央从落实中央八项规定精神破题，推动党风政风和社会风气发生了全面深刻、影响深远、鼓舞人心的变化。省委以更高标准、更严要求执行中央八项规定精神，相继制定了“28条办法”“六个严禁”“36条办法”等规定，推动作风建设化风成俗。

当前，我们党面临的执政考验、改革开放考验、市场经济考验、外部环境考验是长期的，面对的精神懈怠危险、能力不足危险、脱离群众危险和消极腐败危险也是长期的。坚持把作风建设作为突破口，坚定不移推进全面从严治党，着力解决人民群众反映最强烈的突出问题，党内政治生活就会气象更新，党的执政基础和群众基础就会更加牢固。

持之以恒抓作风是干部队伍建设的重要切入点和着力点，要深入贯彻落实中央八项规定及实施细则精神和浙江省办法，严厉查处顶风违纪的“四风”问题，对照“十种情况”，在反对形式主义和官僚主义上下更大功夫，反对特权思想和特权现象。更好地发挥考核评价指挥棒的作用，推动党员领导干部牢固树立正确的政绩观，坚持求真务实、理性担当，在抓重大发展项目、民生实事等工作中科学规划、量力而行、务实推进，多干打基础、利长远的事，不贪一时之功，不图一时之名，力戒好高骛远、好大喜功、寅吃卯粮。发挥领导干部的“头雁效应”，完善领导干部直接联系服务群众机制，认真落实调查研究、下访接访、结对帮扶等制度。

（三）突出对“关键少数”特别是“一把手”的监督和管理

中国共产党的每个党员都是党的肌体中的一个细胞和一分子，而党员领导干部特别是领导干部中的“关键少数”，直接关系到整个肌体的健康、活力和生命。各级领导班子一把手是“关键少数”中的“关键少数”。一把手违纪违法最易产生催化、连锁反应，甚至造成区域性、系统性、塌方式腐败。领导干部责任越重大、岗位越重要，就越要加强监督。

纲举而目张，执本则末从，必须紧紧抓住“关键少数”，破解一把手监督难题。坚持“三重一大”会议集体研究决策制度，严格执行部门和单位主要负责同志“五不直接分管”制度和“末位表态”制度。严格执行请示报告制度、领导干部出国（境）管理等制度，进一步规范领导干部兼职行为和离（退）休或辞去公职后的从业行为。健全完善领导干部廉政档案制度，全面落实述责述廉述德述法、领导干部个人有关事项报告和抽查等制度。探索建立对领导干部“八小时以外”常态化监管机制，把领导干部经济责任审计和自然资源离任审计结合起来，重点加大对党中央重大政策措施贯彻落实情况跟踪审计力度，加强对资金分配、项目审批、招投标、国有资产处置、土地和矿产资源交易等重大决策，以及依法行政、改进作风等环节审计，及时发现并纠正随意决策、滥用职权、浪费资源、以权谋私等问题。

（四）构建亲清新型政商关系

党的十九届四中全会强调，要健全支持民营经济、外商投资企业发展的法治环境，完善构建亲清政商关系的政策体系，健全支持中小企业发展制度，促进非公有制经济健康发展和非公有制经济人士健康成长。优化政治生态与商业生态是由政商间的内在联系决定的，是从政治社会化视角全面净化党内政治生态的要求。民营经济是浙江经济的最大特色和优势，从社会有机体视角看，政商是一个相互影响和相互作用的共生体。新型政商关系，概括起来说就是“亲”“清”两个字。对领导干部而言，所谓“亲”，就是要坦荡真诚同民营企业接触交往，特别是在民营企业遇到困难和问题的情况下，更要积极作为、靠前服务，对非公有制经济人士多关注、多谈心、多引导，帮助解决实际困难。所谓“清”，就是同民营企业家的关系要清白、纯洁，不能有贪心私心，不能以权谋私，不能搞权钱交易。

市场活力来自于人，尤其来自于企业家，来自于企业家精神。激发市场活力，就是要把该放的权放到位、该营造的环境营造好、该制定的规则制定好，让企业家有用武之地。这种政商关系也直接塑造着企业环境和市场环境，有助于端正企业经营文化价值观、加强企业管理以及促进企业发展战略实施和提高经营绩效。

严格落实浙江省《关于构建新型政商关系的意见》，更好地发挥政府作用，更多从管理者转向服务者，为企业服务，为推动经济社会发展服务。制定政商交往的正面清单和负面清单。健全公职人员任职、地域、公务等利益回避制度，研究制定公职人员防止利益冲突暂行办法。严肃查处党员干部利用职权向企业违规借贷、违规持股、低价购房、乱收费乱摊派、吃拿卡要等违纪违法行为。进一步搭建政商沟通交流平台，健全党政机关与企业的意见征询、政策反馈、精准帮扶等机制，优化亲商安商富商的营商环境。

四、引领全社会崇廉倡廉促廉

干部清正、政府清廉、政治清明、社会清朗是清廉浙江建设的总体目标，过去一般强调前三个方面的内容，清廉浙江建设提出要实现社会清朗，这就将清廉的要求进一步扩大到基层党组织和各类社会主体、社会组织，并以此来引导全社会崇廉倡廉促廉。

（一）加强党的基层组织建设

党的基层组织是党执政的组织基础，具有鲜明的政治属性，是党的肌体的“神经末梢”。对于基层组织而言，管党治党宽松软问题将直接动摇党的执政根基，任何时候任何情况下，抓党的基层组织建设都不可放松。

做好基层党建工作，要注重统筹协调，构建基层社会治理新格局，大力推进基层党建工作理念、内容、方式创新，完善群众参与基层社会治理的制度化渠道。发挥群团组织、社会组织作用，发挥行业协会商会自律功能，实现政府治理和社会调节、居民自治良性互动，夯实基层社会治理基础，实现党的领导、党的工作、党的组织作用在社会各领域的有效覆盖。

牢固树立一切工作到支部的鲜明导向，突出政治功能，深入实施“组织力提升工程”，推动基层党组织全面进步、全面过硬，深化“整乡推进、整县提升”，高标准落实农村基层党建“浙江二十条”。全面加强企业、机关、学校、科研院所、街道社区等党建工作，创新推进

“两新”组织、特色小镇、互联网企业等新领域新业态党的建设。加强基层党组织设置和活动方式创新，推进基层党支部标准化、规范化建设，持续整顿软弱落后党支部。全面加强基层党组织带头人队伍建设。坚持开展党委（党组）书记抓基层党建述职评议考核。强化基层党组织对党员干部的教育管理监督，稳妥有序开展不合格党员组织处置工作。

（二）加快推进清廉机关建设

各级机关部门党员最集中、执政骨干最集中、权力与责任最集中，是浙江贯彻落实党中央治国理政、管党治党决策部署的领导机关，既担负着保证政令畅通的重要责任，又担负着谋划和推进全省各地区政治经济社会发展的重要职能，对建设清廉村居、清廉学校、清廉医院、清廉企业等具有重要的示范导向作用，抓住机关干部这个群体，也就抓住了清廉浙江建设的“牛鼻子”。因此，必须把清廉机关建设作为重中之重、关键所在，为全省上下推进清廉浙江建设树立标杆。

2018 年 10 月，根据《决定》，浙江省直属机关工委制定印发《关于加强机关党建引领 促进清廉机关建设的实施意见》，聚焦全面提高机关党建质量，提出“五大行动”作为推进清廉机关建设的行动方案。实施举旗铸魂行动，加强思想政治建设，保持政治定力，筑牢清廉机关建设的思想根基。实施强基固本行动，全面实施党支部建设提升工程，严肃党内政治生活，严格执行党员管理“十条红线”，强化基层基础，夯实清廉机关建设的组织支撑。实施示范引领行动，常态化开展“大学习大调研大抓落实”活动，全面落实机关党员干部直接联系群众制度，完善党内荣誉激励制度，抓好容错纠错机制的落实等，发挥先锋作用，展现清廉机关建设的担当作为。实施公开规范行动，严格执纪监督，强化清廉机关建设的纪律约束。实施关心关爱行动，加强党内关怀帮扶和心理疏导工作，积极构建“亲”“清”新型政商关系，广泛开展“传家训、立家规、扬家风”活动，坚持严管厚爱，营造清廉机关建设的文化氛围。通过“五大行动”，教育引导机关党员干部弘扬红船精神、走在时代前列、争当先锋表率，自觉做到政治坚定、纪律严明、勤政担当、品德端正，努力把机关基层党组织建设成为讲政治、有活力、能战斗的坚强堡垒。

（三）全面推进清廉村居、学校、医院和企业建设

共建共创是清廉浙江建设的重要工作方针，更大范围凝聚建设清廉浙江的合力，必须更大范围向广阔社会领域延伸，把清正廉洁的理念和措施覆盖到各行各业，让全社会共同参与，形成齐抓共促的良好氛围。村居、学校、医院、企业都是涉及清廉基层公权力行使的重点领域，尽管这些领域的领导体制、组织方式、职能定位等千差万别，但都担负着直接教育党员、管理党员、监督党员和组织群众、宣传群众、凝聚群众、服务群众等重要职责。这些领域工作面临着许多亟待研究解决的新情况、新矛盾和新问题，例如，在一些领域，党的领导落实到基层还受到不少“中梗阻”；在一些国有企业、学校和医院，党建工作力度和党组织功能发挥存在层层递减的问题，导致党的各项方针政策和重大决策部署得不到及时有效贯彻等。面对这些问题，我们可以推进以下工作。

一是推进清廉村居建设。村居是密切党群干群关系的第一线，基础不牢，地动山摇。建设清廉村居，是基层党风廉政建设的重要抓手，也是建设清廉浙江“四梁八柱”的基座和底盘，事关党在基层的影响力、凝聚力、领导力，事关乡村振兴战略的全局。

建设清廉村居，必须充分尊重结合浙江基层农村的特点，从村（居）群众反映最强烈、对党的执政基础威胁最大的突出问题抓起，破立并举，多管齐下，着力打造“班子清廉、干部清正、村务清爽、

民风清朗”的“四清”村居政治生态，进一步增强群众的获得感、幸福感和安全感。开展扶贫领域腐败和作风问题专项治理，把惩治“蝇贪”同开展扫黑除恶专项斗争结合起来。严格执行村（居）重大事务、重要工程民主决策制度，严防村（居）集体资金、资产、资源管理等重点领域的腐败风险。建立完善村（居）干部廉洁履职负面清单，建立健全村（居）干部离任必审制度。总结提升推广新时代“枫桥经验”，完善自治、法治、德治相结合的基层社会治理体系。全面推行“宁海经验”，实现“小微权力清单”制度村（居）全覆盖，防止基层“微腐败”，促进乡村治理。加强村级民主监督，坚持和发展“后陈经验”，深化村（居）务监督委员会建设，积极推行重大事务公决票决、民主恳谈听证、村民询问质询等制度。发挥德治礼序、村规民约的教化作用，培育新乡贤文化，大力抵制陈规陋习，推动移风易俗。

二是推进清廉学校建设。学校是培养人才的主阵地，影响着一代人的德智体美劳全面发展，决定着社会主义建设者和接班人的基本素质和精神状态。推进清廉学校建设，既是立德树人的题中应有之义，也为教育事业健康廉洁发展提供强有力的保障。

立德树人的成效是检验学校一切工作的根本标准。要努力构建德智体美劳全面培养的学校教育体系，建设更高水平的人才培养体系，切实改变片面追求升学率、片面强化应试教育的倾向。健全完善党组织领导下的校长负责制，规范关键领域的管理，抓好“小微权力”的管理，严查扶困资金虚报冒领挪用、索要回扣、发放不公等问题。深入实施清廉教育建设工程，把师德师风作为教师队伍素质的第一标准，建立并实施新教师入职宣誓制度，建立师德考核负面清单制度、教师个人信用记录和失信惩戒制度，健全完善学生学业预警制度和学业服务指导体系，推动清廉文化进校园，营造良好的育人环境。

三是推进清廉医院建设。医院是救死扶伤之地，是关乎群众切身利益的公共服务场所，必须标本兼治推动医德医风持续向善向好，营造廉洁的医疗卫生事业发展环境。

推进清廉医院建设，要从构建党风清正的政治生态、院风清朗的行业生态、医风清新的道德生态着手，重点是要严肃查处医疗腐败和不正之风，严格落实“九不准”要求，加强对医疗安全、医药产品招标采购、医疗费用控制、健康扶贫、医疗保险、建设项目等重点领域的监督管理，探索公立医院网格化监督模式，加大明察暗访力度，及时发现和处理违纪违规问题线索。严肃查处药械购销和医疗服务中收受回扣、红包等问题，严肃查处医院领导干部利用职权插手工程项目、干涉选人用人、违规提拔下属等问题。持续深化医药卫生体制改革，积极稳妥改革政府对医疗机构的投入机制，建立符合医疗卫生行业特点的人事薪酬制度，探索加强对医药生产、流通、销售企业和医药代表的监管措施。建立完善明察暗访督查制度，紧盯健康扶贫、医疗保险、药品购销、项目建设等重点领域，严肃查处药械购销和医疗服务中收受回扣、红包等腐败问题。加强医德医风建设，大力弘扬医者仁心、大医精诚等传统医德医风文化和敬佑生命、救死扶伤、甘于奉献、大爱无疆的医疗卫生职业精神。

四是推进清廉企业建设。企业是社会主义市场经济的重要主体。近年来，国有企业和民营企业在推动经济发展中都发挥了不可替代的作用，但我们也看到，在一些企业中存在迷信“旁门左道”的现象，搞商业贿赂甚至“寻租”权力，“围猎”干部，既影响了企业的发展，也破坏了市场秩序，损害了党执政的基础。

国有企业地位重要、作用关键、不可替代，要把建设清廉国企放在清廉企业建设的突出位置，把加强党的领导与完善公司治理统一起来，做到一手抓党建，一手抓经营，两手都要硬。国有企业要在推动清廉企业建设与合法合规生产经营等各方面深度融合，争当营造风清气正社会环境、维护公平公正市场秩序的排头兵。

对于非公有制企业，要进一步加强和改进党的建设工作，发挥党组织和党员的清廉引领作用，引导企业在经营活动中不踩红线、不行贿、不欠薪、不逃税、不侵权、不逃废债。加强市场监管和行业自律，坚决治理商业贿赂，依法打击各类市场主体的行贿、受贿行为及其他经济犯罪，坚决打击“围猎”行为。弘扬新时代浙商精神，将诚信廉洁、守法经营的发展理念融入企业制度、文化和经营活动中，完善现代企业治理结构和内控机制，加强企业内部腐败问题治理。

（四）重视家庭、家教、家风建设

家庭不只是人们身体的住处，更是人们心灵的归宿。家风是社会风气的重要组成部分，家风好，就能家道兴盛、和顺美满；家风差，难免殃及子孙、贻害社会，正所谓“积善之家，必有余庆；积不善之家，必有余殃”。

领导干部的家风是领导干部作风的重要表现。要廉洁修身、廉洁齐家，净化自己的社交圈、生活圈、朋友圈，教育家人遵纪守法、艰苦朴素、清廉自守。广泛开展“家庭助廉”活动，倡议领导干部家属当好“廉内助”。充分挖掘、弘扬优秀传统家规家训文化，广泛开展“传家训、立家规、扬家风”活动，将好家风建设融入文明城市、文明单位、文明村镇等创建活动。

（五）加强信用体系建设

人无信不立，业无信不兴，国无信不强。诚信不仅是个人安身立命的根本，也是社会良序发展的基石。习近平总书记在党的十九大报告中指出，推进诚信建设和志愿服务制度化，强化社会责任意识、规则意识、奉献意识，推进诚信建设，要不断采取各类措施推进社会信用体系建设。

破解诚信问题已成为我国社会治理中的关键问题之一。要完善统一社会信用代码制度，建立行贿犯罪档案库，打造社会信用信息共享和网上实时查询平台，健全守信联合激励和失信联合惩戒制度。加强个人诚信体系建设，建立个人信用记录制度，将考试舞弊、学术造假、行贿、醉驾、赌博等有违公序良俗和违法行为纳入个人信用档案，在全省实现人人建有信用档案。加强信用记录运用，把信用记录作为衡量职业准入的重要依据。

（六）加强清廉文化建设

清廉文化以廉政为思想内涵，是廉政建设与文化建设相结合的产物。它以先进的廉政理论为统领，以先进的廉政思想为核心，以先进的廉政制度为基础，以先进的廉政文艺形式为载体，是社会主义先进文化的重要组成部分，是广大干部群众追求以清为美、以廉为荣价值取向的集中体现。

清廉文化建设应以清廉理念为核心，以清廉理论为统领，以清廉制度为基础，以清廉文化产品、服务和活动为载体，通过各种媒介的传播和广泛的社会参与，教育党员干部廉洁奉公，引导社会公众崇廉尚廉。大力弘扬清廉价值理念，加强领导干部党性修养和清廉文化教育，将清廉文化建设与践行社会主义核心价值观结合起来。加强清廉文化理论研究阐释，开展系列重大课题研究和高层次理论研讨，推出一批高质量研究成果。丰富清廉文化产品和服务供给，着力打造一批优秀的清廉文化精品力作。加大清廉文化传播力度，大力开展正面典型宣传，积极开展建设性舆论监督，在全社会形成以廉为荣的浓厚氛围。积极拓展清廉文化阵地，发挥基层文化宣传阵地作用，打造宣传清廉文化的新媒体品牌栏目和公众号，推出一批清廉文化建设示范点。深入开展清廉文化教育实践活动，把清廉文化建设与群众性精神文明创建活动结合起来，推动全社会形成“人人促廉”的良好风尚。

【思考题】

1. 构建亲清新型政商关系对推进清廉浙江建设有什么特殊意义?

2. 如何发挥清廉文化在清廉浙江建设中的引领作用?

3. 如何理解清廉浙江建设必须坚持把党的政治建设摆在首位，坚决做到“两个维护”?

【参考文献】

1.《中共浙江省委关于推进清廉浙江建设的决定》，载《浙江日报》2018 年 7 月 24 日。

2. 车俊:《加快建设清廉浙江 为推动全面从严治党向纵深发展谋好新篇》，载《党建》2018 年第 9 期。

3. 张宏敏:《清廉浙江建设的“浙学”渊源》，载《观察与思考》2018 年第 5 期。

4. 胡承槐、王侃等著:《全面从严治党：浙江的探索与实践》，中国社会科学出版社 2018 年版。

5. 本书编写组编:《清廉浙江建设问答》，浙江人民出版社 2018 年版。

6. 全国干部培训教材编审指导委员会组织编写:《全面加强党的领导和党的建设》，党建读物出版社、人民出版社 2019 年版。

7. 曾令华:《清廉浙江持续性建设的路径研究》，载《改革与开放》2019 年第 2 期。

后 记

推进“六个浙江”建设，既是对“八八战略”的延续和深化，也是面对新时代的设计和谋划，体现了延续性和开拓性的有机统一。建设富强浙江、法治浙江、文化浙江、平安浙江、美丽浙江、清廉浙江与经济、政治、文化、社会、生态文明建设和党的建设六个方面相对应，是“两个高水平”在各领域的具体展开，构成了“两个高水平”建设的整体目标布局，是“干在实处永无止境，走在前列要谋新篇”的生动体现。为帮助广大党员干部深入贯彻省委的决策部署，研究浙江改革发展的新动态，提高党员干部队伍的能力素质，浙江省委组织部组织编写了本书。

本书由浙江省委党校副校长陈立旭任主编，省委党校哲学教研部、法学教研部、工商管理教研部、社会学文化学教研部相关教授、博士以及教务处、教材中心负责人参与了编写。其中，导论，陈立旭；第一章，高玉飞；第二章，徐梦周；第三章，徐邦友；第四章，陈立旭；第五章，陈旭峰；第六章，张红岭；第七章，郭良伟；郭良伟和高玉飞同时承担了编务工作。浙江省委副秘书长、省委政策研究室主任吴伟平提出了宝贵的指导意见；浙江省委宣传部原常务副部长胡坚、浙江省社会科学界联合会原副主席蓝蔚青对本书进行了审读并提出了有针对性的意见建议；浙江省委组织部干部教育处负责组织协调工作，浙江人民出版社给予了大力帮助。在编撰过程中，我们也吸收了他人的相关研究成果。在此，谨对所有给予本书帮助支持的单位和有关同志表示衷心感谢。

由于水平有限，书中难免有疏漏和不足之处，敬请广大读者提出宝贵意见。

编　者

2020年2月

浙江干部培训教材编审指导委员会

《推进“六个浙江”建设》

主　编：陈立旭

图书在版编目（CIP）数据

推进“六个浙江”建设 / 浙江干部培训教材编审指导委员会编. —杭州 ：浙江人民出版社，2020.4（2020.6重印）

ISBN 978-7-213-09687-7

Ⅰ. ①推… Ⅱ. ①浙… Ⅲ. ①区域经济发展-浙江-干部培训-教材②社会发展-浙江-干部培训-教材 Ⅳ. ①F127.55

中国版本图书馆CIP数据核字(2020)第040454号

推进“六个浙江”建设

浙江干部培训教材编审指导委员会　编

陈立旭　主编

出版发行　浙江人民出版社（杭州市体育场路347号　邮编　310006）

　　　　　市场部电话:(0571)85061682　85176516

责任编辑　许　卉　陶辰悦

责任校对　戴文英

责任印务　陈　峰

印　　刷　杭州富春印务有限公司

开　　本　710毫米×1000毫米　1/16

印　　张　17

字　　数　216千字

插　　页　1

版　　次　2020年4月第1版

印　　次　2020年6月第3次印刷

书　　号　ISBN 978-7-213-09687-7

定　　价　46.00元
